COMMENTAIRE ANALYTIQUE

DU CODE CIVIL.

LIVRE Iᵉʳ, TITRE I.

JOUISSANCE ET PRIVATION

DES

DROITS CIVILS.

COMMENTAIRE ANALYTIQUE

DU CODE CIVIL.

LIVRE IER, TITRE I.

JOUISSANCE ET PRIVATION

DES

DROITS CIVILS,

PAR M. COIN-DELISLE,

AVOCAT A LA COUR ROYALE DE PARIS.

DEUXIÈME ÉDITION.

PARIS,

IMPRIMERIE LE NORMANT, 8, RUE DE SEINE-SAINT-GERMAIN.

1846.

ERRATA.

Page 15, 1re col. à la note, *au lieu de* 8131, . . . *lisez* 1831.
—— 20, 1re col. ligne 11, ———— droit, —— pouvoir.
—— 21, 1re col. —— 28, ———— cet article, —— ces articles.
—— 46, 2e col. —— 45, ———— qu'il y, —— qu'il y a.
—— 68, 2e col. —— 45, ———— 1819, —— 1846.
—— 69, 2e col. —— 4, ———— ou, —— et.
—— 81, 2e col. à la note, ———— connus, —— comme.
—— 73, 1re col. ligne 44, ———— Denisart, —— Denizart.
—— 73, 1re col. ligne 45, ———— 1812, —— 1712.
—— 80, 1re col. —— 4, ———— minera, —— mineront.
—— 82, 2e col. —— 48, ———— Convention, —— convention.
—— 83, 1rr col. —— 19, ———— la mort civile d'un individu, —— la mort d'une personne.
—— 85, 1re col. —— 4, ———— c'tes, —— c'est.
—— 89, 2e col. —— 17, ———— lois, —— tiers.
—— 89, 2e col. —— 25, ———— Là se bornent les, —— Voilà les seules.
—— 91, 1re col. —— 2, ———— qui, —— qu'il.
—— 92, 2e col. —— 12, ———— legs lui, —— legs qui lui.
—— 92, 2e col. —— 56, ———— reparition, —— reparution.
—— 92, 2e col. —— 44, ———— 3, —— 5.

TABLE ALPHABÉTIQUE DES MATIÈRES.

Nota. Les chiffres indiquent la page; les lettres *a* ou *b* la première ou la seconde colonne de chaque page.

On s'est servi de plusieurs abréviations que le sens indiquera, telles que mat. pour *matières*; hypoth. pour *hypothèques*; trib. pour *tribunal*, etc.

On a jugé inutile de placer dans cette table les noms des *pays réunis* à la France depuis 1791, parce qu'ils se trouvent tous à la page 18 de l'ouvrage; il en est de même des noms des puissances dont l'ouvrage analyse les traités: il est très-facile de les trouver dans l'*Appendice*, *p*, 49, *et suiv.*, où ils sont placés dans l'ordre géographique.

COMMENTAIRE ANALYTIQUE

DU TITRE

DE LA JOUISSANCE ET DE LA PRIVATION DES DROITS CIVILS.

(CODE CIVIL, LIVRE I, *DES PERSONNES*, TITRE I.)

Discussion au Conseil d'Etat, 6, 14, 16, 24, 26 thermidor et 4 fructidor an IX, 28 brumaire an X, 6, 20 brumaire et 4 frimaire an XI. — Premier exposé des motifs au Corps-Législatif par M. BOULAY (*de la Meurthe*), séance du 11 frimaire an X. — Rapport au Tribunat *sur la première partie du projet*, par M. SIMÉON, séance du 25 frimaire an X; et *sur la seconde partie*, par M. THIESSÉ, séance du 27 frimaire an X. — Opinions des tribuns DELPIERRE, ROUJOUX, LUDOT, CARION-NISAS, SEDILLEZ, CURÉE, HUGUET, MALLARMÉ et MOURICAULT, *pour* le projet, BOISSY-D'ANGLAS, GANILH, GILLET (*de Seine-et-Oise*), CHAZAL, MALHERBE, FAURE, SAINT-AUBIN, CHÉNIER et MATHIEU, *contre* le projet, et GRENIER *sur* le projet, dans les séances des 29 frimaire, 1er, 2, 3, 4, 5, 8, 9 et 11 nivôse an X. — 11 nivôse an X, rejet du projet par le Tribunat, et nomination des tribuns Thiessé, Faure et Boissy pour exposer et défendre devant le Corps-Législatif, le vœu du Tribunat. — 12 nivôse an X, message des Consuls au Corps-Législatif, qui retire les projets de loi du Code civil. — Observations de la section de législation du Tribunat sur la communication officieuse du projet, des 26 et 27 messidor, 1er et 2 thermidor an X. — Exposé des motifs par M. TREILHARD sur le projet modifié, séance du 6 ventôse an XI. — Pas de nouveau rapport au Tribunat. — Discours de l'orateur du Tribunat, M. GARY, au Corps-Législatif, séance du 17 ventôse an XI. — NOTA. Les Rapports de MM. Siméon et Thiessé sont dans le tome 2 de la Législation civile de M. Locré; mais nous n'avons trouvé les opinions des tribuns que dans l'édition *in-*12 de Firmin Didot, tomes 9 et 10.

Décrété le 8 mars 1803 (*17 ventôse an XI*). Promulgué le 18 du même mois (*27 ventôse*).

INTRODUCTION.

SOMMAIRE.

1. *Pourquoi le livre 1er traite des personnes.*
2. *Nécessité des définitions.*
3. *Le mot* personne *n'est pas synonyme d'*individu.
4. *Définition; division : personnes physiques, personnes civiles.*
5. *Acceptions diverses du mot* état.
6. *Essai d'une définition de l'état en général.*
7. *Développemens. D'où naissent les qualités constitutives de l'état.*
8. *Ces qualités doivent être permanentes.*
9. *Elles doivent habiliter à la jouissance de droits généraux.*
10. *Pourquoi il est inutile d'examiner l'état sous le rapport du droit naturel et du droit des gens.*
11. *Ce que c'est que l'état politique et l'état civil.*
12. *Définition de l'état public et particulier.*
13. *Comment l'état civil est-il de droit public?*
14. *Pourquoi la division des personnes n'a pas, dans le droit civil français, les mêmes bases qu'en droit romain.*
15. *Première division, entre les personnes qui jouissent des droits civils ou qui en sont privées.*

16. *Division basée sur le droit de famille. Ordre du premier livre.*

1. Les biens sont la matière sur laquelle s'exerce le droit civil; leur possession, leur jouissance et leur propriété en constituent l'objet, et les personnes en sont la fin : c'est en effet pour elles que tout droit est établi (*Inst. lib.* 1, *tit.* 2, § 12; *L.* 2, *ff. de statu hom.*). Aussi le Code civil, comme les *Instituts* de Justinien, a fait précéder ce qui concerne la nature des biens, leurs modifications et leur acquisition, d'un livre sur les personnes.

2. Les jurisconsultes romains, qui regardaient comme périlleuses les définitions des termes généraux, et qui craignaient d'affaiblir par leurs explications ce qu'ils avaient reçu avec vénération des anciens interprètes du droit (*L.* 202, *ff. de reg. jur.; LL.* 20 et 21, *ff. de legib.;* D'AGUESSEAU, *Essai* (*) *sur l'état des personnes*), n'ont défini ni

---

(*) Il faut lire nécessairement, sur l'état des personnes en général, ce morceau que le grand d'Aguesseau a laissé inachevé. Il est au 5e vol. de ses œuvres in-4o, au 7e de l'édition in-8o, portant le titre d'Yverdun, et au 9e vol. de celle que nous devons aux soins de M. Pardessus. Il faut y joindre le titre 11 du livre préliminaire *des Lois civiles* de Domat; le chapitre 2 de l'introduction générale aux coutumes, que Pothier a placé en tête de sa *Coutume d'Orléans*; et l'introduction du livre premier de M. Toullier. Ce jurisconsulte a

le mot *persona* ni le mot *status*. Peut-être même le sens en était-il assez clair, assez fixé par l'usage, pour que la définition leur ait paru inutile; mais aujourd'hui la science du droit exige une précision presque mathématique : l'étude s'en popularise ; et quand une science se répand, il devient indispensable d'en fixer le vocabulaire. Il faut donc chercher comment le législateur a entendu le mot *personnes* dans la première division du Code.

3. M. Duranton (*t.* 1, *n°* 113) a fait d'habiles efforts pour démontrer que, dans notre droit français, le mot *personne* est synonyme d'*individu*, parce que l'abolition de l'esclavage ne permet plus de ranger aucun être humain dans la classe des choses : cependant il parait plus exact de dire, avec M. Toullier (*t.* 1, *n°* 168), qu'en jurisprudence, *homme* et *personne* ne sont point termes synonymes; qu'un homme est tout être humain, membre ou non de la société civile; qu'une personne est un homme considéré suivant l'état qu'il tient dans la société, avec tous les droits que lui donne la place qu'il y occupe et les devoirs qu'elle lui impose. Si, dans l'ordre actuel de la civilisation, chaque individu a des droits quels qu'ils soient, il n'en est pas moins vrai que ces droits diffèrent suivant la qualité de chacun, suivant le rôle (*) qu'il remplit dans la société; et cela suffit pour adopter la distinction de M. Toullier.

4. Ainsi on appelle *personnes* tous ceux à qui la loi confère ou refuse des droits, en considération de leur état. C'est du moins le sens usuel de ce mot en jurisprudence.

De là deux espèces de personnes : les personnes *physiques*, c'est-à-dire les hommes considérés individuellement avec les qualités constitutives de l'état de chacun et les droits spéciaux qui y sont attachés; et les personnes *civiles* ou *fictives*, ou les agrégations d'individus formées par les lois ou par la convention, qui, ayant des intérêts communs, sont considérées comme une seule personne, abstraction faite des droits particuliers de chacun des

suivi la route qu'avait tracée l'illustre chancelier. Avant lui, Delaporte et Riffé-Caubray s'en étaient également servis, mais avec moins de bonheur, pour les *Notions préliminaires* qui sont à la tête du second volume des *Pandectes françaises*.

(*) Le secours de l'étymologie n'est pas à dédaigner pour fixer le sens des mots : il est trivial que *persona* signifiait primitivement le masque de théâtre, reproduisant les traits de l'individu que représentait l'acteur, et portant au loin la voix dans les salles immenses et découvertes des anciens (*per quam vox personabat*). Dans un sens figuré, le même mot s'est appliqué au rôle, et s'est ensuite étendu à la position d'un citoyen relativement aux autres. C'est ainsi que, dans les meilleurs auteurs, il est employé pour indiquer une fonction publique, et Cicéron lui-même a dit : *Mihi personam hanc imposuistis* (*pro leg. agrar.*); c'est ainsi enfin qu'en grammaire, il sert à spécifier les trois rôles nécessaires au discours.

membres de l'association : tels sont l'Etat, les communes et établissemens publics, les sociétés de commerce, etc.

5. Qu'est-ce que l'*état?* C'est encore un terme équivoque de notre langue, souvent employé pour signifier la manière d'être, la condition et la *qualité présente* d'une chose, comme lorsqu'on dit l'état d'un procès pour indiquer le point où il est arrivé; mais « quelquefois aussi, dit Loyseau (*Offices, liv.* 1er, *ch.* 1er, *n°s* 25 à 29), le mot d'*état* est tourné et écorché du latin *status*, qui vient, non pas de *sum*, mais de *sto*, et signifie une *qualité permanente* et condition arrêtée. C'est dans ce dernier sens qu'on dit l'*état des personnes.* » En effet, une des propriétés de l'état est cette permanence qui l'attache au sujet qu'il accompagne partout (*C. civ. art.* 3, *alin.* 3e).

6. Ne pourrait-on pas définir l'*état*, la réunion sur un même individu de qualités permanentes, naturelles, légales ou mixtes, nécessaires pour le placer dans une classe de personnes habiles ou inhabiles à la jouissance de droits généraux attribués ou refusés à tous les individus de la même classe?

7. Pour justifier cette définition, il faut faire remarquer que l'état nous est donné par la nature ou par la loi, ou par toutes les deux ensemble.

La nature elle-même a tracé plusieurs divisions des personnes : suivant les sexes, en hommes et en femmes ; suivant l'acquisition des facultés physiques ou intellectuelles, en pubères et impubères, en sages ou insensés; suivant la parenté, en pères et en enfans. Or, le sexe est peut-être la seule qualité constitutive de l'état qui soit purement naturelle; les autres ont reçu une nouvelle forme du droit civil, qui, pour conformer les lois variables de la nature à l'usage des sociétés, a fixé, par des règles positives, les signes auxquels se reconnaissent ces qualités. C'est ainsi que l'âge de majorité (vingt-un ans dans notre droit actuel) est une présomption de raison suffisante pour tous les actes de la vie civile; c'est ainsi que le mariage établit les rapports de paternité et de filiation : dans ces circonstances, les qualités constitutives de l'état sont mixtes; elles sont à la fois l'ouvrage de la nature et de la loi.

D'autres qualités sont purement légales : elles naissent de distinctions arbitraires fondées sur les mœurs de chaque peuple ou sur la volonté du législateur : telles sont les différences établies chez les anciens entre les hommes libres et les esclaves; notre ancienne distinction de nobles et de roturiers; celle de naturels et d'étrangers.

8. Toutes ces qualités, ouvrage de la nature ou de la loi, doivent être permanentes pour concourir à constituer l'état : non qu'il ne puisse ou changer ou se perdre, comme on le voit dans le passage de la minorité à la majorité, et dans la perte

de la qualité de Français; mais parce qu'une fois acquis, l'état subsiste par lui-même, indépendamment de la volonté du sujet, qui ne peut y renoncer. Et si on objecte contre ce principe, qu'en se faisant naturaliser en pays étranger, un Français agit volontairement, on peut répondre que ce n'est pas la naturalisation qui lui fait perdre ses droits de Français, mais la loi elle-même par une disposition pénale : ce qui est si vrai, que son état en France est désormais plus défavorable que celui de l'étranger, comme on le verra plus tard.

9. Ces qualités doivent être telles qu'elles rendent *habile* ou *inhabile* à la jouissance de *droits généraux* attribués ou refusés à toute une classe de personnes. Et ici se trouve, selon nous, le signe caractéristique de l'état : il donne une aptitude générale aux droits sans les conférer; il est la source et le principe de la capacité inhérente à la personne, et cependant ne doit pas être confondu avec les capacités et les incapacités qui en découlent. Par exemple, la qualité de citoyen français constitue évidemment un état, parce qu'elle est permanente, et qu'elle produit par elle-même une aptitude générale à la jouissance de tous les droits attachés à cette qualité. Mais les qualités de juré, d'électeur, d'éligible, même de député, ne forment pas autant d'états : elles ne constituent que l'exercice spécial d'un droit ou d'une charge publique attribué au citoyen quand il réunit les conditions particulières d'âge, de cens ou de capacité, fixées par les lois. D'ailleurs, ces qualités ne sont pas permanentes; elles peuvent se perdre par des événemens qui n'affectent pas la personne, tels que le changement du cens.

10. De ce point de vue général, descendons à un examen plus circonscrit de l'état des hommes. On pourrait le considérer sous le rapport du droit naturel, du droit des gens, du droit politique et du droit civil.

Mais si la nature établit des différences entre les hommes, les droits accordés ou refusés aux classes de personnes qu'elle indique sont déterminés par la législation positive de chaque pays. L'examen de l'état de chacun suivant les lois de la nature serait donc inutile à notre sujet.

Le droit des gens (qu'on prenne ces mots pour indiquer le droit commun à toutes les nations, ou le droit dont les nations usent entre elles) peut établir aussi des distinctions entre les hommes : la plus commune, dans le premier sens, est la classification, aujourd'hui réprouvée dans toute l'Europe, d'hommes libres et d'esclaves; et dans l'autre acception, celle en indigènes et en étrangers. Néanmoins, comme ces distinctions ne peuvent produire d'effet qu'en vertu des lois particulières de chaque pays, et qu'autant qu'elles y auraient attaché la jouissance ou la privation de droits généraux, l'examen spécial de l'état sous le

rapport du droit des gens serait encore une superfluité.

11. Il suffit donc d'examiner l'état sous le rapport du droit politique et du droit civil.

L'*état politique* d'un individu n'est autre chose que l'aptitude générale de participer aux fonctions publiques, à l'exercice ou à l'établissement de la puissance publique, sous les conditions, dans les formes et suivant la mesure prescrites par la constitution de la cité dont il fait partie.

Les droits politiques ne sont pas du domaine de cet ouvrage : nous nous bornerons, sur l'art. 7, à quelques observations nécessaires sur la qualité de citoyen et sur les effets qu'elle produit.

L'*état civil* est l'aptitude générale ou le degré d'aptitude que les lois d'un pays confèrent à quelqu'un, relativement aux droits qui touchent ses intérêts privés.

12. Ces deux définitions rentrent à peu près dans celles qu'a données le chancelier d'Aguesseau de l'état *public* et de l'état *particulier*. « L'état public (dit-il, *lieu cité*) consiste dans une capacité ou une incapacité fondée sur la nature ou sur la loi, ou sur toutes les deux, de participer aux charges, aux honneurs et aux autres prérogatives qui sont accordées à ceux que l'on considère comme membres de la république. » Et il définit l'état particulier, « une qualité que la convention seule, réelle ou personnelle, ne peut établir, mais qui doit être imprimée ou par le droit naturel, ou par le droit civil, ou par tous les deux, et rend ceux qui en sont revêtus capables ou incapables de tous les engagemens d'une certaine espèce, ou même de toutes sortes d'engagemens; capables ou incapables de recueillir certaines successions, ou même toute sorte de successions de quelque nature qu'elles puissent être. » Mais il nous a semblé que nos lois ayant consacré les termes d'*état politique* et *civil*, il fallait adopter leur langage de préférence aux expressions équivalentes de d'Aguesseau. Il nous a semblé encore que sa définition de l'état public ou politique avait l'inconvénient de confondre l'état avec la capacité; et que celle de l'état particulier ou civil était trop restrictive, car il y a des droits civils autres que la capacité de contracter et de succéder, par exemple, celui d'obtenir justice des tribunaux du pays.

13. Bien qu'il confère une aptitude relative aux intérêts privés, l'état civil des personnes tient au droit public; car la cité est intéressée à ce que les relations qui unissent les membres du corps social ne soient pas rompues; car, renoncer aux rapports établis par la loi dans l'intérêt de tous ou de quelques uns, serait troubler l'ordre établi dans la société civile : c'est parce que l'état des personnes est de droit public que l'action en réclamation d'état est imprescriptible (*C. civ.* 328), et ne peut être l'objet d'un compromis (*C. Pr.*

1004); que les séparations entre mari et femme ne peuvent être volontaires, même quant aux biens (*C. civ.* 1443); qu'on ne peut déroger aux droits résultant de la puissance maritale ou de la puissance paternelle (*C. civ. art.* 1388), etc.

14. Ces notions préliminaires posées, voyons comment le Code civil a divisé les personnes.

Les lois romaines avaient pris pour base de leur division les trois qualités qui constituaient principalement à Rome l'état public et particulier : la liberté, le droit de cité, la famille. Dans le Code civil, les bases sont différentes.

La liberté n'est pas placée parmi les élémens de notre état civil, parce que c'est en France une qualité générale, et que ce qui est commun à tous ne peut servir de distinction.

Le droit de cité ne peut servir à la division des personnes dans notre état civil, parce que c'est une qualité politique dont l'absence n'entraîne pas la privation des droits civils.

15. Mais le Code distingue entre les étrangers et les nationaux, et cette division fait l'objet du chapitre 1er du titre Ier; et parmi les Français, il distingue ensuite ceux qui jouissent des droits civils, et ceux qui, ayant abandonné leur patrie ou troublé l'ordre de la société par des crimes, ont mérité d'être privés de participer à ses bienfaits : c'est l'objet des deux sections du chapitre II.

16. La famille est aussi chez nous une des principales bases du droit des personnes : ainsi le Code, dans ce premier livre, s'occupe des Français comme époux, comme pères, comme enfans; il divise ceux-ci, selon leur origine, en enfans légitimes et naturels, et permet une paternité fictive sous le nom d'adoption. Il règle la puissance paternelle; et passant à une autre division fondée sur la faiblesse et la maturité de l'âge ou de l'esprit, il traite des mineurs, de la tutelle qui doit les protéger; fixe l'âge de majorité, et établit l'interdiction et le conseil judiciaire comme remède au dérangement ou à la faiblesse des facultés intellectuelles.

ARTICLE 7.

L'exercice des droits civils est indépendant de la qualité de *Citoyen*, laquelle ne s'acquiert et ne se conserve que conformément à la loi constitutionnelle.

SOMMAIRE.

1. *Séparation des droits civils et des droits politiques.*

2. *Pourquoi il faut examiner la qualité de citoyen.*

3. *Renvoi pour le cas où l'étranger devient citoyen.*

4. *Acception du mot* citoyen *avant* 1789,

5. *Et dans les premiers temps de la révolution. Division en citoyens actifs et non actifs.*

6. *Sous les constitutions de l'an III et de l'an VIII.*

7. *Le mot de citoyen a-t-il aujourd'hui un sens fixé par les lois?*

8. *Résolution affirmative.*

9. *Du sexe.*

10. *De l'âge et de la résidence.*

11. *Du Français né à l'étranger.*

12. *Perte et suspension des droits politiques.*

13. *Effets de la naturalisation à l'étranger.*

14. — *de l'acceptation, autorisée ou non, de fonctions publiques et de pensions étrangères.*

15. — *de l'affiliation à des corporations nobiliaires.*

16. — *des peines.*

17. *Suspension : ce que c'est. De l'état de faillite.*

18. *Du non-commerçant qui a fait cession.*

19. *De l'héritier du failli.*

20. *De la domesticité.*

21. *De l'interdiction, et de la dation de conseil judiciaire.*

22. *De l'état d'accusation.*

23. *De la contumace.*

1. L'ordre naturel des idées voudrait qu'on s'occupât d'abord de la qualité de Français et des droits civils qu'elle procure, avant la qualité de citoyen, qui suppose la préexistence et de la qualité de Français et de la jouissance des droits civils; la marche du Code est différente, quoique logique : il procède par exclusion des lois politiques, comme étrangers à son objet, et commence par une séparation tranchée des droits civils et des droits politiques : les premiers appartiennent au Français, par cela seul qu'il est Français; pour jouir des seconds, il faut de plus être citoyen.

2. Quoique le droit politique ne soit pas l'objet de cet ouvrage, et que par conséquent nous n'examinerons ni les divers droits attachés à la qualité de citoyen, ni les conditions imposées pour qu'un citoyen exerce telle ou telle charge, les droits de juré, les droits électoraux, nous présenterons pourtant quelques réflexions sur ce qui constitue la qualité de citoyen français : car il y a des questions civiles dont la solution est attachée à la notion exacte de cette qualité; par exemple, quand il s'agit de savoir si un naturel français qui s'est fait naturaliser en pays étranger a recouvré ses droits civils en France (*V. l'art.* 21), ou si un Français avait capacité pour être témoin instrumentaire d'un acte notarié (*V. la loi du 25 vent. an XI, art.* 9).

3. La qualité de citoyen peut appartenir, soit à un nature français, soit à un étranger devenu Français. On verra sous l'art. 8 de quelle manière l'étranger peut devenir notre compatriote et notre concitoyen : ici nous ne parlerons que des conditions nécessaires pour que le Français acquière ou perde cette qualité, ou des circonstances qui en suspendent chez lui l'exercice.

4. Sous l'ancien droit, les lois n'avaient pas défini le citoyen : ce titre était une qualité générale que l'on appliquait à l'universalité des membres d'un même Etat ; mais le langage français ne l'individualisait que lorsqu'on avait à louer la conduite patriotique d'un membre de la cité. Le mot était encore vague, quoique la chose existât, comme on l'a pu reconnaître par la définition qu'a donnée d'Aguesseau de l'état public.

5. Les lois qui suivirent 1789 se ressentirent de l'influence du langage : le nom de *citoyen* fut presque (*) confondu avec celui de *Français*. La constitution de 1791 déclare citoyens français « ceux qui sont nés en France d'un père français ; ceux qui, nés en France d'un père étranger, ont fixé leur résidence dans le royaume ; ceux qui, nés en pays étranger d'un père français, sont venus s'établir en France et ont prêté le serment civique ; enfin ceux qui, nés en pays étranger, et descendant, à quelque degré que ce soit, d'un Français ou d'une Française expatriés pour cause de religion, viennent demeurer en France et prêtent le serment civique (*tit. 2, art.* 2). » Le mot *citoyen* était donc générique et comprenait même les femmes (*Loi du 29 therm. an II, B.* 40, *n°* 221) et les enfans.

Mais comme tous ne pouvaient pas exercer les droits d'élection, on divisa les citoyens en citoyens actifs et non actifs. Pour être citoyen actif, il fallait être né ou devenu Français ; être âgé de vingt-cinq ans accomplis ; être domicilié dans la ville ou dans le canton depuis le temps déterminé par la loi ; payer, dans un lieu quelconque du royaume, une contribution directe au moins égale à la valeur de trois journées de travail, et en représenter la quittance ; n'être pas dans un état de domesticité, c'est-à-dire de serviteur à gages ; être inscrit dans la municipalité de son domicile au rôle des gardes nationales, et avoir prêté le serment civique (*même constit. tit.* 3, *chap.* 1er, *sect.* 2, *art.* 2).

6. La constitution de l'an III vint supprimer cette division : elle porte (*art.* 8) : « Tout homme né et résidant en France, qui, âgé de vingt-un ans accomplis, s'est fait inscrire sur le registre

civique de son canton, qui a demeuré depuis, pendant une année, sur le territoire de la république, et qui paie une contribution directe, foncière ou personnelle, est citoyen français. »

Celle de l'an VIII supprime la condition de payer une contribution directe : « Tout homme né et résidant en France, qui, âgé de vingt-un ans accomplis, s'est fait inscrire sur le registre civique de son arrondissement communal, et qui a demeuré depuis, pendant un an, sur le territoire de la république, est citoyen français (*art.* 2). »

7. La Charte de 1814 ni celle de 1830 n'ont pas reproduit cette qualification de citoyen, et se sont bornées à fixer des conditions d'âge et de cens pour la capacité électorale. Ce silence, joint à ce qu'il n'existe plus de registre civique, a fait penser à des jurisconsultes d'un mérite éminent que la constitution de l'an VIII ne pouvait plus être consultée sur ce point, et qu'il fallait attendre une nouvelle définition législative (*V.* M. TOULLIER, *t.* 1, *n°* 258 ; M. ROLLAND DE VILLARGUES, *Rép. du notar. mot Témoin instrumentaire, n°s* 14 à 17 ; M. GUICHARD, *Traité des droits civils, p.* 6).

8. Les règles du droit ne permettent pas d'adopter cette opinion négative. Les lois de droit public, comme celles d'un autre ordre, ne s'abrogent que par les dispositions expresses ou inconciliables des lois postérieures. Le silence de la Charte sur la qualité de citoyen est donc une confirmation des conditions constitutives de l'état civique déterminées par la constitution de l'an VIII. Peu importe, selon nous, que la Charte ait imposé pour l'électorat des conditions d'âge et de cens que ne peuvent atteindre tous les citoyens : elles n'ont fait en cela que limiter l'exercice du droit, sans porter atteinte à la qualité essentielle, à la *qualité d'état*, sans laquelle la réunion des autres conditions ne produirait aucune capacité. Peu importe encore l'absence du registre civique : tous les citoyens exerçant alors des fonctions électorales, il était établi pour parvenir à la confection des listes. Dès qu'une partie des citoyens ont cessé d'exercer les droits électoraux, ce registre devait cesser d'exister, et son abolition annuler l'obligation de s'y faire inscrire ; d'autant plus que longtemps avant la restauration, l'inscription de fait suffisait ; qu'il avait été dérogé à la règle sévère qui imposait aux Français l'obligation de requérir cette inscription, et que les registres étaient dressés par les sous-préfets sur les listes fournies par les maires de chaque commune (*Décr. du 17 janv.* 1806, *art.* 1 *et* 2) ; enfin, ce qui est décisif, c'est que, depuis la restauration, la loi du 14 octobre 1814 (*B.* 45, *n°* 355) sur la naturalisation des habitans des pays réunis à la France depuis 1791 reconnaît formellement l'existence de la loi du 22 frimaire an VIII.

C'est donc en appliquant le principe que les

(*) La synonymie n'était pas parfaite, quoique le titre de citoyen fût acquis au moment de la naissance, parce qu'on pouvait perdre la qualité de citoyen sans cesser d'être Français, par exemple, par un jugement de contumace susceptible pourtant d'être anéanti (*Const. de* 1791, *tit.* 2, *art.* 6, § 3°).

constitutions antérieures, combinées avec les lois subséquentes, règlent encore l'état de citoyen, que nous allons examiner à qui appartient en France le titre de citoyen, quand l'exercice des droits de citoyen est suspendu, et comment se perd cette qualité.

9. La qualité de citoyen ne peut appartenir qu'aux hommes (*Const. de l'an VIII, art.* 2) : les femmes ne sont pas citoyennes, elles sont simplement Françaises (M. GASCHON, *au Rép. de* Favard de Langlade, *mot Droits politiques;* M. MERLIN, *Rép. mot Français,* § 2), et ne concourent nullement à l'exercice du pouvoir; elles sont sujettes de l'Etat, sans être membres de la cité (M. GASCHON, *ibid.*).

10. Les enfans et les mineurs ne sont pas encore citoyens.

La simple majorité de vingt-un ans ne serait même pas suffisante pour conférer la qualité de citoyen. La constitution de l'an III (*art.* 8), celle de l'an VIII (*art.* 2) ajoutaient la condition de résidence pendant une année sur le territoire français depuis la majorité acquise : d'où il suit que la majorité politique est fixée à vingt-deux ans (M. GASCHON, *lieu cité*), et qu'on ne peut être valablement témoin instrumentaire dans les actes notariés qu'à l'âge de vingt-deux (M. MERLIN, *mot Témoin instrumentaire,* § 1, n° 3, *in fin.* nonobstant M. ROLLAND DE VILLARGUES, *Rép. du not. mot Cité, n°* 5); d'où il suit encore que le Français qui aurait passé sa minorité à l'étranger n'aurait la qualité de citoyen qu'après une année de résidence en France, à quelque âge qu'il y fût rentré; et que l'enfant même d'un étranger, s'il est né en France, devient citoyen français un an après la déclaration prescrite par l'art. 9 du Code civil (M. GASCHON, *ibid. V.* plus bas l'*art.* 9).

11. La rédaction de l'art. 2 de la constitution de l'an VIII paraît cependant incomplète, car elle ne s'occupe pas du Français né à l'étranger, comme le faisait la constitution de 1791. Mais il faut remarquer que cet art. 2 n'est pas conçu en termes exclusifs, qu'il laisse donc subsister l'art. 2 du titre II de la constitution de 1791, qui veut que ceux qui, nés en pays étrangers d'un père français, viennent s'établir en France, soient citoyens français; et que le serment civique exigé par la loi constitutionnelle de 1791, implicitement supprimé, puisqu'il n'y est exigé de personne, pas même de l'étranger devenu citoyen (*Const. de l'an VIII, art.* 3), s'y trouve remplacé par la condition de résidence annale en France, évidemment exigible du Français qui n'y est pas né comme de celui qui y a reçu la naissance.

12. Le citoyen français peut être privé absolument des droits politiques, ou seulement de l'exercice de ces droits.

13. La constitution de l'an VIII (*art.* 4) indique quatre causes qui font perdre l'état de citoyen : 1° la naturalisation en pays étranger, ce qui est d'accord avec l'art. 17 du Code civil, même quand la naturalisation aurait été autorisée par le roi, quoique dans ce cas le Français conserve certains droits civils (*Décret du 26 août* 1811, *tit.* 1er).

14. 2° L'acceptation de fonctions ou de pensions offertes par un gouvernement étranger. Il n'est pas douteux que cette disposition subsiste encore, quand le Français qui a accepté des fonctions publiques ou une pension d'un prince étranger n'a pas reçu d'autorisation du roi. Mais que décider dans le cas contraire ?

De l'art. 17 du Code civil naît le doute : dans l'art. 4 de la constitution, il s'agit de la perte des droits politiques, lesquels sont attachés essentiellement à la qualité de citoyen; mais dans l'art. 17 du Code civil, il s'agit seulement des droits civils, lesquels ne dépendent que de la simple qualité de Français : ainsi on ne peut conclure de l'un à l'autre (*V. les Exposés des motifs de* M. BOULAY *et de* M. TREILHARD); seulement, d'après l'autorisation accordée en conformité de l'art. 17 du Code civil, le Français pourra redevenir citoyen, après l'abandon des fonctions ou la renonciation à la pension de l'étranger : de sorte que, dans le cas où le Français a reçu l'autorisation de son gouvernement, il s'agit plutôt d'une suspension des droits civiques que de leur perte absolue. — *V.* M. PROUDHON, *C. de droit civ. t.* 1, *p.* 67, qui paraît confondre les deux qualités.

15. 3° L'affiliation à toute corporation étrangère qui supposerait des distinctions de naissance.

Cette cause entraînait non seulement la perte des droits civiques, mais encore celle des droits civils, aux termes du § 3° de l'art. 17 du Code civil. Cette disposition fut retranchée du Code Napoléon en 1807. L'empereur reconstituait une nouvelle noblesse : les distinctions de naissance cessaient donc d'être, constitutionnellement parlant, contraires à la loi française. Le § 3 de l'art. 4 de la constitution de l'an VIII est donc virtuellement abrogé.

16. 4° La condamnation à des peines afflictives ou infamantes : ce qui est conforme aux art. 7, 8, 28 et 34 du Code pénal, et comprend la mort civile.

17. Passons aux cas dans lesquels *l'exercice des droits de citoyen est suspendu.*

Cette suspension ne peut pas être considérée comme une privation temporaire de la qualité, mais seulement comme un empêchement apporté à la jouissance actuelle de droits inhérens à la personne, de sorte qu'à l'instant même où cesse cet empêchement, la qualité reprend tout son empire. En voici un exemple : un domestique à gages attaché au service de la personne, tel qu'un valet de chambre, abandonne sa profession servile; dès le lendemain, il sera valablement témoin d'un acte notarié, s'il est né et résidant en France depuis un an ; dès le lendemain, il aura droit de se faire inscrire sur les listes électorales, s'il remplit les conditions de l'électorat, parce que la qualité de citoyen n'était pas éteinte en lui, et qu'elle ne faisait que sommeiller.

La première cause de suspension de l'exercice des droits de cité est l'état de débiteur failli (*Const. de l'an VIII, art.* 5, § 1er; *de l'an III, art.* 13, § 2°). Les auteurs paraissent d'accord pour penser que cette disposition est encore en vigueur (M. Merlin, *Rép. mot Français,* § 2; *mot Juré,* § 1er, n° 6; M. Grenier, *Donations,* n° 247. Nota : leurs opinions, publiées avant la restauration, ne paraissent pas avoir été depuis modifiées dans leurs ouvrages; M. Pardessus, *C. de droit comm.* n° 1313; M. Duranton, *t.* 1er, n° 137), et cette doctrine paraît juste et conséquente, quoique M. Rolland de Villargues émette une pensée contraire (*Rép. du Not. mot Témoins instrumentaires,* n° 16), appuyée sur un arrêt de rejet du 10 *juin* 1824, qui porte qu'un acte notarié est authentique, bien qu'un simple failli y ait été témoin instrumentaire, parce que la nomenclature des droits dont le failli peut être privé se trouve explicitement déterminée dans les lois sur le commerce, et qu'elles ne prononcent pas l'interdiction au failli d'être témoin instrumentaire dans les actes notariés. Ce motif n'est rien moins que concluant, puisque les lois sur le commerce ont pour objet le bien et l'utilité du commerce, et que les incapacités qu'elles établissent ne peuvent qu'ajouter et non déroger aux incapacités établies par des lois de l'ordre politique (*).

Dans tous les temps, la faillite a altéré les droits politiques. L'ordonnance de 1673 (*tit.* 9, *art.* 5), la déclaration du 23 décembre 1699 (*art.* 9), l'édit de décembre 1701 (*art.* 10) ont exclu des fonctions publiques ceux qui auraient ou fait faillite, ou pris des lettres de répi ou de défenses générales. La constitution de 1791 (*tit.* 3, *chap.* 1er, *sect.* 2, n° 5) excluait de l'exercice des droits de citoyen actif ceux qui, après avoir été constitués en état de faillite ou d'insolvabilité prouvé par pièces authentiques, ne rapportaient pas un acquit

(*) D'autres arrêts ont décidé, sous l'empire du Code des délits et des peines du 3 brumaire an IV, que des débiteurs faillis ne pouvaient remplir les fonctions de jurés (*Cass. sect. crim.* 16 *fruct. an VIII,* 14 *niv. an XIII*); et si des arrêts plus récens, rendus sous le Code d'instruction criminelle de 1808, ont rejeté les pourvois dirigés contre des arrêts auxquels avaient participé des jurés en état de faillite (*Rej. sect. crim.* 4 *ou* 14 *juillet* 1811 *et* 25 *oct.* 1812), ce n'est pas parce que les droits de citoyen auraient été entiers dans la personne des faillis, mais en déclarant qu'à l'autorité administrative seule appartenait le droit d'apprécier les qualités politiques et civiles des jurés : doctrine susceptible de controverse, mais qui n'est pas de notre sujet.

général de leurs créanciers ; enfin, si ces principes ont été oubliés pendant la terreur révolutionnaire, la Convention y revint par le décret du 21 vendémiaire an III (*B.* 72, *n°* 384) et par la constitution de la même année.

Les termes de la loi étant généraux, il n'y a pas de distinction à établir entre le failli concordataire et le failli unioniste : l'un et l'autre sont également suspendus de leurs droits civiques (*Argum. d'un arrêt de rejet, sect. civ.* 9 *juillet* 1832).

18. Le mot *failli* est-il dans la constitution de l'an VIII un terme générique, comprenant même les non-commerçans qui auraient fait cession judiciaire de leurs biens? M. Merlin (*Répert. mot Cession de biens,* n° 10), M. Toullier (*t.* 7, *n°* 266), M. Duranton (*t.* 12, *n°* 269), professent l'affirmative : mais cette opinion n'est pas sans difficulté. Si l'on peut la défendre en disant que les lois anciennes comprenaient les non-commerçans dans leurs dispositions contre ceux qui obtenaient des lettres de répi ou de défenses générales, on répond que ces lois sont abrogées; en invoquant la constitution de 1791, qui non seulement parlait de faillite, mais d'insolvabilité, on y oppose la constitution de l'an III, qui ne parle que du failli dans l'art. 13, et dans l'art. 14 dit absolument que l'exercice des droits de citoyen n'est suspendu que dans les cas exprimés en l'article précédent, ce qui est exclusif de cette insolvabilité vague que la première constitution assimilait à la faillite ; enfin, si on fait remarquer que la distinction entre les mots *faillite* et *déconfiture* (et c'est l'argument le plus fort en faveur de ce système) a été longtemps à s'établir, on répond encore que, dans le langage législatif, le mot *faillite* était depuis longtemps consacré pour exprimer la déconfiture du commerçant; que dans l'état actuel de la législation, le commerçant failli qui a acquitté ses dettes peut reconquérir la plénitude des droits de citoyen par la réhabilitation (*C. de comm. art.* 604), et qu'il n'y a aucune loi qui offre cette ressource au non-commerçant après la cession de biens. Toutes ces raisons, jointes au principe que les exceptions doivent être étroitement renfermées dans le texte de la loi, nous déterminent à douter de la solution que ces jurisconsultes ont donnée à la question.

19. La deuxième cause de suspension est l'état « d'héritier immédiat détenteur à titre gratuit de la succession totale ou partielle d'un failli (*Const. de l'an VIII, art.* 5, § 1er, *de l'an III,* § 2°; *Rej. sect. civ.* 9 *juillet* 1832). » Disposition morale qui intéresse l'héritier à honorer la mémoire de son auteur; équitable, car, malgré les remises faites au failli, l'obligation naturelle a continué de subsister; juste, car elle ne grève pas l'héritier, puisque, pour recouvrer l'exercice des droits civiques, il n'est tenu de payer aux créanciers que jusqu'à concurrence des biens qu'il détient, et qu'elle ne comprend ni les donations reçues de bonne foi avant la faillite, ni les acquisitions qu'il aurait depuis faites sans fraude du failli.

Remarquons en passant l'immense différence qui existe entre le failli et celui qui a fait cession de biens. Le concordat a souvent, à l'égard du premier, éteint l'obligation civile ; à l'égard du second, l'obligation civile continue de subsister, et il est obligé d'abandonner aux créanciers les biens qui lui adviennent par la suite (*C. civ.* 1270) ; or, cette obligation passe à ses héritiers (*art.* 724), qui ne peuvent pas s'y soustraire, tandis que les héritiers d'un failli qui a obtenu concordat ne sont soumis à aucune action.

Cette réflexion prouve que le commencement du paragraphe s'occupe du failli proprement dit, puisque la seconde partie ne peut s'appliquer qu'à l'héritier du failli et non à celui du non-commerçant qui a fait cession.

20. La *troisième* cause est « l'état de domestique à gages, attaché au service de la personne ou du ménage (*Const. de l'an VIII, art.* 5, § 2 ; *de l'an III, art.* 13, § 3o). » De là arrêt qui admet une enquête pour prouver qu'un témoin instrumentaire était domestique à gages (*Rennes, 23 juin* 1827). La constitution de 1791 portait que, pour être citoyen actif, il fallait « n'être pas dans un état de domesticité, c'est-à-dire de serviteur à gages (*tit.* 3, *ch* 1er, *sect.* 2, *art.* 1er). » Le langage de la constitution de l'an VIII est plus clair : il ne comprend que ce que les lois anciennes appelaient *serviteurs-domestiques*, et ne s'entend ni des domestiques d'un ordre relevé, tels que les bibliothécaires, les précepteurs, les secrétaires et intendans, qui, s'ils logent et sont nourris avec le maître de la maison et en reçoivent des gages, sont plutôt ses employés que ses serviteurs ; ni les domestiques principalement employés aux travaux de la campagne, qui sont plutôt des ouvriers à l'année, des coopérateurs aux travaux du maître, habitant chez lui pour l'utilité des travaux qui leur sont confiés (M. Henrion de Pensey, *Compét. des juges de paix, ch.* 30).

21. La *quatrième* est l'état d'interdiction judiciaire (*Const. de l'an VIII, art.* 5, § 3) : ce qui doit s'entendre dans le sens de la constitution de l'an III, art. 13, § 1o, qui ajoutait les mots « pour cause de fureur, de démence et d'imbécillité ; » car, dans cette rédaction, la jurisprudence avait vu l'intention d'abroger et l'interdiction pour cause de prodigalité et la dation de conseil, « cette demi-interdiction, par laquelle, en affectant de laisser à un individu la jouissance de la liberté civile, on le prive, malgré lui, de la plus précieuse des prérogatives de cette liberté, celle de disposer de ses biens (*Cass.* 24 *niv. an X* ; M. Merlin, *Rép. mot Prodigue,* § 7, *no* 1). » C'est sous l'influence de cette

jurisprudence qu'a été rédigé l'art. 5 de la constitution de l'an VIII ; il doit donc être pris dans le même sens limitatif ; et, comme la loi civile est sans influence sur la qualité politique, il faut décider que la dation d'un conseil judiciaire est sans influence sur la qualité de citoyen ; que celui qui s'y trouve soumis peut, par exemple, être témoin instrumentaire. Si un arrêt de la section criminelle (*Cass.* 23 *juillet* 1825) a décidé que, dans ce cas, on ne pouvait remplir les fonctions de juré, ce n'est pas à cause de la privation des droits civiques, mais parce qu'il a paru à la Cour que les termes de l'art. 381 du Code d'instruction criminelle exigeaient pour ces fonctions la plénitude des droits civils.

22. La *cinquième* est l'état d'accusation (*Const. de l'an VIII, art.* 5, § 3 ; *de l'an III*, § 4o), c'est-à-dire, de celui qui, prévenu d'avoir commis un fait qualifié crime par les lois pénales, est renvoyé devant les assises par arrêt de la Cour royale (M. Merlin, *mot Accusé, no* 1 ; *mot Juré,* § 1er, *no* 6 ; *C. instr. art.* 231).

23. Enfin, la *sixième* est l'état de contumace (*Const. de l'an VIII, art.* 5, § 3), qui a lieu quand, après un arrêt de mise en accusation, l'accusé n'a pu être saisi, ne s'est pas présenté dans les délais fixés, ou s'est évadé (*C. instr.* 465). La constitution de l'an III (*art.* 13, § 5o) suspendait aussi l'exercice des droits de citoyen par le jugement de contumace, *tant qu'il ne serait pas anéanti.* La loi constitutionnelle de l'an VIII n'a pas reproduit ces mots, parce que l'accusé purge la contumace en se représentant, anéantit par sa présence et l'arrêt de condamnation et les procédures faites depuis l'ordonnance de prise de corps, mais il demeure en état d'accusation, et par conséquent ses droits civiques restent encore suspendus jusqu'à son acquittement.

RENVOIS AUX ARRÊTISTES.

Cass. *sect. crim.* 16 *fruct. an VIII.* — N. D. t. 4, p. 284.

Cass. 24 *niv. an X.* — S. an X, 1. 206.

Cass. *sect. crim.* 14 *niv. an XIII.* — N. D. t. 4, p. 284.

Rejet, *sect. crim.* 4 ou 14 *juillet* 1811. — S. 1817, 2. 319. — N. D. t. 4, p. 284.

Rejet, *sect. crim.* 23 oct. 1812. — S. 1817, 2. 319. — N. D. t. 4, p. 284.

Rejet, 10 *juin* 1824. — 1824, 1. 294. — D. 1824, 1. 277. — P. t. 3e de 1824, p. 145.

Cass. 23 *juillet* 1825. — S. 1825, 1. 391. — D. 1823, 1. 428. — P. t. 1er de 1826, p. 571.

Rennes, 23 *juin* 1827. — S. 1827, 2. 158. — D. 1827, 2. 152.

Rejet, *sect. crim.* 9 *juillet* 1832. — S. 1832, 1. 524.

ARTICLE 8.

Tout Français jouira des droits civils.

———

SOMMAIRE.

1. *Les mots* droits civils *ont un sens plus étendu quand il s'agit de leur* jouissance *que quand on parle de leur* privation.

2. *Différence entre les droits et les effets civils.*

3. *Pourquoi les droits civils appartiennent à tout Français.*

4. *Des femmes, des mineurs et des interdits.*

5. *Des Français professant le culte israélite. Législation temporaire et jurisprudence, à la note.*

6. *Distinction des Français selon l'origine.*

7. *Quels sont les Français de naissance. Renvois.*

8. *Double source de la naturalisation.*

9. *Volonté de la loi : mariage et réunion de pays.*

10. *Faveur de la loi : naturalisation demandée.*

11. *Formes anciennes de la naturalisation en France.*

12. *Conditions sous la loi du 30 avril — 2 mai 1790.*

13. *Sous la constitution de 1791.*

14. *Sous la constitution de 1793.*

15. *Sous celle de l'an III.*

16. *Et sous celle de l'an VIII.*

17. *Dérogations apportées à cette constitution par les sénatus-consultes du 26 vendémiaire an XI et du 19 février 1808, et par le décret du 17 mars 1809.*

18. *Législation nouvelle. Ordonnance du 4 juin et loi du 14 octobre 1814; époques de la mise en vigueur des lois successives sur la naturalisation, et actes de réunion et de distraction du territoire, à la note.*

19. *La naturalisation acquise subsiste, malgré les nouvelles conditions des lois postérieures.*

20. *Des lettres de déclaration de naturalité.*

21. *Depuis quand sont-elles nécessaires? Des actes faits avant leur délivrance.*

22. *La naturalisation ne se présume pas.*

23. *Effets de la naturalisation.*

1. Dans un sens étendu, on appelle *droits civils* ceux que la loi du pays assure à tous les nationaux pour la protection de leurs intérêts privés, quelle que soit la source de ces droits; ce qui comprend même les contrats; car, s'ils ne tiraient pas de la loi civile leur force exécutoire, que seraient-ils autre chose que des actes nuls, des obligations naturelles improductives d'action? *Jus civile est quod à potestate civili proficiscitur*, a dit avec raison Grotius (*De jure belli ac pacis, lib.* 1, *cap.* 1, *n°* 14). C'est en ce sens qu'on entend la jouissance des droits civils : mais quand le législateur parle de leur privation, les mêmes mots offrent un sens plus restreint : les rédacteurs du Code avaient présente à l'esprit la division faite par Justinien du droit privé en droit naturel, droit des gens et droit civil (*Inst. lib.* 1, *tit.* 2). On en trouve la preuve dans les art. 5, 30 et 31 du projet de Code civil, *liv.* 1er, *tit.* 1er, dont le premier portait que, « sauf les modifications établies par les lois politiques, les étrangers jouissent en France de tous les avantages du droit naturel, du droit des gens et du droit civil proprement dit », et les deux autres que « ceux qui ont été condamnés à une peine emportant mort civile (autre que la peine de mort) sont privés des avantages du droit civil proprement dit... et demeurent capables de tous les actes qui sont du droit naturel et du droit des gens. »

Quoique cette division ne soit pas rigoureuse, puisque c'est en vertu de la loi civile seulement qu'on peut exercer les droits même naturels qu'elle consacre, il suffit qu'elle ait guidé le législateur pour ne la pas négliger : car c'est en se plaçant sous l'influence des idées qui dominaient ses travaux qu'on peut pénétrer sa pensée et suivre son esprit. Ainsi on divise sans inconvénient les droits civils selon la source dont ils dérivent, en droits *naturels*, pour ceux à l'égard desquels la loi du pays n'a pas modifié les lois de la nature; *des gens*, pour ces conventions usuelles qu'on trouve également chez presque toutes les nations policées, et qui sont si nécessaires au commerce entre les hommes, qu'une espèce de convention tacite en accorde la communication aux étrangers, même sans traités à ce sujet; et *civils proprement dits*, quand il s'agit de droits établis par la loi spéciale du pays, et surtout de droits d'une telle nature, qu'ils sont réservés aux naturels du pays, ou que les étrangers n'y peuvent participer sans une disposition formelle. Cette division, quoique d'une application difficile dans la pratique, explique pourquoi les droits civils sont plus étendus dans leur jouissance que dans leur privation.

2. Dans les anciens auteurs, on trouve souvent les mots *effets civils* comme synonymes de *droits civils*. Le langage de la jurisprudence s'est rectifié en ce point : les effets civils sont produits par les actes; les droits civils sont accordés ou refusés aux personnes. Or, sans avoir les droits civils proprement dits, certaines personnes jouiront cependant des effets civils des actes qu'il leur sera permis de faire : ainsi l'étranger qui aura obtenu un jugement contre un Français devant un tribunal français aura l'hypothèque judiciaire sur les biens de son débiteur, quoique l'hypothèque soit de pur droit civil.

3. Ces notions préliminaires posées, passons à l'explication de notre article.

Il assure la jouissance des droits civils à tout Français, par opposition à l'art. 7, qui soumet à des conditions la jouissance des droits politiques, parce que ceux-ci doivent être combinés avec le bien du pays, et que ceux-là, influant davantage sur le bonheur individuel, puisque l'action de la loi civile se fait sentir tous les jours et à tous les instans (M. TREILHARD, *Exposé des motifs*), sont dus à tous les régnicoles, à moins qu'ils ne soient dans une exception consacrée par la loi.

4. Le mot *Français* comprend ici les femmes : elles jouissent de *presque* tous les droits civils (M. MERLIN, *Rép. mot Français*, § 2, n° 1); et comme elles ont une capacité générale, il faut que les incapacités particulières résultent d'un texte qui leur dénie l'exercice d'un droit ou l'attribue spécialement aux hommes (EXEMPLES : *C. civ. art.* 37, 442, 980). Il comprend même les mineurs et les interdits, car ils ont la jouissance générale des droits civils, quoiqu'ils n'en aient pas l'exercice.

5. Long-temps en France les Juifs (*) n'ont été que tolérés, et la révolution de 1789 hésita à les admettre au rang des citoyens : c'est seulement un décret du 27 septembre 1791, sanctionné le 13 novembre, qui a révoqué tous ajournemens, réserves et exceptions insérés dans les précédens décrets relativement aux Juifs, et qui, en abolissant pour l'avenir les lois particulières qui pesaient sur eux, et les priviléges et exceptions introduits précédemment en leur faveur, leur a donné les droits civils et politiques à l'égal de leurs concitoyens des autres cultes. Mais dans les départemens septentrionaux de la France, plusieurs d'entre eux n'exerçant alors d'autre profession que l'usure, un décret du 30 mai 1806 ordonna qu'il serait sursis pendant un an à toutes exécutions de jugemens et contrats, autrement que par simples actes conservatoires, contre des cultivateurs non négocians des départemens de la Sarre, de la Roër, du Mont-Tonnerre, des Haut et Bas-Rhin, de Rhin-et-Moselle, de la Moselle et des Vosges, lorsque les titres contre ces cultivateurs auraient été consentis

(*) C'est au *Répertoire de jurisprudence*, à *Denisart* et aux autres recueils anciens qu'il faut recourir pour connaître le droit exceptionnel qui régissait les Juifs en France, suivant les diverses localités. Il faut voir surtout les lettres-patentes du 10 juillet 1784, portant règlement pour les Juifs d'Alsace. L'admission des Juifs au nombre des citoyens français a virtuellement abrogé tous ces règlemens particuliers ; mais cet affranchissement n'a pas eu d'effet rétroactif, et l'on doit encore déclarer nulles les obligations passées à leur profit avant la publication de la loi du 27 septembre 1791, si elles n'ont pas été revêtues des formes exigées à l'époque du contrat (M. MERLIN, *Répert. mot Juifs*, § 2; *Questions de droit, mot Arrêt de règlement*, § 1er; *Rejet, sect. civ.* 24 *vent. an X; Nîmes,* 5 *déc.* 1806). De même, quoique le décret du 17 mars 1808 ait perdu sa force temporaire, il doit encore être exécuté pour les obligations antérieures au 1er juillet 1818, et, malgré l'opinion émise par quelques jurisconsultes, la publication de la Charte de 1814 a été sans influence sur l'existence législative de ce décret (*Rejet*, 25 *janv.* et 25 *juin* 1817).

Il est donc encore utile de connaître et les termes de ce décret et la jurisprudence à laquelle il a donné lieu.

DÉCRET IMPÉRIAL *concernant les Juifs,* B. 186, n° 3210.

« TITRE 1er. Art. 1er. A compter de la publication du pré-« sent décret, le sursis prononcé par notre décret du 30 mai « 1806, pour le paiement des créances des Juifs, est levé. »

Art. 2. Lesdites créances seront néanmoins soumises aux « dispositions ci-après. » — Pourvu toutefois qu'avant la publication du décret, il n'y ait pas eu jugement passé en force de chose jugée (*Rejet,* 19 *juin* 1811, 5 *févr.* 1812; *Colmar,* 21 *déc.* 1813), même par acquiescement (*Colmar,* 10 *janv.* 1809; *Paris,* 10 *avril* 1809). Mais, hors ce cas, les créances antérieures sont soumises aux règles de ce décret, même quand elles sont constatées par actes notariés (*Trèves,* 24 *avril* 1809, qui l'étend à une transaction).

On ne distinguait pas non plus entre les Juifs français et les Juifs étrangers : la jurisprudence a soumis ceux-ci aux mêmes exceptions, soit pour les contrats passés en France, soit pour ceux faits hors de France (*Trèves,* 28 *avril* 1809, Colmar, 18 *juin* 1811; *Rejet,* 10 *août* 1813)

« Art. 3. Tout engagement pour prêt fait par des Juifs à « des mineurs, sans l'autorisation de leur tuteur ; à des fem-« mes, sans l'autorisation de leur mari ; à des militaires, sans « l'autorisation de leur capitaine si c'est un soldat ou sous-« officier, du chef du corps si c'est un officier, sera nul de « plein droit, sans que les porteurs ou cessionnaires puissent « s'en prévaloir et nos tribunaux autoriser aucune action ou « poursuite. » — Aujourd'hui les femmes et les mineurs sont encore défendus par le droit commun (*C. civ.* 1124); les militaires majeurs ne le sont que par leur raison.

Un arrêt de *rejet* du 7 *juin* 1810 a décidé que les militaires débiteurs envers les Juifs *antérieurement* au décret ne peuvent opposer cet art. 3, parce qu'il n'existe aucune disposition qui étende aux engagemens antérieurs l'application de l'art. 3, comme il en existe une dans l'art. 13 à l'égard de l'art. 4.

Cet arrêt, dicté sans doute par l'espèce, est diamétralement opposé à l'esprit et à l'économie du décret. En effet, le titre 1er lève le sursis prononcé par un décret antérieur pour les créances des Juifs, et soumet LESDITES CRÉANCES aux dispositions des art. 3, 4, 5 et 6. Or, comme le sursis avait nécessairement lieu pour les créances échues, l'art. 3 était donc applicable aux créances antérieures au décret de 1808. Il y a plus : le titre II est relatif à l'avenir, et c'est ce qu'indiquent les premiers mots de l'art. 7, « *Désormais et à dater du...* » Si donc, dans l'art. 13, l'auteur du décret a dit que les dispositions de l'art. 4 sont applicables à l'avenir comme au passé, ce n'a pas été pour étendre au passé les effets de l'art. 4, mais au contraire pour étendre à l'avenir les effets d'une disposition qu'autrement l'économie du décret n'aurait permis d'appliquer qu'au passé.

« Art. 4. Aucune lettre de change, aucun billet à ordre, « aucune obligation ou promesse, souscrit par un de nos sujets « non-commerçant, au profit d'un Juif, ne pourra être exigé « sans que le porteur prouve que la valeur en a été fournie « entière et sans fraude. » — Dans cet article, le mot *obligation* est générique et comprend les obligations notariées comme les autres (*Trèves,* 24 *avril* 1809; *Rejet,* 28 *févr.* 1811; *Colmar,* 4 *mai* 1813; *Rejet,* 6 *déc.* 1813; mais cette exception ne détruisant pas la foi due à l'officier public, ne peut être invoquée quand l'acte énonce *formellement* que les espèces ont été comptées et délivrées à la vue des notaires

par eux en faveur des Juifs. Ce sursis fut levé par un décret du 17 mars 1808, qui portait de graves atteintes à leurs droits civils, en leur refusant action pour certaines créances, en mettant à leur charge la preuve de la vérité des obligations souscrites à leur profit, en annulant leurs créances usuraires, même pour la portion légitimement due ; en annulant leurs actes de commerce et les hypothèques qui en étaient la suite, s'ils n'avaient une patente spécialement délivrée et différente de celle des autres citoyens ; en leur défendant de prendre domicile en certaines localités, et de faire remplacer leurs enfans pour la conscription. Ce décret, qui ne concernait pas les Juifs de la Gironde et des Landes, devait avoir son exécution pendant dix ans ; et comme il n'a pas été prorogé, les citoyens qui professent le culte de Moïse jouissent aujourd'hui des mêmes droits civils que les autres Français.

6. De ce que la jouissance des droits civils appartient à tout Français, il suit qu'en général les

(*Rejet*, 9 *juillet* 1811 ; *Cass.* 9 *nov.* 1812 ; *Colmar*, 21 *déc.* 1813 ; *Cass.* 24 *janv.* 1815 ; *Rejet*, 6 *déc.* 1815).

C'est en *faveur des Français* seuls que cette législation est introduite ; ainsi n'en pourrait profiter ni un étranger, ni un Français qui aurait perdu cette qualité, et qui ne justifierait pas l'avoir recouvrée (*Colmar*, 19 *avril* 1809). C'est en faveur des Français *non-commerçans* qu'a été écrit l'art. 4, même quand le non-commerçant se serait obligé sous une forme commerciale comme la lettre de change (*Trèves*, 28 *avril* 1809) ; ainsi à l'égard des commerçans, soit en gros, soit en détail (*Cass.* 24 *janv.* 1815 ; *Rejet*, 26 *juin* 1821), les Juifs n'étaient pas tenus de prouver qu'ils avaient fourni la valeur (*Colmar*, 20 *mars* 1810), même quand la dette n'était pas commerciale (*Trèves*, 19 *avril* 1809) ; et l'on a regardé comme commerçans, relativement à leurs effets, les receveurs des caisses publiques (*C. com.* 634 2º ; *Colmar*, 20 *mars* 1810).

Un arrêt de Colmar (10 *janv.* 1809) avait sans nécessité professé la doctrine que l'exception ne pouvait être opposée au Juif que par le débiteur lui-même, que c'était là un droit attaché à sa personne, et qui ne passait pas à ses propres créanciers. La même Cour a eu l'honorable courage de revenir sur sa jurisprudence doctrinale, et de la qualifier d'erreur grave, en décidant qu'un Juif devait justifier de la vérité de sa créance envers les créanciers du débiteur commun, quand il produisait à l'ordre ouvert sur sa succession bénéficiaire (*Colmar*, 22 *avril* 1815).

On a douté aussi si le cessionnaire d'un Juif était soumis à la preuve imposée à celui-ci : cette question, qui n'aurait jamais dû être élevée en présence des mots, « *le porteur*, » et des principes généraux du droit, a été résolue affirmativement (*Colmar*, 8 *juin* 1810).

Enfin, les créanciers juifs ont prétendu que cet art. 4, en introduisant une exception contre eux, n'avait pas donné à leurs débiteurs une action pour faire annuler les titres dont ils seraient porteurs : mais cette prétention a encore été rejetée (*Trèves*, 28 *avril* 1809 ; *Colmar*, 29 *juin* 1810).

« Art. 5. Toute créance dont le capital sera aggravé d'une « manière patente ou cachée, par la cumulation d'intérêts à « plus de cinq pour cent, sera réduite par nos tribunaux.

« Si l'intérêt réuni au capital excède dix pour cent, la « créance sera déclarée usuraire, et, comme telle, annulée. »

mêmes droits appartiennent à celui qui est né Français et à celui qui l'est devenu.

7. Sont Français de naissance tous ceux qui sont nés en France de parens français, ou d'une mère française et d'un père inconnu, ou de père et mère inconnus (M. MERLIN, *ibid.* § 1, *n*º 1 ; M. TOULLIER, *t.* 1, *n*ºs 259 *et* 260 ; M. DELVINCOURT, 1er *vol. page* 15 ; M. DURANTON, *t.* 1er, *n*ºs 120, 122 *et suiv.* où il fait des distinctions sur les effets de la reconnaissance ; M. GUICHARD, *Traité des droits civ. n*º 48, *p.* 62). Ceux nés en France de parens étrangers peuvent aussi être considérés comme Français-nés, mais nous verrons sur l'art. 9 que cette qualité ne leur est acquise définitivement que par l'acceptation qu'ils en font à leur majorité.

Est encore Français de naissance l'enfant né en pays étranger d'un Français qui n'a pas perdu ses droits civils : maxime qui doit être développée sous l'art. 10.

8. On *devient* Français et capable de tous les droits civils par la naturalisation.

— La première disposition est conforme à l'art. 3 de la loi du 3 septembre 1807 ; quant à la seconde, elle est contraire à l'équité, et déroge pour les seuls Juifs aux principes qui avaient laissé libre le taux de l'intérêt jusqu'à la loi de 1807 (*V. l'art.* 1907 *du Code civ.*).

« Art. 6. Pour les créances légitimes et non usuraires, nos « tribunaux sont autorisés à accorder aux débiteurs des dé« lais conformes à l'équité. » — Disposition conforme au droit commun, en ce qui regarde les dettes civiles (*C. civ.* 1900), et dérogatoire aux lois commerciales (*C. com.* 157 *et* 187).

« TITRE II. Art. 7. Désormais, et à dater du 1er juillet pro« chain, nul Juif ne pourra se livrer à aucun commerce, né« goce ou trafic quelconque, sans avoir reçu, à cet effet, « une patente du préfet du département, laquelle ne sera « accordée que sur des informations précises, et que sur un « certificat, 1º du conseil municipal, constatant que ledit « Juif ne s'est livré ni à l'usure ni à un trafic illicite ; 2º du « consistoire de la synagogue dans la circonscription de la« quelle il habite, attestant sa bonne conduite et sa pro« bité. » — Maintenant le décret s'occupe de l'avenir. Ses prescriptions sont des dispositions de haute police qui intéressent les bonnes mœurs : il n'est donc pas permis d'y déroger, et les renonciations au bénéfice de ce décret qui auraient été faites, soit lors des emprunts, soit depuis sous l'empire même de ce décret, sont nulles et n'ont pas la force d'empêcher le débiteur de l'opposer (*Rejet*, 23 *janv.* 1817 ; *Colmar*, 19 *août* 8131, nonobstant *Trèves*, 1er *août* 1810).

« Art. 8. Cette patente sera renouvelée tous les ans. » — *V. l'art.* 10.

« Art. 9. Nos procureurs généraux près nos Cours sont spé« cialement chargés de faire révoquer lesdites patentes, par « une décision spéciale de la Cour, toutes les fois qu'il sera « à leur connaissance qu'un Juif patenté fait l'usure ou se livre « à un trafic frauduleux. »

« Art. 10. Tout acte de commerce fait par un Juif non pa« tenté, sera nul et de nulle valeur. » — Tout acte de commerce, quel qu'il soit, même le simple endossement d'une lettre de change (*Rejet*, 21 *févr.* 1814).

« Art. 11 Il en sera de même de toute hypothèque prise « sur des biens par un Juif non patenté, lorsqu'il sera prouvé

La naturalisation résulte ou de la volonté ou de la faveur de la loi.

9. Elle résulte de la volonté de la loi dans deux cas, 1° à l'égard des femmes étrangères quand elles épousent un Français (*C. civ. art.* 21); 2° et par l'effet de la réunion d'une portion de territoire étranger au territoire français. Dès l'instant du mariage, dès l'instant de la réunion légale du territoire, la femme mariée, les habitans qui restent dans le pays réuni, deviennent capables de tous les droits civils en France, sans aucune condition (M. Toullier, *t.* 1, *n°* 264; M. Duranton, *t.* 1er, *n°* 133; M. Dalloz, *mot Droits civils et politiques, sect.* 2, *art.* 1er, *n°* 22 et 23). Cette réunion peut avoir lieu de deux manières : ou par une loi du peuple conquérant, ou par un traité entre les deux puissances contendantes. Dans le premier cas, les habitans ne conservent la qualité de Français qu'autant qu'en définitive le pays n'est pas restitué à son ancien souverain : la qualité de régnicole s'efface par la reddition ultérieure du pays conquis et

« que ladite hypothèque a été prise pour une créance résul-« tant d'une lettre de change, ou pour un fait quelconque de « commerce, négoce ou trafic. » — Conséquence nécessaire de l'art. 10.

« Art. 12. Tous contrats ou obligations souscrits au profit « d'un Juif non patenté, pour des causes étrangères au com-« merce, négoce ou trafic, pourront être revisés par suite « d'une enquête de nos tribunaux. Le débiteur sera admis à « prouver qu'il y a usure ou résultat d'un trafic frauduleux ; « et, si la preuve est acquise, les créances seront suscepti-« bles, soit d'une réduction arbitrée par le tribunal, soit « d'annulation, si l'usure excède dix pour cent. » — Quand un Juif n'était pas patenté, les obligations *commerciales* prises envers lui étaient nulles, et les obligations *civiles* susceptibles de révision. La dernière partie de l'article applique *à l'avenir* pour la réduction ou l'annulation des créances usuraires, ce que l'art. 5 avait statué pour *le passé.*

« Art. 13. Les dispositions de l'art. 4, titre Ier du présent « décret, sur les lettres de change, billets à ordre, etc., « sont applicables à l'avenir comme au passé. » — Cet article est applicable indistinctement aux Juifs patentés ou non patentés, mais ne peut être invoqué que par les Français non-commerçans. — *V. les notes sur l'art.* 4.

« Art. 14. Nul Juif ne pourra prêter sur nantissement à « des domestiques ou gens à gages; et il ne pourra prêter « sur nantissement à d'autres personnes, qu'autant qu'il en « sera dressé acte par un notaire, lequel certifiera, dans « l'acte, que les espèces ont été comptées en sa présence et « celle des témoins, à peine de perdre tout droit sur les « gages, dont nos tribunaux et Cours pourront en ce cas or-« donner la restitution gratuite. »

« Art. 15. Les Juifs ne pourront, sous les mêmes peines, « recevoir en gage les instrumens, ustensiles, outils et vête-« mens des ouvriers, journaliers et domestiques. » — Ces deux articles concernent également et les Juifs patentés et les Juifs non patentés.

« Titre iii. Art. 16. Aucun Juif, non actuellement domi-« cilié dans nos départemens du Haut et du Bas-Rhin, ne sera « désormais admis à y prendre domicile.

« Aucun Juif, non actuellement domicilié, ne sera admis « à prendre domicile dans les autres départemens de notre

réuni par une simple mesure législative (*V. au Répert. de* M. Merlin, *mot Aubaine, n°* 9), ce qui explique la loi du 14 octobre 1814, dont nous parlerons plus tard. Dans le second cas, si un événement quelconque détache de l'empire français le pays réuni par un traité, les habitans de ce pays qui ont établi leur domicile dans une autre partie du royaume conservent de droit la qualité de Français dans sa plénitude.

Cette opinion est préférable à celle de Pothier (*Traité des personnes, tit.* 2, *sect.* 1re), qui rejette la distinction entre la simple cession et la restitution de territoire. Celle-ci emporte, par sa nature, l'aveu que l'Etat qui restitue n'a jamais eu la souveraineté de droit, et que par conséquent les naturels de la province rendue n'ont jamais été naturels du pays auquel le lieu de leur naissance avait été incorporé par le fait. Leurs habitudes, leurs vœux peuvent leur faire regretter cette patrie momentanée, et la loi peut, en conséquence, rendre pour eux la naturalisation plus prompte, plus

« empire, que dans le cas où il y aura fait l'acquisition d'une « propriété rurale et se livrera à l'agriculture, sans se mêler « d'aucun commerce, négoce ou trafic.

« Il pourra être fait des exceptions aux dispositions du « présent article, en vertu d'une autorisation spéciale éma-« née de nous. »

« Art. 17. La population juive, dans nos départemens, « ne sera point admise à fournir des remplaçans pour la « conscription : en conséquence, tout Juif conscrit sera assu-« jetti au service personnel. »

DISPOSITIONS GÉNÉRALES.

« Art. 18. Les dispositions contenues au présent décret « auront leur exécution pendant dix ans, espérant qu'à l'ex « piration de ce délai, et par l'effet des diverses mesures « prises à l'égard des Juifs, il n'y aura plus aucune diffé-« rence entre eux et les autres citoyens de notre Empire ; « sauf néanmoins, si notre espérance était trompée, à en « proroger l'exécution pour tel temps qu'il sera jugé conve-« nable. » — Les dix années ont commencé le 1er juillet 1808; et le 1er juillet 1818 les droits civils des Israélites français ont été aussi entiers que ceux de leurs concitoyens.

« Art. 19. Les Juifs établis à Bordeaux et dans les dépar-» temens de la Gironde et des Landes, n'ayant donné lieu « à aucune plainte, et ne se livrant pas à un trafic illicite, « ne sont pas compris dans les dispositions du présent dé-« cret. » — Cette exception fut étendue par divers décrets aux Juifs de quelques autres localités : à ceux établis à *Livourne* (*Décret du* 16 *juin* 1808, *B.* 194, *n°* 3437); à ceux des départemens des *Alpes-Maritimes*, de l'*Aude*, du *Doubs*, de la *Haute-Garonne*, de l'*Hérault*, de *Marengo*, du *Pô*, de *Seine-et-Oise*, de la *Stura*, de la *Doire*, de la *Sesia*, des *Vosges*, du *Gard*, de *Gênes* et des *Bouches-du-Rhône* (*Décret du* 11 *avril* 1810, *B.* 279, *n°* 5337); enfin à ceux du département de la *Seine* (*Décret du* 26 *déc.* 1813, *B.* 549, *n°* 10,004). Ce dernier décret rappelle une décision datée de Bayonne, le 26 avril 1808, qu'on avait omis de publier au Bulletin, et n'entend préjudicier en rien à la possession dont les Juifs de la capitale avaient joui par suite de cette décision.

facile; soit : mais entre le pays et eux, il faut un nouveau contrat. Au contraire, dans le cas de simple cession, le naturel du pays cédé qui s'est établi dans une autre partie du territoire ne peut perdre sa qualité de naturel de l'Etat, parce qu'il la tenait d'un droit antérieur à la cession.

Aussi, si la loi du 14 octobre 1814 doit régir les individus originaires des pays séparés de la France par le traité du 30 mai 1814, nous pensons qu'elle est inapplicable aux naturels des portions de territoire détachées par le traité du 28 novembre 1815, établis à cette époque dans l'intérieur du royaume. Ils sont Français de plein droit et sans formalités.

10. La naturalisation résulte de la faveur de la loi, quand la constitution du pays permet d'admettre les étrangers sur leur demande au nombre des naturels d'un pays.

11. En France, la naturalisation s'opérait autrefois par lettres-patentes du roi appelées *lettres de naturalité*, accordées en grande chancellerie, et enregistrées dans les Cours souveraines (*Rép. mot Naturalisation*, n° 1er; DENISART, *mot Naturalisation*, nos 3, 9 et 10). Elles devaient être vérifiées en la chambre des comptes (BACQUET, *Aubaine*, 3e part. ch. 23; D'AGUESSEAU, 32e *plaidoyer*; POTHIER, *Tr. des Personnes*, tit. 2, sect. 3; *Arrêt du conseil du 12 mars 1735*; *Paris*, 3 juillet 1833) et insinuées. Mais l'omission de cette dernière formalité n'empêchait pas leur validité : il suffisait que le droit fût payé, quoique tardivement (DENISART, *même mot*, n° 19). Leur teneur conférait le droit de jouir des priviléges, franchises et immunités dont jouissaient les vrais sujets du roi et originaires du royaume, et d'y tenir et posséder *offices* et *bénéfices* : clause contraire à plusieurs ordonnances générales, notamment à l'édit de Blois de mai 1579, art. 4.

On trouve d'ailleurs au *Répertoire* de M. Merlin (*mot Aubaine*) et dans Pothier (*lieu cité*) divers autres modes de naturalisation; mais il faut, dans l'application, discerner avec soin si les priviléges spéciaux dont ils parlent conféraient la naturalité ou dispensaient du droit d'aubaine.

12. La révolution française changea le mode de naturalisation. Une loi du 30 avril — 2 mai 1790 déclare que « tous ceux qui, nés hors du royaume « de parens étrangers, sont établis en France, se-« ront réputés Français, et admis, en prêtant le « serment civique, à l'exercice des droits de ci-« toyens actifs, après cinq ans de domicile con-« tinu dans le royaume, s'ils ont en outre acquis « des immeubles, ou épousé une Française, ou « formé un établissement de commerce, ou reçu « de quelque ville des lettres de bourgeoisie, « principalement dans les départemens des fron-« tières et dans les villes maritimes. » M. Merlin établit, avec sa supériorité ordinaire (*Répert. mot Divorce*, sect. 4, § 10, *plaidoyer du 29 pluviôse*

an XIII, alinéa, La seconde proposition exige *et suiv. et plaidoyer du 22 mars 1806, alinéa,* Et d'abord, il est constant *et suiv.*), que cette loi avait un double objet, celui d'appeler les étrangers établis en France à la qualité de Français, pourvu qu'ils remplissent une des conditions ajoutées à la résidence de cinq années, et le second, de ne leur imposer le serment civique qu'autant qu'ils voudraient exercer les droits de citoyens actifs. D'où il conclut que le défaut de serment civique n'a pu leur enlever la qualité de Français que leur imprime la présomption de la loi. Sa doctrine, contraire à deux arrêts de Cours d'appels (*Paris, 9 vent. an XII; Orléans, 11 therm. an XIII*), éludée par deux arrêts de cassation (*Cass. sect. civ. 30 pluv. an XIII, Cass. sect. réunies, 22 mars 1806*), a été adoptée par la troisième Cour d'appel dans la même affaire (*Dijon, 27 août 1806*), par un arrêt positif de la section des requêtes (*Rejet, 27 avril 1819*) et par un arrêt de Colmar (*26 déc. 1829*).

13. Cette loi fut bientôt remplacée par la constitution de 1791, qui établit le serment civique, non comme condition de l'exercice des droits de cité, mais comme simple acceptation de la naturalisation. Elle porte (*tit. 2, art. 3*), « Ceux qui, « nés hors du royaume de parens étrangers, rési-« dent en France, deviennent citoyens français « (ce qui veut dire simplement Français, et non « citoyens actifs, *V. le n° 5 sur l'art. 8*) après cinq « ans de domicile continu dans le royaume, s'ILS « y ont en outre acquis des immeubles ou épousé « une Française, ou formé un établissement d'a-« griculture ou de commerce, ET s'ILS ont prêté le « serment civique. » — Et (*art. 4*) : « le *pouvoir lé-« gislatif* pourra, pour des considérations impor-« tantes, donner à un étranger un acte de natura-« lisation, *sans autres conditions* que de fixer son « domicile en France et D'Y PRÊTER le serment ci-« vique. » Voilà la nécessité de l'acceptation clairement établie.

14. La constitution du 24 juin 1793 fut encore plus prodigue de faveurs envers les étrangers; elle porte, art. 4 : « Tout étranger *âgé de vingt-un* « ans accomplis, *qui est domicilié* en France de-« puis une année, y vit de son travail, ou acquiert « une propriété, ou épouse une Française, ou « adopte un enfant, ou nourrit un vieillard, tout « étranger, *enfin*, qui sera jugé *par le Corps-Légis-« latif* avoir bien mérité de l'humanité, *est admis* « à l'exercice des droits de CITOYEN FRANÇAIS.

Cette constitution n'a eu qu'une existence éphémère; dès le 10 octobre 1793 (19 vendém. an II), une loi en a suspendu les effets quant au mode de gouvernement, mais sans toucher aux capacités qu'elle accordait (*Colmar, 13 oct. 1829*).

15. La constitution de l'an III augmenta le temps du stage politique, cessa de confier à la législature le droit d'accorder des actes de naturalisation, et

n'admit l'étranger à la participation des droits civils qu'autant qu'il satisferait en même temps aux conditions qu'elle lui imposait pour l'exercice des droits politiques : de sorte qu'il devenait en même temps Français et citoyen. Elle porte (*art.* 10) : « L'étranger devient citoyen français, lorsqu'APRÈS « AVOIR atteint l'âge de vingt-un ans accomplis, « ET AVOIR déclaré l'intention de se fixer en France, « il y a résidé pendant *sept* années consécutives, « POURVU qu'il y paie une contribution directe, ET « QU'EN OUTRE il y possède une propriété foncière, « OU un établissement d'agriculture *ou* de com-« merce, OU qu'il ait épousé une Française. » On voit qu'ici la naturalisation redevient bilatérale, que la déclaration de se fixer en France constituait implicitement la demande en naturalisation, et qu'elle devait s'accomplir par la seule force de la loi, quand, *postérieurement* à cette déclaration, l'étranger avait accompli la résidence de sept ans, et que de plus, après ce temps, il payait une contribution directe, et présentait l'une des quatre conditions alternatives d'où la loi tirait la présomption de son attachement au sol français.

16. La constitution de l'an VIII adopta le même mode de naturalisation, en fixant aussi les conditions nécessaires pour que l'étranger devînt citoyen à l'instant même où il aurait acquis la qualité de Français ; en voici les termes, art. 3 : « Un « étranger devient citoyen français, lorsqu'APRÈS « AVOIR atteint l'âge de vingt-un ans accomplis, « ET AVOIR déclaré l'intention de se fixer en France, « il y a résidé pendant *dix* années consécutives. » Les conditions d'admission sont simplifiées, et remplacées par la plus longue durée du stage.

17. Mais des considérations d'intérêt public firent bientôt fléchir cette règle absolue : on reconnut qu'il y avait des exceptions dignes de faveur : un sénatus-consulte du 26 vendémiaire an XI (*art.* 1er) confia au gouvernement, pendant cinq ans à partir de sa publication, la faculté « d'admettre à jouir du droit de *citoyen français,* après UN AN de domicile, les étrangers qui rendraient *ou* auraient rendu des services importans à l'Etat, qui apporteraient dans son sein des *talens,* des *inventions* ou une *industrie utile,* ou qui formeraient de *grands établissemens.* » Cette dérogation temporaire devint perpétuelle par un sénatus-consulte du 19 février 1808, qui la consacra dans les mêmes termes par son art. 1er. Ce droit était conféré par un arrêté ou par un décret spécial rendu sur le rapport d'un ministre, le conseil d'Etat entendu (*art.* 2 *des mêmes sénatus-cons.*) ; et après la délivrance faite à l'impétrant d'une expédition de cet arrêté ou de ce décret (*art.* 3), il devait se présenter devant la municipalité de son domicile pour y prêter le serment d'obéissance aux constitutions et de fidélité au gouvernement. Il était tenu registre et dressé procès-verbal de ce serment (*art.* 4).

C'était ce serment qui complétait la naturalisation et mettait l'impétrant en possession de son nouvel état. — Sur la question de savoir comment on peut remplacer ces registres, quand ils ont été perdus ou n'ont pas été tenus, *V. arrêt de cass. 4 février 1822, et le Comm. des Actes de l'état civil, art. 46, no 7, p.* 27.

La constitution de l'an VIII subit aussi deux autres dérogations. D'abord l'art. 13 du Code civil n'admit l'étranger à la jouissance des droits civils qu'autant qu'il aurait obtenu du gouvernement l'autorisation de résider en France, et le conseil d'Etat, consulté sur la question de savoir si l'étranger qui, aux termes de la constitution, voulait devenir citoyen français, était assujetti à la disposition de cet art. 13, fut d'avis que, DANS TOUS LES CAS où un étranger veut s'établir en France, il est tenu d'obtenir la permission du gouvernement, et que les admissions pouvant être, suivant les circonstances, sujettes à des modifications, à des restrictions, et même à des révocations, ne sauraient être déterminées par des règles ou des formules générales (*Avis du 18 prairial an XI, approuvé le* 20). Le stage politique, à partir de la publication du titre 1er du Code civil, n'a donc pu commencer sans autorisation du gouvernement. Enfin un décret du 17 mars 1809 a voulu qu'après l'accomplissement des conditions imposées par la constitution de l'an VIII, la naturalisation fût prononcée par l'Empereur, sur la demande de l'étranger transmise avec les pièces à l'appui par le maire du domicile du pétitionnaire au préfet du département, qui les adresse avec son avis au ministre de la justice. Ainsi, à partir de la publication de ce décret, il n'a plus existé de naturalisation de plein droit. (M. MERLIN, *mot Naturalisation,* § 2, *nouv. édit.* § 3, *anc. édit.*).

18. La publication de la Charte laissa subsister l'art. 3 de la constitution de l'an VIII, le sénatusconsulte de 1808, et le décret de 1809 : mais la législation vint introduire quelques modifications. Une ordonnance du 4 juin 1814, publiée à la même séance royale que la Charte, interdit aux étrangers, même naturalisés, de siéger aux Chambres législatives, à moins qu'ils n'aient obtenu du roi des lettres de naturalisation, vérifiées par les deux Chambres ; et une loi du 14 octobre 1814 (*) four-

(*) Cette note a pour objet, 1º de donner le texte de l'ordonnance du 4 juin 1814 ; 2º et de la loi du 14 octobre même année : textes importans, mais trop longs pour entrer dans le corps de l'ouvrage ; 3º et d'offrir un tableau chronologique des lois qui ont statué sur la naturalisation des étrangers, et des actes de réunion et de distraction de territoire.

I. ORDONNANCE *du 4 juin 1814, relative aux étrangers et à leur naturalisation.* B. 17, no 134.

« Louis, etc. Nous nous sommes fait représenter les or-« donnances des rois nos prédécesseurs relatives aux étran-

nit aux personnes nées dans les départemens réunis et domiciliées dans le territoire actuel de la France les moyens d'acquérir promptement la qualité de Français que le traité du 30 mai leur avait

« gers, notamment celles de 1386, de 1431, et celle de Blois,
« art. 4; et nous avons reconnu que, par de graves consi-
« dérations et à la demande des Etats-Généraux, ces ordon-
« nances ont déclaré les étrangers incapables de posséder
« des offices ou bénéfices, ni même de remplir aucune fonc-
« tion publique en France. Nous n'avons pas cru devoir re-
« produire toute la sévérité de ces ordonnances; mais nous
« avons considéré que, dans un moment où nous appelons
« nos sujets au partage de la puissance législative, il importe
« surtout de ne voir siéger dans les Chambres que des hom-
« mes dont la naissance garantisse l'affection au souverain et
« aux lois de l'Etat, et qui aient été élevés, dès le berceau,
« dans l'amour de la patrie. Nous avons donc cru convena-
« ble d'appliquer les anciennes prohibitions aux fonctions
« de députés dans les deux Chambres, et de nous réserver le
« privilége d'accorder des lettres de naturalisation, de ma-
« nière que nous puissions toujours, pour de grands et im-
« portans services, élever un étranger à la plénitude de la
« qualité de citoyen français. Enfin, nous avons voulu que
« cette récompense, l'une des plus hautes que nous puissions
« décerner, acquit un degré de solennité qui en relevât en-
« core le prix. A ces causes, nous avons ordonné et ordon-
« nons ce qui suit :

« ART. 1er. Conformément aux anciennes constitutions fran-
« çaises, aucun étranger ne pourra siéger à compter de ce
« jour, ni dans la Chambre des pairs, ni dans celle des dé-
« putés, à moins que, par d'importans services rendus à
« l'Etat, il n'ait obtenu des lettres de naturalisation, véri-
« fiées par les deux Chambres.

« ART. 2. Les dispositions du Code civil, relatives aux
« étrangers et à leur naturalisation, n'en restent pas moins
« en vigueur, et seront exécutées selon leur forme et te-
« neur. »

M. Merlin, qui n'a pas cru devoir rétracter, dans les éditions de ses œuvres postérieures à la restauration, ce qu'il avait dit sur le mode d'acquisition du droit de citoyen par le naturel français, exprime pourtant la pensée (mot *Naturalisation*, n° 2) que l'art. 3 de la constitution de l'an VIII était abrogé virtuellement par la Charte, et puisait une nouvelle existence dans l'art. 2 de l'ordonnance du 4 juin. Nous concevons la pudeur politique qui, dans la première séance royale, n'a pas permis d'invoquer la dernière constitution républicaine; mais ce fait n'est pas suffisant pour établir une abrogation que repoussent l'allusion à cet acte par l'indication du Code civil dont l'art. 7 y renvoie, l'art. 63 de la Charte, et la netteté avec laquelle cette constitution est considérée comme régnante dans la loi du 14 octobre.

II. Loi *du 14 octobre 1814 relative à la naturalisation des habitans des départemens qui avaient été réunis à la France depuis 1791.* B. 45, n° 355.

« Louis, etc. Nous sommes informés qu'il s'est élevé des
« difficultés sur l'exécution de notre ordonnance du 4 juin
« dernier, qui, en n'admettant à siéger à la Chambre des
« pairs et à celle des députés qu'après avoir obtenu, pour
« d'importans services, des lettres de naturalisation vérifiées
« par les deux Chambres, ne laisse pas de maintenir les dis-
« positions du Code civil, relativement aux étrangers et à
« leur naturalisation. Il nous paraît injuste d'exiger, aux

fait perdre en séparant de la France leur pays d'origine (*V. ci-dessus*, n° 9).

On voit que, dans l'état actuel de la législation, il y a deux espèces de naturalisation, la *simple*

« termes du Code civil *et de la constitution du 22 frimaire*
« *an VIII*, une déclaration préalable de dix ans de domicile
« de ceux qui, se regardant comme Français, n'avaient eu
« aucune déclaration à faire pour transporter leur domicile
« dans l'intérieur du royaume, y former des établissemens,
« y accepter et occuper des fonctions publiques. Nous avons
« jugé que l'acte même de la réunion de leur pays à la France
« devait leur tenir lieu de déclaration particulière; et que,
« *s'ils ont exercé pendant dix ans* les droits de citoyen fran-
« çais, *il leur suffisait* de déclarer l'intention de les conser-
« ver, *pour continuer* à jouir des droits civils et politiques,
« à l'exception de ceux réservés par l'art. 1er de l'ordonnance
« du 4 juin. Nous avons pas moins trouvé équitable de pré-
« compter, sur les dix années que la loi exige pour acquérir
« un domicile en France, les années qui se sont écoulées
« depuis la réunion au royaume, des provinces qui n'en font
« plus aujourd'hui partie, et de faire cesser ainsi l'incerti-
« tude qui existe sur l'état de ces nombreux individus qui
« étaient déjà Français par leur domicile, ou sur le point de
« le devenir. A ces causes, nous avons proposé et les Cham-
« bres ont adopté, nous avons ordonné et ordonnons ce qui
« suit :

« ART. 1er. Tous les habitans des départemens qui avaient
« été réunis au territoire de la France depuis 1791, et qui,
« en vertu de cette réunion, se sont établis sur le territoire
« actuel de France, et y ont résidé sans interruption depuis
« dix années, et depuis l'âge de vingt-un ans, *sont censés*
« avoir fait la déclaration exigée par l'art. 3 de la loi du
« 22 frimaire an VIII, *à charge* par eux de déclarer, dans
« le délai de *trois* mois, à dater de la publication des pré-
« sentes, qu'ils persistent dans la volonté de se fixer en
« France. Ils obtiendront, à cet effet, de nous, des lettres
« de *déclaration de naturalité*, et pourront jouir, *dès ce mo-*
« *ment*, des droits de citoyens français, à l'exception de ceux
« réservés dans l'art. 1er de l'ordonnance du 4 juin, qui ne
« pourront être accordés qu'en vertu de lettres de naturali-
« sation vérifiées dans les deux Chambres.

« ART. 2. Ceux qui *n'ont pas encore* dix années de *résidence*
« *réelle* dans l'intérieur de la France, acquerront les mêmes
« droits de citoyens français *le jour* où leurs dix ans de ré-
« sidence seront révolus, *à charge* de faire par eux, dans
« le même délai, la déclaration susdite. Nous nous réservons
« néanmoins d'accorder, lorsque nous le jugerons convenable,
« même avant les dix années de résidence révolues, des let-
« tres de *déclaration de naturalité*.

« ART. 3. A l'égard des individus *nés et encore domiciliés*
« dans les départemens qui, après avoir fait partie de la France,
« en ont été séparés par les derniers traités, nous pourrons
« leur accorder la permission de s'établir dans notre royaume
« et d'y jouir des droits civils; mais ils ne pourront exercer
« ceux de citoyens français *qu'après avoir* fait la déclaration
« prescrite, *après avoir* rempli les conditions imposées par
« la loi du 22 frimaire an VIII, *et après* avoir obtenu de
« nous des lettres *de déclaration de naturalité*. Nous nous
« réservons néanmoins d'accorder lesdites lettres, quand
« nous le jugerons convenable, *avant* les dix ans de rési-
« dence révolus. »

III. TABLEAU *chronologique des lois sur la naturalisation*

naturalisation, qui confère tous les droits d'un naturel français, à l'exception de celui de siéger dans les Chambres législatives; et la *grande naturalisation*, qui fait entièrement disparaître l'origine étrangère, et confère la plus haute capacité politique, celle de partager les travaux du législateur. Ce qui nous reste à dire s'applique principalement à la *simple* naturalisation.

19. La naturalisation une fois acquise sous l'une des lois précédentes, continue à produire ses effets, quoiqu'une loi postérieure exige pour l'avenir d'autres conditions ou une autre forme de naturalisation. C'est une jurisprudence constante (*Rejet*, *27 avril 1819; Paris, 18 mars 1823; Amiens, 12 et 14 février 1824; Rennes, 12 févr. 1824; Colmar, 13 oct. et 26 déc. 1829; M. Merlin, Répert. mot Naturalisation, no 4*). Ainsi, celui qui a acquis la

qualité de citoyen français avant le décret du 17 mars 1809 n'a pas besoin de lettres de déclaration de naturalité (*Lyon, 10 nov. 1827, affaires Jay et Casati*). *V. ci-dessus, nos* 12 et 14.

20. Sous l'ancien droit, on donnait ordinairement des lettres de *naturalité* ou de *naturalisation* aux étrangers que le roi admettait parmi les Français; les lettres de *déclaration de naturalité* s'accordaient aux naturels des pays sur lesquels la couronne de France prétendait avoir des droits, comme aux habitans de la Navarre ou du Milanais. M. Merlin (*lieu cité*) pense qu'on doit encore appeler *lettres de naturalisation* celles que le roi accorde avant l'accomplissement du stage de dix ans. Le style actuel de la chancellerie ne paraît plus admettre cette distinction, et le *Bulletin des lois*, qui contient beaucoup de lettres de déclaration de

des étrangers, et des actes de réunion et de distraction du territoire.

LOIS GÉNÉRALES.

Décret du 30 avril 1790, sanctionné le 20 mai suivant. — *V. ci-dessus, no* 12.

Constitution décrétée le 3 septembre, acceptée par le roi le 14 septembre 1791. — *V, ci-dessus, no* 13.

La révolution du 10 août, et les décrets des 10, 13 août et 25 septembre 1792 ont aboli virtuellement cette constitution, mais ont laissé subsister les effets qu'elle produisait sur l'état des particuliers jusqu'à ce qu'elle fût remplacée par celle de 1795 (*Arg. d'un arrêt de Colmar, 13 oct. 1829*).

Constitution du 24 juin 1793. — *V. no* 14. Le 9 août 1793, les procès-verbaux de l'acceptation de cette constitution ont été réunis à la Convention : c'est donc au plus tôt de ce jour que date son empire, qui n'a cessé que par l'acceptation de la constitution de l'an III (*même arrêt*).

Constitution du 5 fructidor an III. — *V. ci-dessus, no* 15. Le 1er vendémiaire an IV, loi par laquelle la Convention nationale déclare au nom du peuple français que la constitution est acceptée. *B.* 180, *no* 1100.

Constitution du 22 frimaire an VIII. — *V. no* 16. — 23 frimaire, loi qui règle la manière dont cette constitution sera présentée au peuple français. *B.* 333. — Loi du 3 nivôse qui fixe au 4 nivôse an VIII la mise en activité de la constitution. *B.* 339, *no* 349.

Sénatus-consulte du 26 vendémiaire an XI, promulgué le 3 brumaire. *B.* 223, *no* 2044. — du 19 février 1808, promulgué le 21. *B.* 181, *no* 3064; et décret du 17 mars 1809. *B.* 229, *no* 4193. — *V. ci-dessus, no* 17.

Enfin, l'ordonnance du 4 juin et la loi du 14 octobre 1814 dont le texte précède.

LOIS ET ACTES RELATIFS AUX LOCALITÉS.

Loi du 14 septembre 1791 portant que les deux États réunis d'*Avignon* et du *comtat Venaissin* font partie intégrante de l'empire français.

Loi du 27 novembre 1792 qui réunit la *Savoie* à la république française, sous le titre de département du *Mont-Blanc*.

Loi du 4 février 1793, qui réunit le comté de *Nice* à la république française, sous la dénomination de département des *Alpes-Maritimes.*

Loi du 14 février 1793, qui réunit au territoire de la république, 1° la principauté de *Monaco* (*Alpes-Maritimes*); 2° la partie inférieure du bailliage de *Scambourg*, dite le *Bas-Office* (*Moselle*); 3° les communes du pays de *Saawerden* et de *Karschirch*, ainsi que celle d'*Asweiller* (*Bas-Rhin, Moselle et Meurthe*); 4° les communes de *Crehange, Pelle-Lange, Pont-Pierre*, et de la partie allemande de *Tetting*, les communes de *Trulben, Kroepen, Hilscht, Schwex, Eppenbrunnen, Oberslimbach, Lutzelhart*, et *Armsberg* (*Moselle*).

Loi du 9 vendémiaire an IV, *B.* 186, *no* 1157, qui, en ordonnant l'exécution des décrets des 1er, 2, 4, 6, 8, 9, 11, 19, 23 mars et 8 mai 1795 qui avaient réuni au territoire français les pays de *Liége*, de *Stavelot*, de *Logne*, de *Malmedy*, le *Hainaut*, le *Tournaisis*, le pays de *Namur*, et la majorité des communes de la *Flandre* et du *Brabant*, accepte le vœu des communes d'*Ypres, Grammont* et autres de la *Flandre*, du *Brabant* et la partie autrichienne de la *Gueldre* non comprise auxdits décrets, pour leur réunion au territoire français; dit que les habitans jouiront dès à présent de tous les droits de citoyen français, et divise ces pays en neuf départemens, dont elle fixe les chefs-lieux : la *Dyle*, Bruxelles; l'*Escaut*, Gand; la *Lys*, Bruges; *Jemmape*, Mons; les *Forêts*, Luxembourg; *Sambre-et-Meuse*, Namur; l'*Ourthe*, Liége; *Meuse-Inférieure*, Maestricht; les *Deux-Nèthes*, Anvers.

Loi du 4 brumaire an IV, *B.* 202, *no* 1212, qui réunit le duché de *Bouillon* au territoire français et le répartit entre les départemens de l'*Ourthe*, des *Forêts* et des *Ardennes*.

Loi du 11 ventôse an VI, *B.* 190, *no* 1764, qui ratifie le traité de réunion de la république *Mulhausen*, et en conséquence déclare ses habitans citoyens français-nés, et unit leur territoire au département du Haut-Rhin.

Loi du 28 floréal an VI, *B.* 215, *no* 1937, qui approuve le traité de réunion de la république de Genève à la république française. Il est formé de son territoire un nouveau département sous le nom de département du *Léman* par une loi du 8 fructidor an VI. *B.* 220, *no* 1975.

Arrêté du 24 floréal an VIII, *B.* 26, *no* 171, qui ordonne la division administrative des quatre départemens de la rive gauche du Rhin : la *Sarre*, la *Roer*, *Rhin-et-Moselle* et le *Mont-Tonnerre*. — arrêté du 22 fructidor suivant, *B.* 43, *no* 290, qui ordonne qu'à compter du 1er vendémiaire an IX, ils seront assimilés aux autres départemens, et décret du

naturalité, n'a jamais publié de lettres de simple naturalisation. En effet, même dans les cas d'abréviation du stage, les conditions imposées par le sénatus-consulte du 19 février 1808 ou par la loi de 1814 suppléent à la brièveté du domicile ; et dans aucun cas la naturalisation n'est un octroi du prince, c'est toujours une *déclaration* faite à la société que la *naturalité* est justement acquise, et que les conditions *générales* ou *exceptionnelles* ont été remplies par l'impétrant.

21. Aussi les lettres de déclaration sont-elles *l'unique preuve* de la naturalisation acquise depuis le décret de 1809. L'art. 2 de la loi du 14 octobre 1814 (*V. la note*) avait omis de parler de cette formalité pour les personnes qui compléteraient le stage de dix ans sous son empire, et la Cour de cassation a décidé qu'elles n'en étaient pas moins

soumises à obtenir ces lettres (*Rejet*, 27 juin 1831).

Nous pensons que c'est avec raison que le pourvoi dirigé contre un arrêt qui avait refusé une inscription sur les listes électorales, à défaut par celui qui la réclamait de justifier de lettres de déclaration de naturalité, a été rejeté, quoique cet individu fût originaire d'un pays séparé de la France, qu'il fût établi et domicilié dans l'intérieur de la France avant cette séparation, et que, ayant fait la déclaration prescrite par la loi d'octobre 1814, il ait complété sous cette loi le domicile de dix ans : ces lettres de déclaration sont l'unique moyen de notifier aux tiers l'accomplissement des conditions. Mais l'arrêt de la section des requêtes nous semble aller trop loin dans ses motifs, quand il énonce LIMITATIVEMENT que la jouis-

---

18 ventôse an IX, *B.* 74, *n°* 569, qui les déclare *partie intégrante* du territoire français.

Sénatus-consulte du 8 fructidor an X, *B.* 210, *n°* 1952, proclamé loi de l'État le 10 fructidor, qui réunit l'*île d'Elbe* au territoire de la république française.

Sénatus-consulte du 24 fructidor an X, *B.* 214, *n°* 1965, proclamé loi le 28, qui réunit au territoire français les départemens du *Pô*, de la *Doire*, de *Marengo*, de la *Sezia*, de la *Stura* et du *Tanaro* (ancien Piémont).

Décret du 14 prairial an XIII, *B.* 49, *n°* 815, qui ordonne la publication du Code Napoléon dans les Etats de *Parme*, de *Plaisance* et de *Guastalla* ; — du 2 thermidor, *B.* 53, *n°* 876, qui en règle l'organisation administrative, et sénatus-consulte du 24 mai 1808, *B.* 193, *n°* 3408, promulgué le 30, qui déclare partie intégrante du territoire français les duchés de *Parme* et de *Plaisance*, sous le titre de département du *Taro*.

Décret du 17 prairial an XIII, *B.* 49, *n°* 816, qui divise en trois départemens (*Gênes*, *Montenotte* et les *Apennins*) le territoire de la république ligurienne, et sénatus-consulte du 16 vendémiaire an XIV, promulgué le 25, *B.* 62, *n°* 1093, qui réunit au territoire de l'empire français les arrondissemens *y désignés* de ces départemens.

Décrets des 15 et 30 mars 1806, tous réunis au *Bulletin des Lois*, 84, *n°* 1439, portant érection de *grands-fiefs*. Mais le lecteur remarquera que la suzeraineté de l'Empereur des Français sur les provinces conférées à titre de fief n'entraînait pas nécessairement l'admission de leurs habitans parmi les nationaux, à moins d'acte formel de réunion.

Décret du 25 janvier 1807, *B.* 135, *n°* 2182, qui ordonne qu'à compter du 1er janvier 1807 la ville de *Cassel* et le bourg de *Kostheim*, ainsi que leur territoire, seront régis et administrés conformément aux lois de l'empire français ; — et sénatus-consulte du 21 janvier 1808, *B.* 175, *n°* 2945, promulgué le 22, qui réunit au territoire français les villes de *Kehl* (Bas-Rhin), *Cassel* (Mont-Tonnerre), *Wesel* (Roer) et *Flessingues* (Escaut).

Sénatus-consulte du 24 mai 1808, *B.* 193, *n°* 3408, qui déclare partie intégrante du territoire français les Etats de *Toscane*, sous le titre de départemens de l'*Arno*, de la *Méditerranée* et de l'*Ombrone*.

Décret du 14 octobre 1809, *B.* 246, *n°* 4760, qui ordonne que le cercle de *Villach*, la *Carniole*, la province d'*Istrie*, ci-devant autrichiennes, les provinces de *Fiume* et de *Trieste*,

les pays connus sous le nom du *Littoral*, la partie de la *Croatie* et tout ce qui a été cédé à l'Empereur des Français sur la droite de la Save, la *Dalmatie* et ses iles, porteront désormais le nom de *Provinces-Illyriennes :* mais, quoique ces Etats fussent gouvernés par les lois françaises, et que leur organisation civile, militaire et judiciaire ait été réglée par des décrets impériaux des 15 avril 1811, *B.* 369 *bis*, *n°* 6758 *bis*, et 30 septembre 1811, *B.* 396, *n°* 7334, et 2 juillet 1812, *B.* 440, *n°* 8100, les sujets illyriens n'étaient pas français, mais seulement soumis au même prince que la France.

Sénatus-consulte du 17 février 1810, *B.* 266, *n°* 5168, promulgué le 20, qui réunit les *Etats de Rome* à l'empire français et en forme deux départemens, celui de *Rome* et celui de *Trasimène*.

Sénatus-consulte du 24 avril 1810, *B.* 281, *n°* 5344, promulgué le 26, qui déclare réunis à l'empire français et en faire partie intégrante *tous les pays situés* sur la rive gauche du Rhin, *depuis* les limites du département de la Roer et de la Meuse-Inférieure, *en suivant le thalweg* du Rhin *jusqu'à la mer*, en attribue une partie au département des *Deux-Nèthes*, et forme du surplus le département des *Bouches-du-Rhin*.

Décret du 9 juillet 1810, *B.* 299, *n°* 5724, qui réunit la *Hollande* à la France, et la place jusqu'au 1er janvier 1811 sous la lieutenance-générale du duc de Plaisance ; sénatus-consulte du 13 décembre 1810, *B.* 351, *n°* 6163, qui déclare partie intégrante de l'empire français la *Hollande*, les *villes Anséatiques*, le *Lauembourg* et les pays adjacens, qu'il divise en dix départemens : *Zuyderzée*, *Bouches-de-la-Meuse*, *Issel-Supérieur*, *Bouches-de-l'Issel*, *Frise*, *Ems-Occidental*, *Ems-Oriental*, *Ems-Supérieur*, *Bouches-du-Weser* et *Bouches-de-l'Elbe* ; et sénatus-consulte du 27 avril 1811, *B.* 365, *n°* 6700, qui distrait les arrondissemens de *Rées* et de *Munster*, de *Steinfurt* et de *Newhausen*, des départemens de l'Issel-Supérieur, des Bouches de-l'Issel et de l'Ems-Occidental, auxquels ils avaient été réunis, pour en former le département de la Lippe.

Décret du 12 novembre 1810, *B.* 326, *n°* 6096, qui réunit le *Valais* à l'empire, et sénatus-consulte du 15 décembre 1810, *B.* 351, *n°* 6162, qui le déclare réuni au territoire, sous le nom du département du *Simplon*.

Traités du 30 mai 1814, *B.* 5e série, 16, *n°* 150, et du 20 novembre 1815, *B.* 7e série, 64, *n°* 401.

sance des droits de citoyen français ne commence que *du moment* où ces lettres sont obtenues.

En effet, si l'on consulte le décret de 1809, on y trouve ces mots : Lorsqu'un étranger..... *aura rempli* les conditions..... sa naturalisation *sera prononcée* par nous; si l'on consulte la loi de 1814, on remarquera dans le préambule qu'il s'agit, pour ceux qui ont les dix années de domicile, d'une *continuation*, et non d'une interruption des droits politiques qu'ils avaient exercés, et, dans l'art. 2, que ceux qui ont à terminer les dix ans de résidence, *acquerront* les mêmes droits de citoyen français LE JOUR où leurs dix ans seront révolus. Aucune de ces expressions ne contrarie la loi constitutionnelle de l'an VIII, qui accorde la qualité par le seul accomplissement des conditions requises. Les lettres de déclaration constatent donc un fait accompli. Qu'avant leur obtention, on refuse au prétendu Français l'exercice d'un droit dont il ne rapporte pas la preuve, et que le prince seul a le pouvoir de vérifier et de déclarer, on le conçoit; mais si après la fin du stage et avant l'obtention des lettres *qu'il aurait demandées*, cet individu faisait un acte pour lequel la qualité de régnicole (*C. civ.* 980) ou celle de citoyen (*L. du 25 vent. an XI. art.* 9) fût requise, il nous paraîtrait trop dur d'annuler cet acte, fait en vertu d'une qualité existante, mais non encore reconnue, et sa validité nous paraîtrait subordonnée à l'admission ou au rejet de la demande en naturalisation.

22. D'un autre côté, la naturalisation est une faveur qui ne se présume pas : ainsi, celui qui ne prouve pas avoir rempli les conditions exigées par la loi sous laquelle se serait opérée sa naturalisation doit être considéré comme étranger, même quand il aurait fait des actes qui supposeraient la condition de Français, et qu'il aurait été considéré publiquement comme tel. Ainsi n'est pas Français et ne peut être assujetti au service militaire le fils, né en Suisse, d'un Suisse résidant en France sous la constitution de 1791, mais sans avoir prêté le serment civique; qui, sans avoir déclaré l'intention de se fixer en France, a, sous la constitution de l'an III, servi dans une compagnie de vétérans, et sous la constitution de l'an VIII, a épousé une Française et rempli pendant longtemps les fonctions de garde-champêtre (*Nîmes*, 22 *déc.* 1825. *V.* aussi arrêt de *Montpellier*, 22 *juin* 1826, *et de Grenoble*, 16 *déc.* 1828); ainsi les personnes comprises dans les deux premiers articles de la loi du 14 octobre seraient obligées au stage de dix ans à partir du jour de leur déclaration, si elles ne l'avaient pas faite dans les délais déterminés; ainsi les actes qu'elles signeraient comme témoins instrumentaires seraient nuls (*Rejet*, 23 *avril* 1828).

23. Les effets de la naturalisation acquise sont de rendre l'étranger vrai naturel français, et de lui en conférer tous les droits tant civils que politiques.(*V.* cependant *l'ord. du 4 juin* 1814.) On voit qu'elle est inutile aux femmes, puisque l'autorisation qu'elles obtiendraient du roi d'établir leur domicile en France (*C. civ. art.* 13) leur assurerait la jouissance des droits civils, les seuls dont elles soient capables.

Dès que l'étranger est devenu Français, les enfans qui lui naissent après la naturalisation sont nécessairement Français; mais son changement d'état est sans influence sur l'état des enfans qui lui sont nés antérieurement. Ils demeurent étrangers, car il n'est pas au pouvoir de leur père d'altérer leur état (*Arrêt du 21 juillet* 1611, cité par M. MERLIN, *Rép. mot Légitime*, sect. 3, § 1er. *n*o 9; D'AGUESSEAU, 32e *plaidoyer*), même quand les enfans seraient mineurs au moment de l'obtention des lettres de naturalisation (*Grenoble*, 16 *déc.* 1828).

RENVOIS AUX ARRÊTISTES.

REJET, *sect. civ.* 24 *vent. an X.* — S. an XI, 2. 573.

PARIS, 9 *vent. an XII.* — S. an XII, 2. 82 et 768. — D. an XIII, 1. 376. — P. t. 1er, an XII, p. 563.

CASS. *sect. civ.* 30 *pluv. an XIII.* — S. an XIII, 1. 216. — D. an XIII, 1. 373. — P. t. 1er, an XIII, p. 497.

ORLÉANS, 11 *therm. an XIII.* — *V.* l'arrêt de cassation du 22 mars, ci-après.

CASS. *sect. réunies*, 22 *mars* 1806. — S. 1806, 1. 225. — D. 1806, 1. 273. — P. t. 3e de 1806, p. 385.

DIJON, 27 *août* 1806. — Au Répert. de M. Merlin, mot *Divorce*, sect. 4, § 10, *in fin.*

NÎMES, 3 *déc.* 1806. — S. 1807, 2. 719.

COLMAR, 10 *janv.* 1809. — S. 1810, 2. 228. — N. D. t. 9, p. 873, et 10, p. 751.

PARIS, 10 *avril* 1809. — S. 1809, 2. 272. — D. 1809, 2. 65.

COLMAR, 19 *avril* 1809. — S. 1810, 1. 315.

TRÈVES, 19 *avril* 1809. — S. 1809, 2. 408.

TRÈVES, 24 *avril* 1809. — S. 1810, 2. 3. — N. D. t. 10, p. 751.

TRÈVES, 28 *avril* 1809. — S. 1810, 2. 6. — N. D. t. 10, p. 750.

TRÈVES, 28 *avril* 1809. — S. 1810, 2. 1. — N. D. t. 10, p. 750.

COLMAR, 20 *mars* 1810. — S. 1810, 2. 237. — N. D. t. 10, p. 749.

REJET, 7 *juin* 1810. — S. 1810, 1. 315. — D. 1810, 1. 298. — P. t. 2e de 1810, p. 289. — N. D. t. 9, p. 873.

COLMAR, 8 *juin* 1810. — S. 1812, 2. 381. — N. D. t. 10, p. 751.

COLMAR, 29 *juin* 1810. — S. 1811, 2.60. — D. 1811, 2. 37 — N. D. t. 10, p. 751.

TRÈVES, 1er *août* 1810. — S. 1811, 2. 225. — P. t. 1er de 1812, p. 40.

REJET, 28 *févr.* 1811. — S. 1811, 1. 234. — D. 1811, 1. 259. — P. t. 2e de 1811, p. 273.

COLMAR, 18 *juin* 1811. — S. 1812, 2. 9 — D. 1811, 2. 157. — N. D. t. 9, p. 888. — P. t. 1er de 1814, p. 294.

Rejet, 19 *juin* 1811. — S. 1811, 1. 266. — D. 1811, 1. 285. — P. t. 2ᵉ de 1811, p. 342. — N. D. t. 9, p. 873.

Rejet, 9 *juillet* 1811. — S. 1811, 1. 328. — D. 1811, 1. 331. — P. t. 1ᵉʳ de 1812, p. 250.

Cass. 5 *févr.* 1812. — S. 1812, 1. 228. — D. 1812, 1. 247. — N. D. t. 9, p. 875.

Cass. 9 *nov.* 1812. — S. 1813, 1. 148. — D. 1813, 1. 66. — P. t. 2ᵉ de 1813, p. 129.

Colmar, 22 *avril* 1813. — S. 1813, 2. 125. — D. 1813, 2. 65. — P. t. 3ᵉ de 1813, p. 436.

Colmar, 4 *mai* 1813. — S. 1813, 2. 124. — D. 1813, 2. 64. — P. t. 3ᵉ de 1813, p. 440.

Rejet, 10 *août* 1813. — S. 1814, 1. 3. — D. 1813, 1. 500. — P. t. 1ᵉʳ de 1814, p. 294. — N. D. t. 9, p. 888.

Colmar, 21 *déc.* 1813. — S. 1814, 2. 294.

Colmar, 21 *déc.* 1813. — S. 1814, 2. 290.

Rejet, 21 *févr.* 1814. — S. 1814, 1. 177. — D. 1814, 1. 208. — P. t. 3ᵉ de 1814, p. 279. — N. D. t. 10, p. 749.

Cass. 24 *janv.* 1815. — S. 1815, 1. 260. — D. 1815, 1. 229. P. t. 1ᵉʳ de 1816, p. 61. — N. D. t. 10, p. 749.

Rejet, *sect. civ.* 6 *déc.* 1815. — S. 1816, 1. 185. — D. 1816, 1. 103. — P. t. 2ᵉ de 1816, p. 294. — N. D. t. 2, p. 700.

Rejet, 23 *janv.* 1817. — S. 1818, 1. 22. — D. 1817, 1. 366. — P. t. 1ᵉʳ de 1818, p. 12. — N. D. t. 9, p. 893.

Rejet, 25 *juin* 1817. — S. 1818, 1. 335. — D. 1818, 1. 420. — P. t. 1ᵉʳ de 1819, p. 303.

Rejet, 27 *avril* 1819. — S. 1819, 1. 313. — D. 1819, 1. 297. — P. t. 2ᵉ de 1819, p. 115. — N. D. t. 6, p. 509.

Rejet, *sect. civ.* 26 *juin* 1821. — S. 1821, 1. 302. — D. 1821. 1. 529. — P. t. 2ᵉ de 1822, p 125

Cass. 4 *févr.* 1822. — S. 1822, 1. 242. — D. 1822, 1. 213. — P. t. 3ᵉ de 1822, p. 5. — N. D. t. 1ᵉʳ, p. 184.

Paris, 18 *mars* 1823. — D. 1823, 2. 148. — P. t. 1ᵉʳ de 1823, p. 530. — N. D. t. 6, p. 510.

Rennes, 12 *févr.* 1824. — S. 1824, 2. 78. — N. D. t. 6, p. 511.

Amiens, 12 *févr.* 1824. — S. 1824, 2. 76. — D. 1824, 2. 92. — N. D. t. 6, p. 511.

Amiens, 14 *févr.* 1824. — S. 1824, 2. 77. — D. 1824, 2. 93. — N. D. t. 6, p. 512.

Nimes, 22 *déc.* 1825. — S. 1826, 2. 209. — D. 1826, 2. 100.

Montpellier, 22 *juin* 1826. — S. 1827, 2. 84. — D. 1827, 2. 94. — P. t. 2ᵉ de 1827, p. 477.

Lyon, 10 *nov.* 1827, aff. Jay. — S. 1828, 2. 56.

Lyon, 10 *nov.* 1827, aff. Casati. — S. 1828. 2. 56.

Rejet, 23 *avril* 1828. — S. 1828, 1. 457. — P. t. 1ᵉʳ de 1830, p. 321.

Grenoble, 16 *déc.* 1828. — S. 1829, 2. 23. — D. 1829, 2. 75.

Colmar, 13 *oct.* 1829. — S. 1829, 2. 329. — D. 1830, 2. 25.

Colmar, 26 *déc.* 1829. — S. 1830, 2. 62.

Rejet, 27 *juin* 1831. — S. 1831, 1. 256. — D. 1831, 1. 187. — P. t. 3ᵉ de 1831, p. 406

Colmar, 19 *août* 1831. — S. 1832, 2. 8.

Paris, 5 *juillet* 1833. — S. 1833, 2. 400. — D. 1833, 2. 223. — P. t. 3ᵉ de 1833, p. 259.

ARTICLE 9.

Tout individu né en France d'un étranger pourra, dans l'année qui suivra l'époque de sa majorité, réclamer la qualité de *Français*; pourvu que, dans le cas où il résiderait en France, il déclare que son intention est d'y fixer son domicile, et que, dans le cas où il résiderait en pays étranger, il fasse sa soumission de fixer en France son domicile, et qu'il l'y établisse dans l'année, à compter de l'acte de soumission.

ARTICLE 10.

Tout enfant né d'un Français en pays étranger est Français.

Tout enfant né, en pays étranger, d'un Français qui aurait perdu la qualité de Français, pourra toujours recouvrer cette qualité, en remplissant les formalités prescrites par l'article 9.

SOMMAIRE.

1. *Trois classes d'individus comprises dans cet article.*

2. *Le fils de l'étranger né en France était Français sous le droit antérieur au Code.*

3. *Comment a été introduit l'art. 9.*

4. *Conformité de la première partie de l'art. 10 à l'ancienne jurisprudence.*

5. *De l'enfant du Français né en pays étranger: conformité et différence entre l'ancienne et la nouvelle législation.*

6. *Division de la matière.*

7. *Des enfans conçus à l'étranger et nés en France.*

8. *De ceux conçus avant que leur père n'ait perdu la qualité de Français.*

9. *De l'état national des enfans légitimes et naturels non reconnus.*

10. *L'enfant naturel reconnu par un père français suit la condition du père. L'opinion contraire de M. Duranton examinée.*

11. *L'enfant d'une Française reconnu par un père étranger suit la condition de sa mère. Quid, s'il y a légitimation?*

12. *Forme des déclarations pour réclamer ou recouvrer la naturalité.*

13. *De l'âge auquel elles doivent être faites.*

14. *Doivent-elles être suivies de lettres de déclaration de naturalité?*

15. *A quels droits s'étendent et la réclamation du fils de l'étranger et le rétablissement du fils du ci-devant Français?*

16. *De l'enfant né en France d'un père qui a perdu la qualité de Français.*

17. *De l'enfant né d'un habitant ou d'un originaire des pays séparés par les traités de 1814.*

1. Ces deux articles comprennent trois classes d'individus : ceux nés en France d'un étranger, ceux nés en pays étranger d'un Français qui a conservé sa qualité, ceux enfin nés en pays étranger d'un Français qui a perdu la qualité de Français. Ces trois positions différentes donnent lieu à un grand nombre de questions ardues, mais devenues moins fréquentes par l'abolition des droits d'aubaine et de détraction résultant de la loi du 14 juillet 1819.

2. Suivant notre ancien droit, la naissance en France suffisait pour conférer la qualité de Français, y fût-on né de parens étrangers qui n'y étaient que passagers (POTHIER, *Traité des personnes, tit.* 2, *sect.* 1re; DOMAT, *Droit public, liv.* 1er, *tit.* 6, *sect.* 4, *no* 5; *Arrêt du 29 mars* 1579, cité par BACQUET, *Aubaine, ch.* 39, lequel a admis la preuve que les enfans d'un Français qui s'était retiré et habitué en Suisse étaient eux-mêmes nés en Suisse, quoiqu'ils déniassent être nés hors de France ; *et le même* BACQUET, *ch.* 40, *no* 19). Cette doctrine, dérogatoire au droit romain, qui, consultant moins le lieu de la naissance que l'origine, imposait dans tous les cas au fils légitime la condition du père, était sans inconvénient, parce qu'il fallait que ces enfans, nés en France d'un étranger, vinssent résider en France pour profiter de leurs droits de Français : ils les perdaient, comme les Français d'origine, en s'habituant hors du royaume, et en s'établissant à l'étranger à perpétuelle demeure. Le lieu de la naissance faisait donc le Français, et en cela on suivait la loi de la nature ; la résidence en France ou la soumission d'y demeurer conférait l'exercice des droits, et en ceci on satisfaisait à l'intérêt politique. De ce principe, qui régnait dans toute sa force lors de leur publication, sont venues les dispositions constitutionnelles qui ont déclaré citoyens français « ceux qui, « nés en France d'un père étranger, ont fixé leur « résidence dans le royaume (*Const. de* 1791, *tit.* 2, « *art.* 2). » — « Tout homme né et domicilié en « France (*Const. de* 1793, *art.* 4). » — « Tout « homme né et résidant en France (*Constit. de* « *l'an III, art.* 8, *et de l'an VIII, art.* 2). » Il est donc inexact de dire (avec M. PROUDHON, *Cours de droit franç. t.* 1er, *p.* 65) que le Code civil étant le meilleur interprète de la constitution, il faut, pour être citoyen français par droit de naissance, être né de parens domiciliés en France. C'est une erreur : le Code, loin d'interpréter la constitution, y renvoie, et quiconque était né en France avait, sous les constitutions successives, la qualité de Français et l'aptitude à devenir citoyen.

3. Lors de la discussion du Code civil (*séance du* 6 *therm. an IX*), et sur l'observation de M. Boulay, qu'on pouvait d'autant moins refuser les droits civils au fils de l'étranger lorsqu'il naît en France, que la constitution lui donnait les droits politiques, le premier Consul proposa d'insérer un article portant : « Tout individu né en France est Français. » Renvoyé à la commission, il fut adopté à la séance du 14 *therm. an IX*. Quand le projet retiré eut été communiqué officieusement au Tribunat, cet article lui sembla rédigé d'une manière trop absolue : il en demanda le retranchement. Il disparut donc du projet, mais alors fut inséré sans discussion (*séance du conseil d'État,* 6 *brum. an XI*) l'art. 9, qui nous paraît (comme à M. TOULLIER, *t.* 1er, *no* 261) imprimer au fils de l'étranger né en France la qualité de Français, mais sous la double condition suspensive de la réclamation de son état de Français et de la fixation de son domicile en France dans les délais prescrits par la loi ; de sorte que le Code civil n'aurait modifié les principes anciens qu'en ce qu'il aurait fixé une époque à laquelle l'option deviendrait nécessaire, à peine de déchéance. Nous reviendrons sur cette doctrine, quand nous parlerons, *no* 15, des effets que produisent les art. 9 et 10 du Code civil.

4. L'enfant né en pays étranger d'un Français qui a conservé ses droits de naturalité en France est Français, et jouit des droits civils, sans autre formalité que la preuve de son origine. Le fils a l'état de son père ; il est donc Français quand son père est Français : peu importe le lieu où il est né (M. TREILHARD, *Exp. des motifs*). Cette première disposition de l'art. 10 est conforme et au droit romain et à l'ancienne jurisprudence française (POTHIER, *Traité des personnes, tit.* 2, *sect.* 1re). Si les anciens auteurs (*V.* DENISART, *mot France*) peuvent laisser quelque doute, ce n'est pas sur le principe, mais sur son application, parce qu'alors il n'y avait pas de loi générale sur la manière dont pouvait se perdre la qualité de Français.

5. Mais l'enfant né sur le sol étranger, d'un Français qui aurait perdu cette qualité, naît évidemment étranger. Cependant, sous l'ancien droit, on accordait des lettres de déclaration à cet enfant, s'il venait habiter la France, et on le rétablissait dans tous les droits qu'aurait eus son père par une espèce de *jus postliminii* et par application de la loi 9 *ff. de captiv. et postlim. revers.* Les lettres de déclaration n'étaient même pas de nécessité absolue, mais de simple précaution (BACQUET, *Aubaine, ch.* 40, *no* 26; D'AGUESSEAU, 32e *plaidoyer, et là même, Arrêt* Mabile *du* 7 *sept.* 1576, qui admet à succéder à son aïeule décédée avant son arrivée en France, une femme née en Angleterre de parens qui avaient abandonné le royaume, quoiqu'en y rentrant après leur mort elle eût pris des *lettres de naturalité* et non des *lettres de déclaration*).

La raison de cette jurisprudence était la faveur du sang français, et l'équité, qui ne permet pas que l'enfant souffre de la faute de son père, quand il demande à la réparer. L'art. 10 a admis la même doctrine (M. Treilhard, *Exp. des motifs*), mais avec des conséquences différentes. L'art. 20 dit positivement que la rentrée de l'enfant n'a point d'effet rétroactif.

6. Ceci posé, nous avons à voir à quels enfans nés ou conçus, légitimes ou naturels, s'étend le bénéfice de ces articles, les conditions imposées pour les invoquer, l'étendue des effets que produit leur accomplissement.

7. Les art. 9 et 10 ne parlent que de la naissance, et non de la conception. Quand les parens sont français, l'époque de la conception est indifférente, puisque PARTOUT l'enfant naîtra Français. Quand ils sont étrangers, on ne doit pas s'en occuper davantage (M. Duranton, *t.* 1er, *no* 130; M. Dalloz, *mot Droits civils, sect.* 2, *art.* 1er, *no* 13; M. Legat, *Code des étrangers, no* 1); car si la loi attache au fait de la naissance en France le bienfait conditionnel de la naturalité, c'est par une exception à la règle de droit commun que l'enfant suit la condition du père. Cette exception ne doit donc pas s'étendre au-delà des termes de la loi.

8. Mais si l'enfant a pour père un Français qui ait perdu cette qualité, il est juste de considérer l'époque de la conception plutôt que celle de la naissance (M. Duranton, *t.* 1er, *no* 128); car les enfans conçus sont capables d'acquérir des droits civils (*art.* 725 *et* 906) qui, à l'époque de la rédaction du Code, n'appartenaient qu'à des Français; d'où la conséquence que, s'ils sont d'origine française au moment de la conception, la faute de leur père ne peut leur enlever un état auquel la loi attribuait des effets. Pour déterminer l'époque de la conception, il faudra suivre la présomption établie par l'art. 312 (M. Duranton, *ibid.*), et si la perte des droits du père est postérieure au trois centième jour qui aura précédé la naissance de l'enfant, celui-ci naîtra Français; on doit, dans le mystère qui cache le moment de la conception, se décider en faveur de la naturalité comme en faveur de la légitimité.

9. Sous le nouveau comme sous l'ancien droit, l'enfant légitime suit la condition de son père (*L.* 19 *ff. de statu hominum*). L'enfant légitime d'un Français et d'une étrangère est Français, quoique né en pays étranger; et l'enfant légitime d'un étranger et d'une Française est étranger, s'il naît hors de France, ou conditionnellement Français, s'il naît en France.

L'enfant naturel, sous l'ancien droit, suivait la condition de sa mère; car les textes qui conféraient à l'enfant l'état de son père ne s'entendent que des enfans nés d'un légitime mariage (*L.* 19, *ff. de statu hom.*; *L.* 3, *C. de municip. et*

orig.; Vinnius, *Inst. lib.* 1, *tit.* 4, *not.* 3; Pothier, *Tr. des personnes, tit.* 2, *sect.* 1re). Ce principe a conservé sa force quand il n'existe pas de reconnaissance de paternité : tant que le père est inconnu, l'enfant naturel naît Français, même en pays étranger, si la mère est Française (M. Toullier, *t.* 1er, *no* 260; M. Duranton, *t.* 1er, *no* 122); étranger, s'il naît hors de France d'une étrangère; conditionnellement Français, s'il naît en France d'une étrangère (M. Duranton, *no* 123).

10. Mais nos lois, en donnant des effets à la reconnaissance des enfans naturels, ont-elles changé quelque chose à ces principes? Le fils naturel suivra-t-il la condition du père qui le reconnaîtra? Suivra-t-il toujours cette condition, soit qu'elle le fasse déchoir de la qualité de Français, soit qu'elle la lui fasse acquérir?

Avant d'examiner cette grave question, il faut d'abord observer qu'aucun texte du Code, soit au titre *de la Paternité et de la Filiation*, soit au titre *des Successions*, sur la reconnaissance des enfans naturels, ne décide s'ils auront l'état de leur père ou de leur mère. Il faut ajouter que, bien que la loi leur confère quelques droits de famille, les enfans naturels ne font pas, à proprement parler, partie de la famille. Ce n'est donc pas de la loi qui permet leur reconnaissance qu'ils peuvent recevoir l'état civil de leur père; et cependant un sentiment intime a conduit tous les jurisconsultes à décider, contre les règles du droit romain, que l'enfant né d'un Français, même hors mariage, était Français, fût-il issu d'une mère étrangère et en pays étranger, s'il était légalement reconnu (Delaporte, *Pand. franç. sur l'art* 10, *no* 61; Delvincourt, 1er *vol. note* 4 *sur la page* 15; M. Toullier, *t.* 1er, *no* 259; M. Proudhon, *t.* 1er, *p.* 68; M. Guichard, *Traité des droits civils, no* 50, *page* 62); M. Duranton seul (*t.* 1er, *no* 125) professe un sentiment contraire, en ajoutant cependant que les circonstances du fait pourraient modifier la décision. On voit que ses connaissances étendues en droit romain ont exercé sur M. Duranton une sorte de violence, et lui ont fait abandonner à regret l'opinion commune.

C'est à cette opinion qu'il faut revenir. Dans les questions de principes, les faits ne peuvent exercer leur empire qu'autant qu'ils seraient de nature à changer la position de la question. Or, la question est celle-ci : l'enfant né hors mariage d'une étrangère est-il Français par la reconnaissance qu'en fait légalement un père Français? Peu importe qu'il ait reçu le jour en France ou en pays étranger, que la reconnaissance non attaquée par l'enfant ait précédé, accompagné ou suivi sa naissance à des intervalles plus ou moins longs, ce sera toujours la même question : l'enfant naturel d'un Français légalement reconnu suit-il la condition de son père, nonobstant l'extranéité de la mère?

4.

Outre la faveur qui s'attache à l'origine française, l'art. 10 décide, selon nous, la question. « *Tout enfant* NÉ d'un Français en pays étranger est Français », dit-il sans distinguer entre l'enfant légitime et l'enfant naturel : comment donc faire une distinction que la loi n'a pas faite, afin de priver de l'état de Français le fils d'un Français ?

M. Duranton propose trois objections : la première, qu'en droit romain, l'enfant même né de la concubine que le citoyen romain tenait dans sa maison suivait la condition de sa mère : cette analogie éloignée doit être sans influence. La seconde, c'est qu'on ne peut appartenir à deux pays à la fois ; or, si l'enfant prétend être étranger, comme né d'une mère étrangère et d'après les lois du pays de sa mère, nos lois entendues dans un sens opposé seraient inefficaces à son égard. Cette objection est plus spécieuse que solide. Un exemple suffit pour le démontrer. Personne ne contestera que l'enfant légitime d'un Français sera Français, quoique né en Angleterre : or, le droit général en Angleterre est que les enfans des étrangers sont considérés comme Anglais de naissance (*natural born subjects*), et en ont tous les priviléges (BLACKSTONE, *liv. 1, ch. 10*). Faudra-t-il donc décider en France que l'enfant de deux époux français, né en Angleterre ou dans tel autre État dont la législation accordera la naturalité à la naissance sur le territoire, naîtra étranger ? Évidemment non : car les lois étrangères n'ont pas d'exécution en France ; car les lois qui régissent l'état des Français les accompagnent partout, les saisissent partout au moment même de leur naissance. On ne peut avoir deux patries ; mais on peut être revendiqué par deux patries différentes, et par conséquent être considéré en même temps comme naturel dans chacun des deux pays, qui, dans les intérêts du particulier, se décideront chacun par sa propre législation : ce qui est vrai pour l'enfant légitime sera donc vrai aussi pour l'enfant naturel, si le même art. 10 est général dans son expression.

La troisième objection de M. Duranton repose sur le texte : « L'expression *d'un Français*, dit-il, employée dans l'art. 10, est une expression générique et nationale qui comprend même les femmes (d'où ce jurisconsulte a fait résulter avec raison, n° 122, que l'enfant né d'une Française en pays étranger est Français), plutôt qu'un terme employé pour faire dépendre, dans tous les cas, la condition de l'enfant de celle du père. »

Nous reconnaissons que les mots *d'un Français* sont une expression générique dans l'art. 10 comme dans l'art. 8 (*V. le Comm. sur l'art. 8, n° 4*) ; mais de ce que ce terme comprend à la fois et les hommes et les femmes, il ne s'ensuit pas qu'il exclue les hommes dans un cas spécial. L'enfant né d'une Française, dont le père est inconnu, est un enfant de Français : c'est incontestable, M. Duranton le dit ; tous nous le disons avec lui. Mais le fils d'une étrangère reconnu par un père français est aussi incontestablement un enfant *né* d'un Français. Les termes universels de la loi ne peuvent être restreints par une explication arbitraire.

Au surplus, la discussion au conseil d'État (*séance du 6 therm. an IX*) vient fortifier les déductions tirées du texte. M. Regnaud de Saint-Jean-d'Angély ayant demandé si l'individu né en pays étranger d'une mère non mariée était Français, M. Tronchet répondit « que tout enfant né hors mariage suit la condition de sa mère. » C'était s'attacher aux anciens principes contre le texte de l'article. Aussi le consul Cambacérés fit-il remarquer « que la difficulté *n'existait que* pour l'enfant d'un père français non marié, et *tombait sur la preuve* de la paternité, parce qu'il serait impossible au père de remplir dans le pays étranger les formalités de reconnaissance exigées par les lois françaises. » On voit bien clairement ici l'intention d'attribuer à la reconnaissance du père français (et, pour le dire en passant, du père français seul et non de l'étranger) la force de produire la naturalité. Il y a plus : l'esprit éclairé du savant Tronchet lui fit reconnaître sur-le-champ que l'ancien droit était abandonné sur ce point, et que la reconnaissance du père imprimerait à l'enfant sa qualité de Français : il reprit la parole pour dire « qu'il conviendrait d'obliger le père à remplir en France les formalités qu'il ne peut remplir en pays étranger. »

Après cette explication, il ne peut rester aucun doute sur la solution. Tout enfant né d'une mère étrangère, mais légalement reconnu par un Français pour son fils naturel, est Français. — Même quand ces enfans seraient adultérins ou incestueux dans les cas rares de reconnaissance forcée (M. GUICHARD, *Traité des droits civ. n°s 51 à 53, p. 63*).

11. Mais si notre législation accorde cette faveur au sang français, si elle craint, pour ainsi dire, qu'une goutte ne s'en détourne au profit des nations étrangères, et que cette raison puissante l'ait déterminée à considérer comme enfans de la France les enfans naturels des Français, nonobstant l'extranéité maternelle, les mêmes motifs ne militent plus pour l'étranger qui reconnaît pour son fils l'enfant d'une Française. Cet enfant doit donc suivre uniquement l'origine maternelle ; et c'est aussi l'opinion de M. Duranton (*n° 124*), nonobstant l'avis contraire de M. Delvincourt (*t. 1er note 4 sur la p. 15*) et de M. Dalloz (*Droits civ. et pol. sect. 2, art. 1er, n° 14*). Celui-ci suppose d'abord en droit que l'enfant naturel suit toujours la condition de son père ; tandis que s'il en suit la condition en vertu de l'art. 10 quand le père est Français, c'est en conséquence de la volonté d'une loi générale qui a dérogé au droit naturel ; quand le père est étranger, et que l'enfant naît hors mariage, il faut donc recourir au droit de la nature, qui ne reconnaît pas de famille paternelle hors le mariage, et donner à l'enfant la condition de la mère. M. Dalloz s'appuie ensuite sur les passages que nous avons cités de MM. Toullier et Proudhon, tandis que ces auteurs ne s'occupent que de l'enfant naturel du Français, et non de l'étranger, et l'on vient de voir la raison de différence. Cependant, s'il y avait légitimation par mariage subséquent, l'enfant suivrait la condition de son père, non plus comme enfant naturel, mais comme assimilé en tout à ceux qui sont nés du mariage (*Arg. de l'art.* 333 *du C. civ.*).

12. Pour que l'enfant né en France d'un père étranger conserve sa qualité de Français, et que celui né en pays étranger d'un Français qui a perdu cette qualité la puisse recouvrer, les art. 9 et 10 leur imposent des obligations semblables : s'ils résident en France, ils doivent déclarer que leur intention est d'y fixer leur domicile; s'ils résident à l'étranger, ils doivent faire leur soumission de fixer leur domicile en France, et l'y établir dans l'année à compter de l'acte de soumission.

Ces déclarations sont de véritables actes de l'état civil : en conséquence, c'est à la mairie de la résidence actuelle des déclarans qu'elles doivent se faire (M. Toullier, *t.* 1er, *no* 261), et l'analogie exige qu'on les porte sur les registres des naissances : si les déclarans demeurent à l'étranger, cette déclaration sera valablement faite devant l'ambassadeur ou le consul (*Pand. franç. de* Delaporte, *no* 59 *sur l'art.* 9. V. *l'art.* 48 *du C. civ.*). Dans la forme, elle doit être revêtue de toutes les formalités exigées pour les actes de l'état civil.

13. L'enfant né d'un étranger en France est tenu de faire cette déclaration dans l'année qui suit sa majorité, et il s'agit ici de la majorité telle qu'elle est fixée par les lois françaises (Delaporte, *no* 58 *sur l'art.* 9; Delvincourt, *note* 1re *sur la p.* 15 *du* 1er *vol.*; M Duranton, *t.* 1er, *no* 120; M. Dalloz, *Droits civ. et polit. sect.* 2, *art.* 1er, *no* 16). Il ne pourrait la faire valablement avant l'âge de vingt-un ans, même si la majorité était acquise plus tôt dans la patrie de ses parens (nonobstant Delaporte, *ibid.*), parce qu'un consentement à la conservation du titre de Français ne peut être donné librement qu'à l'âge où la loi française elle-même reconnaît la plénitude de la raison; et, passé le délai fixé, il sera déchu de l'option, sans pouvoir devenir Français autrement que par la naturalisation demandée et obtenue, comme tout étranger.

L'enfant né à l'étranger d'un Français qui a cessé de l'être ne peut non plus agir avant l'âge de vingt et un ans, pour recouvrer ses droits perdus, parce qu'avant cette époque il n'a pas de volonté légale qui lui soit propre (M. Toullier, *no* 263). Le mot *toujours*, que contient l'art. 10, signifie qu'il n'est

pas tenu, comme le fils de l'étranger, de faire sa déclaration dans l'année qui suit sa majorité, et que la loi ne lui fixe pas de terme fatal, comme le dit avec raison M. Dalloz, *licu cité*, *no* 19, nonobstant MM. Delvincourt, *note* 6 *sur la p.* 15, et Guichard, *Traité des droits civ. nos* 69 *et* 70, qui pensent qu'elle peut être faite en minorité avec l'assistance d'un curateur.

14. Quelques auteurs ont pensé que les individus dont s'occupent les art. 9 et 10, § 2, ont besoin de lettres de déclaration de naturalité pour exercer leurs droits comme Français (M. Dalloz, *Dr. civ. et pol. sect.* 2, *art.* 1er, *no* 20; Guichard, *Tr. des dr. civ. no* 72). Leur opinion est fondée, 1o sur le mot *réclamer* de l'art. 9 : toute réclamation supposant une réponse de l'autorité compétente; 2o sur l'existence du décret du 17 mars 1809 (*V. le Comment. sur l'art.* 8, *no* 17 *in fin. p.* 16); 3o enfin, M. Dalloz ajoute « qu'au conseil d'État, « lorsqu'on manifesta la crainte de voir des enfans « d'émigrés profiter de l'art. 10 pour rentrer en « France, on fit observer que le gouvernement « pourrait toujours repousser la demande de ceux « dont la présence lui paraîtrait dangereuse. »

Il faut rejeter cette opinion, car nul ne peut ajouter une condition à celles imposées par la loi. Nous verrons, no 15, que le mot *réclamer* est mis dans l'art. 9 par opposition au mot *recouvrer* de l'art. 10, et que par conséquent il n'a pas eu pour objet d'assujettir le réclamant à une demande. Comment en effet aurait-on assujetti le fils de l'étranger né en France à une demande en naturalisation, quand l'étranger lui-même n'y était pas assujetti par la constitution? La publication du décret du 17 mars 1809 a été sans effet sur les personnes comprises dans les art. 9 et 10, car il est fait pour *l'étranger* qui, « en se conformant « aux dispositions de l'acte des constitutions du « 22 frimaire an VIII, aura rempli les conditions « exigées pour devenir citoyen français : » or, les formalités exigées par l'art. 9 ne confèrent pas les droits politiques, mais seulement les simples droits de Français; il faut y ajouter la résidence annale pour devenir citoyen : donc une forme imposée pour l'acquisition des droits politiques ne peut être exigée pour l'acquisition des droits civils, qui en sont indépendans. Enfin, M. Dalloz a lu, dans les procès-verbaux du conseil d'État, le contraire de ce qui y est consigné. Comme le projet assujettissait les étrangers à demander la permission du gouvernement pour résider en France, et par suite acquérir la naturalisation, M. Berlier et M. Lacuée sur l'art. 10 (3e *du projet*) demandaient que le fils du Français qui aurait abdiqué sa patrie ne pût être admis à déclarer qu'il entend se fixer en France que sous l'autorisation du gouvernement, afin de lui donner les moyens de repousser ceux d'entre les enfans des émigrés dont la présence serait dangereuse (*séance du 14 therm. an IX*). Ainsi, loin de reconnaitre que le gouvernement avait le droit de repousser les demandes, on se plaignait que la rédaction de l'article le lui déniât; et le passage inexactement cité par M. Dalloz tourne contre son opinion.

15. Une question plus grave est de savoir si, quand les conditions fixées par l'art. 9 ont été remplies dans les délais qu'il détermine, l'enfant né en France d'un étranger jouit des droits civils pour le passé; en un mot, si, par l'effet de la condition, il se trouve Français à compter du jour de sa naissance. La négative est professée par MM. Delvincourt (1er *vol. note* 8 *sur la page* 15), Duranton (*t,* 1er, *n*º 199), Legat (*n*º *II, page* 12) et Dalloz (*Dr. civ. et polit. sect.* 2 , *art.* 1er, *n*º 17); l'affirmative par M. Toullier (*t.* 1er, *n*º 261).

La loi du 14 juillet 1819 a fait perdre à cette question une partie de son importance : cependant elle peut se présenter pour des droits ouverts antérieurement; elle peut aussi s'élever à l'avenir (*).

La difficulté naît de l'art. 20, qui, sans s'occuper de l'art. 9, porte textuellement que l'enfant né à l'étranger d'un Français qui a perdu cette qualité ne pourra exercer que les droits ouverts à son profit postérieurement à l'accomplissement des formalités prescrites par l'art. 10. Or, pourquoi le fils de l'étranger né en France serait-il traité plus favorablement sous ce rapport, quand on voit la loi française limiter son option dans l'année qui suit la majorité, sans imposer la même limite au fils du Français qui a perdu sa qualité? Celui-ci peut *toujours* recouvrer la patrie que la faute de son père lui a fait perdre. On peut ajouter que M. Treilhard (*Exp. des motifs*) et M. Gary (*Discours au nom du Tribunat*) ont fait ressortir devant le Corps législatif combien celui-ci était sous ce rapport plus favorisé que l'autre.

Mais peu importe que le fils du Français qui a abdiqué sa patrie soit plus favorisé quant à l'époque où il peut recouvrer la qualité que lui a fait perdre son père, Une raison politique dominait l'art. 10, on ne devait pas fermer la porte au repentir. Une autre a dicté l'art. 9 : l'homme qui, né en France, aurait balancé, à l'époque de sa majorité, entre son pays natal et la patrie de ses parens, méritait bien peu la faveur de sa naissance. Donc il n'est pas nécessaire que celui qui est moins favorisé quant à l'époque où il peut exprimer sa volonté ne le soit pas davantage quant à l'exercice de ses droits.

Or, nous avons vu (*ci-dessus, n*º 2 *et* 3) qu'avant le Code, tout homme né en France était par-là

même Français. Le principe était sans danger, puisqu'il se trouvait nécessairement modifié par les dispositions légales sur la manière dont un Français conserve ou perd la faveur de son origine (M. PORTALIS, *séance du* 6 *therm. an IX*). Admis au conseil d'Etat, s'il a été retranché par suite des conférences avec le Tribunat, qu'en est-il résulté? un article conditionnel dans sa rédaction! Pourquoi? parce que le Tribunat trouvait de l'inconvénient à accorder l'exercice de ses droits à un enfant qui ne consentirait peut-être pas à demeurer en France. Quand il a fait sa déclaration au moment même où il jouit de la plénitude de ses droits, l'inconvénient a cessé; il doit donc jouir du jour de sa naissance du bénéfice d'un état qu'il tient du bénéfice de sa naissance.

Et c'est pourquoi l'art. 9 emploie le mot de *réclamer :* on voit dans ce mot, opposé au mot *recouvrer* de l'article suivant, une transaction entre les idées du Tribunat et celles du conseil d'Etat. Si l'enfant ne réclame pas la qualité de Français à sa majorité, il n'a jamais été Français, et c'était l'idée dominante du Tribunat; s'il la réclame, il n'a jamais cessé de l'être, et c'est un retour à l'article supprimé. : « Tout individu né en France est Français. »

M. Toullier a donc eu raison de dire : « Pendant la minorité, sa qualité est en suspens; s'il décède mineur ou dans l'année qui suit l'époque de sa majorité, mais avant d'avoir réclamé la qualité de Français, il n'en aura jamais joui, parce qu'il ne pouvait l'acquérir que par l'accomplissement de la condition imposée par la loi; mais si devenu majeur, il accomplit cette condition, l'effet en remonte au jour de sa naissance, suivant la nature de toutes les conditions suspensives. »

A cette grave autorité on peut joindre celle de l'auteur du mot *Français, au Répert. de* M. MERLIN, § 1er, *n*º 1er; et même celle de M. Merlin, qui dit que l'enfant né en France d'un étranger a un droit tout particulier à la protection des juges nationaux, qu'il n'est pas seulement habile à devenir Français, et que plutôt il est *déjà* un FRANÇAIS COMMENCÉ (*Répert.* mot *Légitimité, sect.* 4, § 3, *n*º 3. *in fin.*).

L'enfant né en pays étranger du Français qui a perdu cette qualité ne jouit de ses droits civils qu'après l'accomplissement de toutes les conditions et seulement pour l'avenir : c'est un point hors de toute controverse, et sur lequel tous les jurisconsultes sont d'accord.

16. Le Code garde le silence sur l'enfant né *en France* d'un Français qui aurait antérieurement abdiqué sa patrie. Cette omission est due à l'adoption primitive de la maxime que quiconque nai en France *est Français*. Mais quel doit être à l'é gard de cet enfant l'effet du retranchement de cett maxime opérée sur les observations du Tribunat

---

(*) Par exemple, si, dans un testament, figurait comme témoin un individu de cette classe, âgé de vingt-un ans, domicilié en France, mais n'ayant pas encore fait sa déclaration qu'il n'effectuerait que quelques jours après

M. Duranton (*t.* 1er, *n*o 127) blâme avec raison ceux qui soutiennent qu'il est Français de plein droit, d'après la règle si fausse *qui de uno dicit, de altero negat;* mais ne se trompe-t-il pas lui-même en l'assimilant à l'enfant né en pays étranger? Il semblerait plus conforme aux textes de le placer dans la classe des enfans nés en France de parens étrangers; ainsi, s'il remplit les obligations imposées par l'art. 9 dans l'année qui suit sa majorité, il pourra exercer tous les droits échus antérieurement, et profiter ainsi de sa naissance sur le sol français. Il est vrai qu'ainsi il ne doit pas profiter du bénéfice de la seconde partie de l'art. 10, qui a été introduite pour le cas de naissance à l'étranger; mais l'art. 13 et la faculté de demander la naturalisation offrent un remède à cet inconvénient, s'il ne profite pas de l'année de sa majorité pour réclamer la qualité qu'il tient conditionnellement du lieu de sa naissance.

17. Nous avons rapporté page 17 (*à la note*) le texte de la loi du 14 octobre 1814 relative aux individus originaires ou habitans des pays que le traité de 1814 a séparés de la France. C'est ici le lieu d'examiner quel est l'état de leurs enfans mineurs résidant avec eux dans l'intérieur de la France à l'époque de la publication de cette loi.

Si le père a fait, dans le délai prescrit par l'art. 1er de la loi, la déclaration qu'elle exige, on ne peut contester aux enfans mineurs la qualité de Français, même quand ils seraient nés depuis la réunion dans le pays nouvellement séparé. En effet, cette déclaration a pour objet de ne pas laisser interrompre la jouissance qu'avaient les déclarans de l'état de Français; or, au nombre des droits dont ils jouissaient était le droit inappréciable de communiquer à leurs enfans la qualité de Français. Cette opinion, inattaquable quand les pères avaient les dix années de résidence lors de la publication de la loi, n'a pas la même certitude pour le cas de l'art. 2, où les dix années de domicile n'étaient pas encore accomplies : dans les termes comme dans l'esprit de la loi de 1814, les individus originaires des départemens séparés qui n'ont pas accompli les dix années de résidence sont des étrangers dont la naturalisation est plus favorable que dans les cas ordinaires.

Si le père n'a pas fait sa déclaration dans les délais prescrits, le plus grand nombre des arrêts a refusé la qualité de Français à ses enfans mineurs, même nés dans l'intérieur de la France (*Lyon, 2 août* 1827; *Douai, 16 nov.* 1829; *Grenoble, 18 février* 1831, nonobstant *Douai, 28 mars* 1831); et quoique la qualité de Français soit favorable, nous croyons cette jurisprudence fondée sur l'esprit des traités de 1814, sur celui de la loi du 14 octobre même année, et sur les principes que nous avons développés ci-dessus, *n*o 9 *sur l'art.* 8, *p.* 14. Ce

n'est donc pas comme enfans d'un Français qui aurait perdu cette qualité qu'ils doivent être considérés; car la perte des droits de leur père, postérieure à leur naissance, ne saurait porter atteinte à leurs droits acquis; c'est comme enfans nés en France d'un homme dont la qualité était en suspens, Français, si son pays demeurait à la France, étranger, s'il était rendu. Leur état est donc réglé par l'art. 9, et par conséquent s'ils veulent jouir de tous les droits attachés à la qualité de Français, c'est dans l'année de leur majorité qu'ils doivent faire leur soumission.

RENVOIS AUX ARRÊTISTES.

Lyon, 2 *août* 1827. — S. 1828, 2. 88. — P. t. 1er de 1828, p. 52.

Douai, 16 *nov.* 1829. — S. 1830, 2. 67. — D. 1830, 2. 119.

Grenoble, 18 *févr.* 1831. — S. 1833, 2. 527.

Douai, 28 *mars* 1831. — S. 1831, 2. 193. — D. 1831. 2. 223. P. t. 1er de 1831, p. 526.

ARTICLE 11.

L'étranger jouira en France des mêmes droits civils que ceux qui sont ou seront accordés aux Français par les traités de la nation à laquelle cet étranger appartiendra.

SOMMAIRE.

1. *Les étrangers sont divisés en deux classes.* — *Droit d'aubaine. Motifs de l'art.* 11.

2. *De quels droits jouissent les étrangers en vertu des traités.*

3. *— En vertu des lois spéciales.*

4. *Pourquoi le législateur ne leur a pas conféré textuellement les avantages du droit des gens.*

5. *Droits civils dérivés des actes que l'étranger fait selon sa capacité.*

6. *Exemples des droits généraux des étrangers en France dans les contrats commerciaux.*

7. *Dans ceux relatifs aux biens, même immeubles, et aux concessions de mines.*

8. *Dans le droit de propriété intellectuelle ou industrielle.*

9. *Exemples des droits dont ils sont exclus.*

10. *Si l'état et la capacité personnelle de l'étranger le suivent en France. Raisons de douter.*

11. *Distinctions.*

12. *Dans quel esprit doivent être interprétés les lois spéciales et les traités à l'égard des étrangers.*

1. Le Code civil divise les étrangers en deux grandes classes : ceux à qui le gouvernement a

permis d'établir leur domicile en France et qui y résident en effet, et ceux qui demeurent en pays étranger ou qui, séjournant en France sans autorisation, n'y sont considérés que comme voyageurs. Les droits des premiers sont fixés par l'art. 13; l'art. 11 s'occupe des seconds d'une manière générale; et les art. 14, 15, 16, 726 et 912 n'en sont que des corollaires.

Avant d'arriver à l'explication de cet article 11, jetons un coup d'œil rapide sur l'histoire du droit français qui lui est relative.

Les étrangers résidant en France y étaient connus sous le nom d'aubains (*alibi nati*), s'ils étaient nés dans une contrée voisine; et sous le nom injurieux d'*épaves*, quand le lieu de leur origine était ou lointain ou ignoré. Contraints de payer une redevance annuelle au seigneur, ils ne pouvaient, sans son consentement, se marier qu'entre aubains, et même avec ce consentement ils ne pouvaient épouser une Française qu'en payant le droit de *formariage* qui allait jusqu'à la moitié des biens. Incapables de tester au-dessus de cinq sous, ils n'avaient d'héritiers légitimes que leurs enfans nés dans le royaume. A défaut d'enfans français, leur succession était dévolue au seigneur. La féodalité s'affaiblit, et les rois de France firent regarder comme inhérens à la couronne des droits qu'ils n'avaient eux-même exercés que comme seigneurs de leurs domaines. Dès lors diminua la rigueur des règles. L'étranger cessa d'être considéré comme serf pendant sa vie : il devint capable de contracter, même de faire des donations entre-vifs. La règle ne reprenait son empire qu'à sa mort, *liber vivit*, disait-on, *servus moritur*. Il ne pouvait tester ni recevoir par testament, et ne pouvait transmettre sa succession qu'à ses enfans nés dans le royaume, autrement elle appartenait au roi (*V.* BACQUET, *Aubaine*; ROUSSEAUD-LACOMBE, *mot Aubaine, sect.* 2; POTHIER, *des personnes, tit.* 2, *sect.* 2).

On voit dans cet adoucissement de la législation naître la maxime que les étrangers sont capables des droits civils dérivés du droit des gens : d'ailleurs des dispositions spéciales les privaient de certains droits politiques ou civils : ils ne pouvaient obtenir ni offices ni bénéfices (*ord. de* 1431, *de* 1493 *et de* 1499), ni exercer la banque sans caution de 50,000 écus renouvelée tous les cinq ans (*ord. de Blois, art.* 357), ni être admis au bénéfice de cession (*ord. de* 1673). La jurisprudence les assujettissait à donner la caution *judicatum solvi*. — *V. les auteurs ci-dessus cités.*

Ce droit d'aubaine, d'origine féodale, devint un droit domanial pour tous les États souverains de l'Europe : mais la fréquence des communications, les besoins du commerce, l'intérêt de la population y introduisirent des modifications. Il fut aboli entre divers Etats; chez d'autres, on le remplaça par une retenue fixe, et le plus souvent du dixième, que le souverain prélevait sur la succession exportée de son pays, sous le nom de *droit de détraction*. Cet état de choses changea en France par les lois des 6 août 1790 et 13 avril 1791, dont l'une abolit le droit d'aubaine, et l'autre admit les étrangers à succéder en France. Ces nouveaux principes passèrent dans le tit. 6 de la constitution de 1791 et dans l'art. 335 de la constitution de l'an III : « Les étrangers, établis ou non « en France, succèdent à leurs parens étrangers « ou français ; ils peuvent contracter, acquérir et « recevoir des biens situés en France, et en dis« poser, de même que les citoyens français, par « tous les moyens autorisés par les lois. »

Tel était donc l'état des étrangers en France à l'époque du Code civil : ils n'étaient pas déclarés capables des droits civils en général; mais ils jouissaient en effet de tous les droits utiles, de tous les modes d'acquérir la propriété, dérivés soit du droit des gens, soit du droit civil, à moins qu'il n'y ait eu quelque texte qui ait conféré le droit aux seuls Français.

Les auteurs du projet du Code publié en l'an IX (*V. ci-dessus n° 1 sur l'art.* 8) avaient adopté cette base; le projet soumis à la discussion l'avait écartée : l'art. 4 (devenu l'art. 11) était ainsi conçu : « L'étranger jouit en France des mêmes droits ci« vils que ceux accordés aux Français par la na« tion à laquelle cet étranger appartiendra. »

La discussion roula donc uniquement (*séances des* 6, 14 *therm. et* 4 *fructid. an IX*) sur la préférence à donner au système de l'Assemblée constituante ou à celui de la réciprocité entre les nations. On y reconnut que les autres nations n'avaient pas répondu à l'appel de la nation française pour l'abolition du droit d'aubaine; que si des traités avaient affranchi réciproquement quelques pays de ce droit onéreux aux particuliers, aucune disposition législative n'en avait affranchi les Français; et l'on attribuait précisément aux lois de la constituante, abolitive de ce droit en France, le peu d'empressement des autres États à en décharger les Français. Ces motifs firent prévaloir le système de la réciprocité.

2. L'étranger jouit donc en France de tous les droits civils que sa nation est convenue, *par un traité,* d'accorder chez elle aux Français, même quand le traité serait muet sur la réciprocité; et la communication des droits civils en tout ou en partie stipulée d'une nation étrangère au profit des Français, entraine *virtuellement* la communication de nos droits civils à un égal degré en faveur des membres de cette nation (**M.** MERLIN, *Répert. mot Étranger,* § 1, *n°* 8).

Cet appel à la réciprocité ne devait pourtant pas faire dépendre la législation française, à l'égard des étrangers, de la législation particulière des étrangers à l'égard des Français (*observ. du Tribunat sur ce titre*); aussi les mots *par la nation* du premier projet, auxquels le conseil d'État a d'abord substitué ceux-ci : « *par les lois et par les traités de la nation* », ont fait place sur la demande du Tribunat à la rédaction actuelle. Le principe de réciprocité ne peut donc être invoqué par l'étranger en France, quand l'admission du Français à l'exercice d'un droit civil déterminé chez une nation étrangère ne dérive que d'une loi ou d'un usage du pays, et non des conventions diplomatiques (*Rejet*, 22 *janvier* 1806; *plaid. de* M. MERLIN *au Répert. mot Etranger*, § 2; M. TOULLIER, *t*. 1er, *no* 265; M. DELVINCOURT, *note* 2 *sur la p*. 16; M. DURANTON, *t*. 1er, *no* 146).

3. L'art. 11 n'en dit pas davantage. L'opinion, ou plutôt peut-être l'expression de M. Delvincourt (*t*. 1er, *p*. 16), est cependant trop restrictive en ce qu'elle bornerait aux droits résultant des traités ceux de l'étranger en France : car, soit que le législateur agisse sous l'impulsion d'une philanthropie expansive qui se croit obligée d'effacer les différences de mœurs, d'institutions, de climats existant entre les peuples, soit que, par une bienfaisance calculée, il cherche à attirer dans le pays les étrangers, leurs arts, leur industrie et leurs capitaux, on ne peut lui refuser le pouvoir de conférer aux étrangers, *par des lois spéciales*, des droits plus étendus que ne le comporte l'art. 11. C'est sans doute un des motifs qui ont fait rédiger cet article en termes dispositifs et non en termes exclusifs. L'exemple le plus remarquable de faveur accordée aux étrangers indépendamment des traités, est la loi du 14 juillet 1819, dont l'art, 1er leur confère le droit de succéder, disposer et recevoir de la même manière que les Français dans toute l'étendue du royaume.

4. Outre les droits civils dont jouissent les étrangers en vertu des traités de leur nation (*V. le no* 2) et des lois françaises qui leur en confèrent spécialement (*V. le no* 3), ils jouissent encore généralement en France des droits civils dérivés du droit des gens (M. PROUDHON, *t*. 1er, *p*. 79; M. DURANTON, *t*. 1er, *no* 168; M. MERLIN, *quest. de dr. mot Propriété littéraire*, aux notes; *motifs de deux arrêts de cass.* 5 *août* 1823 *et* 7 *juin* 1826). Le législateur ne l'a pas dit, parce qu'il voulait se réserver la faculté de restreindre ces droits à leur égard, comme il l'avait fait par l'art. 912 du Code civil, en leur refusant, par des motifs politiques, la capacité de recevoir par donation entre-vifs, quoique ce genre de donation soit dérivé du droit des gens.

5. Et comme nous l'avons dit ci-dessus, p. 11, *no* 2, les étrangers jouissent de tous les effets civils des actes qu'il leur est permis de faire, quoique si les contrats dérivent du droit des gens, quelques uns des effets qu'ils produisent dérivent du pur droit civil, parce qu'étant faits en France et dans la forme française, c'est moins à la qualité de la personne qu'on fait attention qu'à l'effet attribué par le législateur à l'acte en lui-même.

En résumant ce que nous venons de dire, il en résulte que l'étranger non domicilié en France, ou y résidant sans l'autorisation du roi, tire de quatre sources diverses les droits civils qu'il y peut exercer : 1o du droit des gens; 2o de la nature des actes qu'il fait en France; 3o des bénéfices accordés aux étrangers en général ou à certaines classes d'étrangers par la loi française; 4o et enfin des traités diplomatiques.

6. Une énumération des droits accordés ou déniés aux étrangers est, à nos yeux, œuvre impossible, ou du moins disproportionnée à nos forces. Nous essaierons seulement ici de poser quelques principes et quelques exemples pour servir de guide dans la solution des difficultés, en faisant observer que les questions peuvent se multiplier à l'infini; qu'elles embrassent toute la science du droit, et en nous réservant, selon les matières que nous aurons à traiter plus tard, d'entrer dans l'examen des questions spéciales.

Le droit des gens ayant surtout pour objet la sûreté des relations utiles entre les peuples, les lois commerciales régissent également et les Français et les étrangers. C'est moins l'intérêt de ceux-ci qui le commande, que l'intérêt de la nation dans le sein de laquelle l'exécution des transactions commerciales, même entre étrangers, fait circuler et le numéraire et les produits qui manquent à notre sol et à notre industrie. C'est là le droit commun; mais quelquefois, pour prévenir les doutes, la loi s'en explique formellement comme le décret du 16 janvier 1808 (*tit.* 1er, *art.* 3) qui permet aux étrangers d'acquérir des actions de la banque de France. Toutefois la loi française a le pouvoir de faire des exceptions, d'interdire tel commerce aux étrangers ou à telle classe d'étrangers : dans ces matières, il faut une loi exceptionnelle pour limiter la liberté de l'étranger.

7. Les étrangers peuvent aussi valablement faire en France tous les contrats qui ont pour objet principal la propriété, la possession ou la jouissance des biens. Ce sont surtout ces contrats, (dont les actes de commerce constituent une espèce particulière et plus favorable encore), qu'on appelle contrats du droit des gens (*L.* 7 *in princ. et* § 1, *ff. de pactis; L.* 5, *ff. de just. et jur.*). L'art. 912 du Code civil formait une exception à cette règle; elle a disparu par la loi du 14 juillet 1819.

Par une conséquence nécessaire, ils peuvent même acquérir le domaine des immeubles comme les Français eux-mêmes, quoiqu'une nation voisine (l'Angleterre) ne permette ces acquisitions qu'aux naturels et aux naturalisés. Certes, la puissance illimitée de la loi peut prohiber ces acquisitions aux étrangers, mais en vertu seulement d'une disposition formelle; car même une loi qui ordonnerait aux étrangers de sortir du royaume, ne suffirait pas pour les empêcher de posséder des immeubles en France. Autre chose est de ne point résider en France; autre chose est d'y posséder des biens.

De même tout étranger, naturalisé ou non, agissant isolément ou en société, a le droit, comme tout Français, de demander et peut obtenir, s'il y a lieu, une concession de mines (*L. du 21 avril 1810, art.* 13).

Cependant un décret du 26 août 1811 (*art.* 3) place au nombre des droits civils proprement dits le droit de *posséder* des immeubles, en donnant au Français naturalisé à l'étranger avec l'autorisation de l'empereur, le droit de posséder des propriétés en France, quand même les sujets du pays où il serait naturalisé ne jouiraient pas en France du même droit. Mais l'objet de ce décret n'étant pas de déterminer si les acquisitions immobilières sont du droit des gens ou du pur droit civil, tout ce qu'on peut en induire, c'est que l'auteur du décret réservait à la France la faculté de prohiber à certains étrangers d'acquérir des possessions sur le sol français.

8. Par une autre conséquence du droit des gens, les étrangers peuvent exercer en France le droit de propriété sur leurs travaux intellectuels, si les lois ne les ont pas fait tomber dans le domaine public. Il y en a une disposition expresse pour les ouvrages imprimés et gravés (*Décr. du 5 février* 1810, *art.* 40; *Rejet,* 23 *mars* 1810; M. Merlin, *Quest. de dr.* mot *Propriété littéraire,* § 2), et jamais on n'a élevé de doute sur ce point à l'occasion des brevets d'invention qu'on accorde aux étrangers comme aux Français (M. Merlin, *Répert.* mot *Etranger,* § 1er, *n*o 8, *in fin.,* mot *Brevet d'invention, n*o 5 *bis, et* surtout *Quest. de dr.* mot *Propriété littéraire,* § 2, *note dernière;* M. Renouard, *Tr. des brevets d'invention, ch.* 8, *sect.* 2, *p.* 307).

9. Mais si les étrangers sont capables de tous les contrats du droit des gens, ils ne sont pas ordinairement capables des contrats de pur droit civil. Ainsi ils ne peuvent pas être adoptés par des Français (*Besançon,* 18 *janvier* 1808; *Cass.* 5 *août* 1823; *Rejet,* 22 *nov.* 1825; *Cass.* 7 *juin* 1826), ni être admis à la cession de biens (*C. pr.* 905), ni exercer les fonctions d'arbitre forcé en matière de société commerciale (*Paris,* 3 *mars* 1828). On a même long-temps douté si l'étranger pouvait profiter des prescriptions établies par la loi civile : l'opinion générale s'est déclarée pour l'affirmative, et il ne s'élève guère de doute que quand la prescription n'est pas fondée sur une présomption de paiement, comme dans l'art. 2277. *V. le Commentaire sur cet article.*

10. L'étranger jouira-t-il en France des effets civils de son état et de sa capacité personnelle? Oui, selon M. Merlin (*Répert.* mot *Etranger,* § 1er, *n*o 10). Cette décision est la suite de l'ancien principe que le statut personnel accompagne partout la personne jusqu'à ce qu'elle ait changé d'état, et il a été consacré à l'égard des Français par l'art. 3 du Code civil.

Mais ce que l'art. 3 du Code civil a dit des Français, aucun texte semblable ou analogue ne le répète à l'égard de l'étranger (*Motifs d'un arrêt de rejet, sect. civ.* 17 *juillet* 1833). Nulle part la loi n'a prononcé que les lois étrangères qui règlent l'état et la capacité des personnes, suivent l'étranger sur le territoire français.

Nous ne voulons pas cependant induire de l'art. 3 du Code civil, par un argument *à contrario sensu,* le plus trompeur de tous les argumens, que les lois étrangères ne régissent jamais l'état et la capacité de l'étranger en France, mais seulement que la loi française est muette sur ce point.

De ce silence de la loi, on ne peut pas du moins conclure que la loi étrangère doive toujours être consultée en France : car elle ne peut pas par elle-même commander à des magistrats français, et notre ancienne jurisprudence sur les statuts personnels et sur les statuts réels est principalement due à la diversité des coutumes qui régissaient la France. La justice était due, au nom du même souverain, à des sujets soumis à des lois différentes. Ceux-ci avaient donc un droit acquis à ce que les lois qui protégeaient leurs personnes dans leur coutume locale, les protégeassent encore dans les autres parties du même royaume. Il est vrai que l'on jugeait à peu près de même à l'égard des étrangers; mais on avait pour guide une analogie toujours présente.

De ce silence de la loi, on ne peut pas non plus conclure que jamais la loi étrangère ne doive être consultée : car par son séjour sur le territoire, l'étranger ne se soumet à la loi française qu'en ce qui concerne la possession du sol, la police de la cité et la sûreté des habitans. C'est ce qui résulte encore de l'art. 3 du Code civil, auquel il faut ajouter l'art. 14 qui le soumet aux tribunaux français pour toutes ses contestations avec les Français, sans dire par quelle loi elles seront jugées; mais aucun texte ne statue ni sur son état ni sur sa capacité.

11. De là il suit pour nous que les anciens principes ne peuvent plus être consultés que comme raison écrite, et qu'il devient convenable de les rejeter quand il en résulterait une injustice; de les admettre, quand ils sont conformes à la raison et à la nature des choses.

De là nous tirons les règles suivantes :

S'il s'agit en France des effets de l'état ou de la capacité d'un étranger envers un autre étranger, surtout de la même nation, il faudra nécessairement suivre les lois de leur pays, et c'est ce qui détermine souvent nos tribunaux à se déclarer incompétens et à renvoyer les parties devant leurs juges naturels, malgré leur consentement de plaider en France (*V. le Commentaire sur l'art.* 14, n° 20).

S'il s'agit des effets de l'état ou de la capacité d'un étranger envers un Français, il faut examiner si le fait sur lequel la qualité doit exercer son influence s'est passé en France ou en pays étranger. Si c'est en pays étranger, le Français doit subir tous les effets de la condition de son adversaire qu'il a dû connaître. Par exemple, s'il a contracté dans un pays où la majorité n'a lieu qu'à vingt-cinq ans, avec un étranger au-dessous de cet âge, le contrat ne sera pas plus valable en France que dans le pays où il a été formé.

Mais si c'est en France qu'est né l'intérêt, il faut, à notre avis, faire une distinction, et séparer ce qui est de l'essence de l'état et constitue la qualité du droit des gens, d'avec ce qui est accidentel et arbitraire, et n'est ajouté à la qualité naturelle que par une constitution de droit civil. Par exemple, le mariage, quoique contrat du droit civil, a son fondement dans le droit des gens. Le mariage d'un étranger en pays étranger lui donne donc en France et partout la qualité de mari, lui confère celle de père des enfans qui en naissent. Le droit des gens veut que cette qualité soit indivisible et produise en tous lieux la présomption de paternité; mais il peut en naître des effets purement civils, quoique inhérens à la personne, tels que la nullité des engagemens contractés par la femme sans l'autorisation maritale. Si une femme étrangère, dont le statut personnel établirait la nécessité d'autorisation, avait, sans l'obtenir, contracté en France avec un Français de bonne foi, le statut personnel de la débitrice n'empêcherait pas sa condamnation en France, sauf à n'exécuter que sur le territoire français (*V. arrêts de la C. de Bruxelles,* 23 *février* 1808, 25 *août* 1810, en remarquant cependant qu'ils sont motivés sur un consentement présumé du mari).

De même la nullité du consentement des mineurs est fondée sur la nature des choses; mais l'âge auquel cesse la minorité est arbitrairement fixé par la loi civile de chaque pays. D'où il suit que si la distinction entre personnes capables et incapables de contracter est du droit des gens, la fixation de l'âge, auquel finit l'incapacité et la capacité commence, est de pur droit civil. Les engagemens contractés en France envers un Français de bonne foi par un mineur étranger peuvent donc être déclarés valables par les tribunaux français, malgré la loi personnelle qui les réputerait nuls dans son pays (*Paris,* 19 *mai* 1830; *Paris,* 17 *juin* 1834). Mais les tribunaux ont le droit d'examiner les circonstances du fait, et s'ils reconnaissaient que le contrat fût le résultat de la faiblesse de l'âge, le mineur étranger comme le mineur français aurait une action en rescision ou en nullité.

Ainsi, comme on le voit, dans l'application des lois personnelles, il faut aussi suivre les principes du droit des gens, et les dégager souvent, mais suivant la nature de la matière en litige, de tout ce qui est de pur droit civil.

12. Tout ce que nous venons de dire en général peut se trouver limité par les lois civiles qui confèrent aux étrangers des droits spéciaux et par les traités politiques; mais pour interpréter sainement et ces lois spéciales et ces traités particuliers, il ne faut pas oublier que pour les étrangers le droit des gens est le droit commun, et le droit civil l'exception : que tout ce qui est conforme au droit des gens peut être étendu dans l'interprétation; que tout ce qui est participation à des droits civils proprement dits, doit être restreint dans les termes précis de la loi ou du traité, parce que les exceptions ne s'étendent pas.

RENVOIS AUX ARRÉTISTES.

Rejet, 22 *janv.* 1806. — S. 1806, 1. 257. — D. 1806, 1. 160. — P. t. 3ᵉ de 1806, p. 311. — N. D. t. 6, p. 465.

Besançon, 18 *janv.* 1808. — S. 1807, 2. 773. — P. t. 3ᵉ de 1809, p. 77.

Bruxelles, 23 *févr.* 1808. — S. 1810, 2. 489. — P. t. 3ᵉ de 1809, p. 428.

Rejet, 23 *mars* 1810. — S. 1811, 1. 16. — D. 1811, 1. 78. — N. D. t. 11, p. 472.

Bruxelles, 25 *août* 1810. — S. 1811, 2. 207. — D. 1811, 2. 20. — N. D. t. 10, p. 144.

Cass. 9 *août* 1807 — S. 1825, 1. 353. — D. 1823, 1. 322. — P. t. 3ᵉ de 1825, p. 556. — N. D. t. 1, p. 281.

Rejet, 22 *nov.* 1825. — S. 1826, 1. 142. — D. 1826, 1. 7. — — P. t. 2ᵉ de 1826, p. 108.

Cass. 7 *juin* 1826. — S. 1826, 1. 330. — D. 1826, 1. 299 — — P. t. 3ᵉ de 1826, p. 5.

Paris, 3 *mars* 1828. — S. 1828, 2. 118. — D. 1828, 2. 31. — P. t. 1ᵉʳ de 1828, p. 442.

Paris, 19 *mai* 1830. — S. 1830, 2 222. — D. 1830, 2. 198. — P. t. 2ᵉ de 1830, p. 274.

Rejet, *sect. civ.* 17 *juillet* 1833. — S. 1833, 1. 663.

Paris, 17 *juin* 1834. — S. 1834, 2. 371.

ARTICLE 12.

L'étrangère qui aura épousé un Français, suivra la condition de son mari.

SOMMAIRE.

1. A quel moment la femme étrangère devient française. Conséquence pour le crime de bigamie.

2. Si elle demeure Française, en cas d'annulation du mariage.

3. Elle conserve tous ses droits civils après la dissolution du mariage.

1. Cet article est fondé sur la nature du mariage et sur la prééminence naturelle de l'homme. La femme prend l'état du mari plutôt qu'elle ne le partage, et participe nécessairement à ses droits civils dès l'instant de la célébration (*V. le Comm. sur l'art.* 8, n° 19, *p.* 18. *et les art.* 213 *et suiv.*).

C'est à l'instant même où se forme le lien que naît la qualité de Française ; et comme un mariage nul dans son principe ne peut être anéanti qu'après jugement (*C. civ.* 188), un mariage nul imprime aussi à la femme étrangère la qualité de Française, au moins pendant qu'il subsiste : ainsi la maxime que les crimes commis par un Français en pays étranger contre un étranger ne peuvent être poursuivis en France, ne fait point obstacle à ce que l'étrangère qu'un Français engagé dans les liens d'un premier mariage épouse en pays étranger, ne rende plainte du crime de bigamie devant les tribunaux français, et ne profite ainsi du droit accordé à tout Français, par l'art. 7 du Code d'instruction criminelle, de rendre plainte en France contre tout Français qui l'aurait offensé par un crime commis en pays étranger, si le criminel n'y a pas été poursuivi et jugé (*Rej. sect. crim.* 18 *févr*, 1819 ; M. **MERLIN**, *mot Mariage, sect.* 6, § 2, 4ᵉ *quest. sur l'art.* 184). M. Legraverend (*Lég. crim.* t. 1, *ch.* 1ᵉʳ, *sect.* 6, § 2) est d'un avis contraire, parce que la femme avait la qualité d'étrangère au moment où le mariage a été contracté ; que ce serait faire de l'art. 12 un non-sens, puisqu'alors un Français n'épouserait jamais une étrangère. Ce système est fondé sur une subtilité, et c'est avec raison que la Cour de cassation a dit que les deux qualités de Française et d'épouse d'un Français se sont fixées simultanément sur la femme, et que l'instant où elle a acquis ces deux qualités était indivisible ; car, dans tous les contrats qui dépendent du consentement, les effets immédiats du contrat naissent en même temps que le consentement qui le forme, et en sont inséparables.

2. Cette espèce de naturalisation de la femme est un des effets civils de son mariage : s'il est annulé, et qu'elle ait été de mauvaise foi, non seulement elle cesse d'être Française, mais même elle ne l'a jamais été ; si au contraire elle était de bonne foi, le mariage produit ses effets civils, et par conséquent elle demeure Française.

3. A plus forte raison quand le mariage est valide et non attaqué, la dissolution du mariage ne la fait pas retomber dans l'état d'étrangère, même quand elle résiderait à l'étranger, si elle ne perd pas l'esprit de retour en France (*art.* 17), ou si elle n'épouse pas un étranger (*art.* 19). Elle est devenue femme française, et n'en peut perdre la qualité que de la manière fixée par les lois. — V. au surplus *les notes sur l'art.* 19.

RENVOI AUX ARRÊTISTES.

Rejet, *sect. crim.* 18 *févr.* 1819. — S. 1819, 1. 348. — D. 1819, 1. 150. — P. t. 2ᵉ de 1819, p. 145. — N. D. t. 2, p. 240.

ARTICLE 13.

L'étranger qui aura été admis par l'autorisation du roi à établir son domicile en France, y jouira de tous les droits civils, tant qu'il continuera d'y résider.

SOMMAIRE.

1. Motifs de cet article. Dérogation qu'il introduisait à la constitution de l'an VIII. Division.

2. Conditions imposées à l'étranger pour obtenir les droits civils.

3. L'autorisation est révocable.

4. Elle ne lie pas l'étranger. Comment entendre l'obligation de résidence?

5. Les effets de l'autorisation sont immédiats : exemples.

6. Comment entendre les mots, tous les droits civils? Du cas où la loi exige simultanément la qualité de Français et la jouissance des droits civils.

7. Des droits attribués nommément aux Français plus pour des motifs politiques que par la raison civile.

8. De ceux qui, par leur nature, paraissent ne pouvoir appartenir qu'à des Français.

9. Des droits textuellement refusés aux étrangers.

10. Des réfugiés étrangers.

11. De l'étranger domicilié en France sans autorisation.

1. L'art. 13 est une disposition du droit nouveau.

Le rétablissement du droit d'aubaine pouvait détourner les étrangers de s'établir en France ; la constitution exigeait une résidence de dix années avant que la naturalisation n'eût lieu. Quelle aurait été leur condition pendant cet intervalle ? Peut-être auraient-ils perdu dans leur patrie et les droits politiques et les droits civils! Il fallait donc au moins les admettre parmi nous à la jouissance de ces derniers (M. Boulay, *Exp. des motifs*).

A la crainte d'éloigner les étrangers du sol français se joignait une autre raison politique. La constitution admettait la naturalisation de plein droit à l'expiration du stage politique. Pendant sa durée, le gouvernement avait le droit incontestable de donner à l'étranger l'ordre de sortir du territoire; mais combien de déclarations de résidence faites dans les municipalités devaient échapper à ses regards! L'art. 13 a donc donné au gouvernement un moyen assuré pour connaître la présence individuelle de l'étranger qui aspirait à la naturalisation; en l'astreignant à demander l'autorisation de fixer son domicile en France, il a fait courir de cette permission le délai de dix ans : c'est l'intention évidente de l'article; on le voit par les efforts de M. Boulay (*Exp. des motifs*) et de M. Siméon (*Rapp. au Tribunat*) pour démontrer que l'art. 13 n'est point une violation de la constitution, et par l'avis du conseil d'Etat du 18—20 prairial an XI que nous avons cité *sur l'art. 8, n°17, p. 16, 2e col.*

Nous avons à voir sur cet article à quelles conditions l'étranger obtient les droits civils; si cette concession est définitive ou révocable; comment il conserve en France les droits accordés; si ces mots, *la jouissance de tous les droits civils*, n'auraient pas une limitation, et nous ajouterons quelques observations sur l'état des étrangers réfugiés et de ceux qui auraient établi leur domicile en France sans y être autorisés.

2. Deux conditions seulement sont nécessaires pour que l'étranger jouisse des droits civils : l'une qu'il ait obtenu l'autorisation ; et, pour la demander, il doit, par analogie, se conformer au décret du 17 mars 1809 (*V.* ci-dessus, *page* 16, *n°* 17, 2e *col.*), s'adresser au maire du domicile qu'il choisit en France, lui donner les renseignemens relatifs à sa personne, à sa profession et à ses moyens d'existence, et, le maire transmettant sa demande et les pièces au sous-préfet, celui-ci au préfet, et le préfet au ministre, le gouvernement statuera, soit en octroyant, soit en rejetant la demande.

La seconde condition nécessaire à la jouissance des droits civils, c'est d'avoir un domicile en France. Régulièrement, après l'obtention de l'ordonnance, l'étranger devrait faire une déclaration définitive de domicile à la mairie, conformément à l'art. 104. Mais le domicile pouvant, dans notre droit, s'acquérir par le fait seul, le séjour et l'établissement de l'étranger autorisé dans un lieu déterminé du royaume seraient suffisans pour le constituer.

3. Cette autorisation n'étant pas de sa nature perpétuelle, est essentiellement révocable *ad nutum*, comme toutes les faveurs auxquelles on n'a pas

un droit parfait (*V.* M. Duranton, *t.* 1, *n°* 144). On s'appuierait en vain sur ces mots de M. Boulay (*Exp. des motifs*). « Bien que son *adoption politique* « ne soit pas encore complète, on doit regarder au « moins son admission comme une *adoption civile.* » L'expression de l'orateur du gouvernement est ici inexacte. La naturalisation est bien une adoption politique; mais la simple admission aux droits civils n'est qu'un bénéfice provisoire, et non une adoption; l'étranger reste étranger tant qu'il n'est pas naturalisé, et par conséquent le gouvernement peut le contraindre jusque-là à quitter le sol français. Au surplus, cette question est toute d'administration, et l'autorité judiciaire n'a pas le pouvoir d'examiner si le gouvernement a dû ou non révoquer l'autorisation (*Paris*, 25 *mars* 1834, dans l'affaire *Vecchiarelli*, étranger réfugié).

4. L'étranger n'est pas lié par le bienfait de l'autorisation plus que le gouvernement lui-même : il en fera cesser les effets, s'il cesse de résider en France. Quoique les auteurs des *Pandectes françaises* (*t.* 2, *n°* 76 *sur l'art.* 11) se soient trompés en regardant cette autorisation comme une espèce de naturalisation, ils ont eu raison de dire qu'il ne faut pas entendre les mots, *tant qu'il résidera en France*, en ce sens qu'il perdrait les droits civils en mettant le pied hors du territoire français : un voyage, un séjour de quelque temps en pays étranger ne suffirait pas pour opérer cette perte, s'il conservait en France son domicile et son établissement : mais, en ce cas, la simple renonciation aux droits civils se présume de l'étranger plus facilement et sur des indices plus faibles que l'abdication ou la perte de l'esprit de retour à l'égard du Français. C'est une question de fait.

5. Dès l'instant que l'étranger a obtenu l'autorisation, il est exempté des obligations exceptionnelles imposées aux étrangers ordinaires : ainsi, s'il a donné la caution *judicatum solvi* pour un procès engagé avant l'obtention de l'ordonnance, la caution demeure déchargée pour l'avenir, quoiqu'elle reste tenue des frais faits jusque-là (*V. le Nouv. Denisart, mot Caution jud. sol.* § 2, *n°* 3, où il s'agit de la naturalisation); ainsi, comme la contrainte par corps exceptionnelle établie contre l'étranger non domicilié ne résulte pas de la convention expresse ou tacite des parties, l'étranger doit en être déchargé sur l'appel, si l'ordonnance d'autorisation est intervenue depuis le jugement de première instance (*Paris*, 25 *avril* 1834).

6. L'étranger ainsi autorisé jouit de TOUS les droits civils, dit notre article. Cette rédaction en termes universels semble lui donner les mêmes droits qu'aux Français, et cela est vrai en général. Cependant l'étranger ne devient pas Français par l'admission aux droits civils (M. Duranton, *t.* 1, *n°* 141; Delvincourt, *note* 1 *sur la p.* 16): si donc une loi exige pour l'exercice d'un droit spécial la

réunion et de la qualité de Français et de la capacité des droits civils, il faut en conclure qu'elle ne peut conférer de droits qu'au Français, puisque l'étranger ne réunit pas ces deux conditions (M. MERLIN, *Répert. mot Etranger*, § 1er, *no* 9). Aussi la jurisprudence a-t-elle décidé que l'art. 980 du Code civil, exigeant des témoins aux testamens qu'ils fussent à la fois et régnicoles et jouissant des droits civils, aucun étranger, même admis aux droits civils, n'avait capacité pour remplir cette fonction (*Rejet*, 11 *août* 1809; *Rejet*, 23 *janvier* 1811 *et* 23 *avril* 1828, nonobstant *Turin*, 10 *avril* 1809). — *V. le Comm. sur l'art.* 980.

7. La loi accorde quelquefois aux Français des droits exorbitans. Les étrangers admis aux droits civils en jouiront-ils? Oui, si ces droits sont véritablement des droits civils. Mais si des termes ou de l'esprit de la loi il résulte qu'elle n'a eu en vue que les Français seuls, et surtout s'il s'agit d'un de ces droits rigoureux, introduits plus comme mesure politique que par la raison civile, et que leur nature défend d'étendre d'un cas à un autre, l'étranger même domicilié n'en aura pas l'exercice. C'est ainsi que la jurisprudence lui a refusé l'arrestation provisoire d'un étranger non domicilié (*Paris*, 8 *janv.* 1831. *V. le Comm. sur la Contr. par corps, art.* 14 *de la loi de* 1832, *no* 6, *p.* 98).

8. D'autres fois, même sans qu'un texte formel attribue aux Français exclusivement l'exercice d'un droit, on peut avoir des doutes fondés sur la capacité de l'étranger admis aux droits civils. Par exemple, il peut être arbitre compromissoire, puisque l'étranger ordinaire le peut être, et que le compromis est un acte du droit des gens, mais à la différence de l'étranger non domicilié, peut-il être arbitre forcé dans les matières de société commerciales, quoique les art. 51 et suivans du Code de commerce ne spécifient pas quel état civil doivent avoir les arbitres? Ne doit-on pas refuser ce droit, à moins de consentement des parties, à l'homme qui n'a pas en soi le principe de capacité nécessaire pour devenir juge? *V. au titre des Transactions l'appendice sur l'Arbitrage.*

9. Que doit-on décider à l'égard des étrangers admis aux droits civils, quand la loi refuse expressément et sans distinction un droit de cette espèce *aux étrangers?* Cette question générale se résout par les termes mêmes de l'article; les étrangers autorisés jouissent de tous les droits civils. Elle se résout aussi par le rapprochement de l'art. 16, qui, par le mot *étranger*, entend évidemment celui qui ne jouit pas des droits civils. Aussi la jurisprudence et les auteurs enseignent-ils que l'étranger qui jouit des droits civils en France a droit au bénéfice de cession, malgré les termes généraux de l'art. 905 du Code de procédure (*Trèves*, 24 *févr.* 1808; M. TOULLIER, *t.* 7, *no* 263; M. DURANTON *t.* 12, *no* 270; CARRÉ, *Analyse*,

quest. 2816e, *et Lois de la procédure*, *no* 3057; PIGEAU, *liv.* 3, *mot Cession de biens*, § 2, *no* 1; M. PARDESSUS, *t.* 4, *no* 1328. NOTA : les termes de ce savant professeur sont un peu moins absolus). Nous reviendrons sur la question spéciale dans le *Comm. sur l'art.* 1270 *du Code civil.*

Nous avons dû nous borner ici à l'exposition des sources de difficultés. Nous examinerons les questions particulières à mesure qu'elles se présenteront dans le cours de l'ouvrage, parce qu'alors elles seront éclairées par les principes particuliers qui doivent se combiner avec les principes généraux de ce titre.

10. Souvent le territoire hospitalier de la France s'est ouvert aux étrangers que des lois de circonstance ou la crainte des vengeances politiques forçaient de fuir leur pays natal. Les droits qu'ils peuvent acquérir en France sont déterminés suivant les temps et les besoins politiques. Les lois qui les concernent sont toutes spéciales et ne doivent pas être étendues.

Par la loi du 21 avril 1832, le gouvernement a été autorisé à réunir, dans une ou plusieurs villes qu'il désignerait, les étrangers réfugiés qui résideront en France (*art.* 1er); il peut les astreindre à se rendre dans celle de ces villes qui leur sera indiquée, et leur enjoindre de sortir du royaume s'ils ne se rendent pas à cette destination, ou s'il juge leur présence susceptible de troubler l'ordre et la tranquillité publique (*art.* 2); on ne peut leur appliquer cette loi qu'en vertu d'un ordre signé par un ministre (*art.* 3). Cette loi, qui n'avait été faite que pour une année, à compter du jour de sa promulgation (*art* 4), a été prorogée jusqu'au 21 avril 1834, par une loi du 16 avril 1833, et jusqu'à la fin de la session de 1836 par une autre loi du 1er mai 1834, laquelle prononce en outre des peines correctionnelles contre les réfugiés étrangers qui refuseraient d'obéir à l'ordre de sortie, ou qui rentreraient après l'expulsion.

L'hospitalité qu'exerce le gouvernement envers cette classe d'étrangers ne doit pas être confondue avec l'autorisation d'établissement de domicile. Seule, elle ne leur confère pas la jouissance des droits civils, et chacun d'eux peut demander à cet égard une autorisation individuelle. Il faut encore remarquer sur ces lois qu'elles contiennent des dispositions de droit commun en même temps que des dispositions temporaires; que ce qui est contraire au droit commun, c'est-à-dire l'obligation de résider dans le lieu fixé par le gouvernement, et les peines applicables à la violation de la défense de rester dans le royaume, cessera en même temps que la loi; mais qu'après l'expiration du délai fixé, le gouvernement conservera le droit de faire sortir du territoire tout réfugié dont il trouverait la présence nuisible, parce qu'ils ne peuvent être plus protégés que les autres étrangers.

11. Il nous reste à parler de l'étranger qui aurait établi son domicile en France sans l'autorisation du roi, mais avec l'intention de se fixer en France à perpétuelle demeure, et nous ne nous en occuperions pas, si le savant professeur de Dijon, M. Proudhon, n'avait créé pour lui un état particulier qu'il appelle INCOLAT (*t*. 1, *ch.* 12, *p.* 89), et qu'il fonde sur *la loi* 7, *C. de Incolis: Cives quidem origo, allectio vel adoptio; incolas verò domicilium facit*. Au moyen de cet état particulier, il le fait jouir de tous les droits civils du Français, et veut que ses enfans soient Français de plein droit, même sans s'être soumis à l'article 9 du Code civil. Nous n'insisterons pas sur cette erreur d'un homme aussi éminent, réfutée complètement par M. Merlin (*Rép. mot Etranger*, § 1er, no 10). Nous ferons observer seulement que l'état de Français est assez précieux pour ne s'acquérir qu'en vertu d'un texte de la loi française ; et que la loi invoquée était conforme à la constitution de l'empire romain, composé de cités différentes, dont chaque membre devait trouver protection quand il allait s'établir dans une autre province du même empire.

L'étranger qui aura ainsi établi son domicile n'aura donc pas en France un domicile *de droit*, mais seulement un domicile *de fait*, ou plutôt un domicile apparent qui produira des effets en sa faveur toutes les fois qu'il s'agira d'actes du droit des gens, et qui pourrait avoir contre lui tous les effets du domicile de droit envers des Français, quant aux actes du droit civil. Nous verrons un exemple de cette proposition sur l'article suivant, no 22.

RENVOIS AUX ARRÉTISTES.

Trèves, 24 *févr.* 1808. — S. 1808, 2. 110. — N. D. t. 10, p. 591.

Turin, 10 *avril* 1809. — S. 1810, 2. 85. — D. 1810, 2. 7.

Rennes, 11 *août* 1809. — S. 1810, 2. 9. — D. 1810, 2. 9.

Rejet, 23 *janv.* 1811. — S. 1811, 1. 243. — D. 1811, 1. 114. — P. t. 1er de 1811, p. 454.

Rejet, 23 *avril* 1828. — S. 1828, 1. 437. — D. 1828, 1. 225.

Paris, 8 *janv.* 1831. — S. 1831, 2. 172. — D. 1831, 2. 100. — P. t. 1er de 1831, p. 353.

Paris, 25 *mars* 1834 — S. 1835, 2. 47.

Paris, 25 *avril* 1834. — S. 1834, 2. 494. — P. t. 2e de 1834, p. 307.

ARTICLE 14.

L'étranger, même non résidant en France, pourra être cité devant les tribunaux français, pour l'exécution des obligations par lui contractées en France avec un Français ; il pourra être traduit devant les tribunaux de France, pour les obligations par lui contractées en pays étranger envers des Français.

ARTICLE 15.

Un Français pourra être traduit devant un tribunal de France, pour des obligations par lui contractées en pays étranger, même avec un étranger.

SOMMAIRE.

1. *Division.*

§ I. Compétence de nos tribunaux entre Français et étrangers.

2. *Motifs de ces articles.*
3. *Ils peuvent être modifiés par des traités.*
4. *Il s'agit ici de l'étranger qui ne jouit pas des droits civils ;*
5. *Même du prisonnier de guerre.*
6. *Le lieu de l'obligation est indifférent.*
7. *Si le mot obligation doit être pris ici* lato sensu.
8. *Elle doit être contractée directement envers le Français.*
9. *Exceptions.*
10. *La loi est applicable aux obligations antérieures au Code, et à celles contractées par les habitans des pays détachés de la France en 1814.*
11. *Le bénéfice appartient à l'étranger admis aux droits civils ;*
12. *Mais seulement pour les créances postérieures à son admission. Il en est de même en cas de naturalisation.*
13. *Arrêts qui l'ont refusé au Français domicilié en pays étranger.*
14. *Examen de la question.*
15. *Le Français perd ce privilége en saisissant les tribunaux étrangers.*
16. *Il est toujours soumis en France à l'action de l'étranger, même en cas de guerre.*

§ II. Compétence de nos tribunaux entre étrangers.

17. *Les tribunaux français sont juges entre étrangers des faits qui concernent leur sûreté en France. Exemple dans les mesures préliminaires à la séparation de corps.*
18. *En général, la justice française n'est pas tenue de prononcer entre étrangers, à moins de textes formels.*
19. *Elle est exclusivement compétente en matière immobilière pour les biens situés en France.*
20. *Incertitude de la jurisprudence dans les autres cas, même dans les questions d'état.*

21. L'incompétence doit être proposée en entrée de cause, et le consentement du premier juge ne lie pas le juge d'appel.

22. Les juges français ne sont pas tenus de se déclarer incompétens, surtout quand l'intérêt n'est que pécuniaire.

23. Du cas où la dette a été contractée hors de France et avant l'arrivée du défendeur.

24. Des engagemens commerciaux. Division.

25. Les tribunaux français sont compétens, quand la France est le lieu du contrat, de l'exécution ou de la résidence du défendeur étranger.

26. Ils ne le sont pas au cas contraire.

§ III. Devant quel tribunal français et comment l'étranger y doit être appelé.

27. Quel tribunal est compétent quand la matière est attributive de juridiction;

28. Quand l'affaire est réelle, et que l'étranger réside en France;

29. Quand l'étranger n'y réside pas.

30. Comment doit se donner l'assignation aux étrangers.

1. Tout étranger peut avoir des intérêts civils à débattre en France, soit avec des Français, soit avec des étrangers : les art. 14 et 15 attribuent compétence aux tribunaux français pour le premier cas, et ne s'occupent pas du second. Afin de présenter sur cette matière importante un ensemble de doctrine, on s'occupera ici : 1° de la compétence des tribunaux français entre Français et étrangers, ce qui fait l'objet spécial de nos textes; 2° de leur compétence entre étrangers seulement; 3° et enfin du choix du tribunal français devant lequel l'étranger doit être appelé, et du mode particulier de l'assignation : ce qui fera le sujet de trois paragraphes.

§ I. *Compétence de nos tribunaux entre Français et étrangers.*

2. Il eût été contraire à la dignité nationale et nuisible aux intérêts particuliers que les Français eussent attendu de la justice étrangère la consécration de leurs droits acquis contre des étrangers, même résidant en pays étranger; il eût été indigne de notre loyauté de refuser justice à un étranger envers qui, même en pays étranger, un Français aurait contracté des obligations. Tels sont les motifs qui ont dicté nos deux articles.

Il est vrai qu'il en résulte souvent une exception à la règle qu'en matière personnelle on doit citer le défendeur devant le juge de son domicile; mais ce principe ancien, consacré par l'art. 59 du Code de procédure, est fait pour les sujets de la même loi : d'ailleurs, nous verrons plus tard

(*Comm. du titre des Priviléges et Hypothèques sur l'art.* 2123) que les jugemens obtenus en pays étrangers n'ont pas force exécutoire en France : on ne devait donc contraindre à un double procès ni le Français ni l'étranger demandeur.

3. Au surplus, ces articles peuvent être modifiés par les traités en vertu de l'art. 11 (M. DURANTON, *t.* 1er, n° 151). Nous en avons un exemple dans l'art. 3 du traité conclu avec la Suisse le 31 juillet 1828.

4. L'étranger dont il s'agit dans l'art. 14 est l'étranger non admis à la jouissance des droits civils, et la résidence dont parle l'article est la seule résidence *de fait*; car l'étranger domicilié en France avec autorisation est justiciable des tribunaux français pour une autre raison : l'admission aux droits civils lui en impose les charges, comme elle lui en communique les avantages : les juges français sont devenus ses juges naturels.

5. Quant à l'étranger qui réside en France, pas de distinction à faire entre le cas de résidence volontaire ou de résidence forcée, par exemple s'il était prisonnier de guerre (*Paris,* 16 *germinal an XIII*), puisqu'il serait, à l'égard des Français, justiciable des tribunaux français, même s'il résidait dans son pays.

6. Celui qui réside en pays étranger est justiciable des tribunaux français, soit que l'obligation ait été contractée en France, ou qu'elle l'ait été en pays étranger (M. MERLIN, *Répertoire; mot Etranger,* § 5; M. TOULLIER, n° 265). Le projet soumis au conseil faisait une distinction : dans la seconde partie de l'art. 14, où il s'agit des obligations contractées en pays étranger, il ne permettait de traduire l'étranger devant nos tribunaux que *s'il était trouvé* en France. La suppression de ces mots, donnant au second membre de la phrase le même sujet qu'au premier, prouve que l'on a encore voulu parler de l'étranger, même non résidant en France, et par conséquent que, dans tous les cas, il faut décider de même : la jurisprudence y est conforme (*Rejet,* 7 *sept.* 1808; *Rejet, sect. civ.* 1er *juillet* 1829. NOTA : dans l'espèce du dernier arrêt, l'étranger était obligé solidairement avec un Français).

7. Comment entendre ces mots des art. 14 et 15, *les obligations contractées?* Faut-il en restreindre le sens aux obligations conventionnelles, ou l'étendre à celles qui dérivent des quasi-contrats, des délits, des quasi-délits (*Inst. tit. de oblig.* § 2)? Tous les auteurs admettent avec raison cette signification extensive (M. MERLIN, *Rép. mot Etranger,* § 4; M. CARRÉ, *Compétence, t.* 1, n° 202; M. GUICHARD, *Traité des dr. civ.* n° 221), et plusieurs arrêts l'ont consacrée : il a été décidé que l'acceptation d'une succession en France autorisait les légataires ou les créanciers de la succession à assigner l'héritier étranger devant les tribunaux français

(*Motifs d'un arrêt de Montpellier du 12 juillet* 1826); et qu'un Français pouvait traduire devant les tribunaux français un étranger en paiement des dommages-intérêts fondés sur la saisie qu'il avait fait faire indûment d'un navire appartenant à ce Français en pays étranger (*Poitiers, 8 prair. an XIII*). Les motifs d'un arrêt de la Cour royale de Paris du 5 juin 1829 paraissent contraires à cette doctrine : ils portent que « le mot *obligations* « dans l'art. 14 doit s'entendre seulement d'une « obligation dérivant d'un *contrat*, et non d'un *fait* « donnant lieu à une action civile (*affaire dame* « Despine *contre* Demidoff). » Mais dans l'espèce de l'arrêt, il s'agissait d'une femme considérée *comme étrangère* réclamant en France l'état d'enfant légitime d'un étranger domicilié en Russie, et l'arrêt a seulement jugé que la Cour n'était pas compétente pour décider une question d'état entre deux étrangers, ce qui est indépendant de la doctrine émise dans les motifs. — *V.* plus bas *le n° 20.*

8. Il faut aussi, pour que l'étranger devienne justiciable de nos tribunaux, que l'obligation soit contractée *avec ou envers* un Français : ce qui est exclusif des créances qui ne parviennent que *médiatement* au Français. Ainsi le Français, cessionnaire d'une créance purement civile contractée par un étranger au profit d'un autre étranger, ne pourrait pas plus contraindre son débiteur à plaider devant les tribunaux français que ne le pourrait l'étranger envers qui a été contractée l'obligation. — *V.* plus bas § II, *n°* 17 à 26.

9. Mais le Français cessionnaire pourrait saisir les tribunaux français s'il s'agissait d'un effet négociable (*Paris,* 15 oct. 1834), même créé en pays étranger (*Rejet,* 25 *septembre* 1829 *et* 26 *janvier* 1833, nonobstant *Douai,* 27 *févr.* 1828, *et Poitiers,* 5 *juillet* 1832). Par la nature du contrat, l'étranger aurait consenti à devenir débiteur direct du tiers porteur (*V.* comme analogie *le Comm. sur la Contr. par corps, n°* 7, *sur l'art.* 15 *de la loi du* 17 *avril* 1832 *et les arrêts cités,* p. 100). De même, les tribunaux français se sont déclarés compétens entre un Français assuré et un assureur maritime étranger, quoique la police eût été faite avec un autre étranger, qui n'avait pas déclaré avoir un Français pour commettant, mais qui avait inséré dans l'acte la clause *pour compte de qui il appartiendra* (*Aix,* 5 *juillet* 1833). L'assureur avait, par les termes du contrat commercial, consenti à contracter envers le mandant, quel qu'il fût, et par conséquent à suivre la juridiction que les lois de son pays l'autoriseraient à saisir.

10. Enfin, il est indifférent que la créance soit antérieure ou postérieure à la promulgation du Code civil. La juridiction se règle par la loi du temps où s'intente l'action, et non par la loi de l'époque du contrat (*V.* arrêté du 5 *fruct.* an VI; *Pau,* 8 *juillet* 1809; *Trèves,* 13 *mai* 1807); et M. Dalloz

tire avec raison de ce principe la conséquence que l'habitant d'un pays détaché de la France par les traités de 1814 déclinerait en vain la juridiction française, sous prétexte qu'à l'époque du contrat il était Français par la réunion, et espérait en conséquence être assigné pour l'exécution devant les juges de son domicile (M. DALLOZ, *mot Droits civils et politiques, sect.* 1re, *art.* 2, § 1er, *n°* 5). Redevenu étranger, le débiteur est soumis à la loi française sur les étrangers.

11. Après avoir examiné ce qui concernait et la personne du défendeur et la qualité de l'obligation, passons à la personne du demandeur. La loi qui donne au Français le droit de saisir la juridiction française, s'étend évidemment à l'étranger qui, domicilié en France, y jouit des droits civils, l'article ne contenant rien de restrictif (*V. le Comm. sur l'art.* 13, *n°* 6).

12. Mais celui qui serait devenu Français ou qui aurait été admis à la jouissance de nos droits civils *postérieurement* à l'obligation contractée envers lui par un autre étranger, pourrait-il contraindre son prétendu débiteur à plaider devant les tribunaux français? M. Dalloz (*ibid. n°* 5) professe l'affirmative, et s'appuie sur l'arrêt de *Trèves du* 13 *mai* 1807. C'est, selon lui, une conséquence même des principes émis ci-dessus, n° 10.

Que la juridiction se règle par la loi du jour où l'action est intentée, on n'en doit pas douter : mais cette maxime tient à des principes différens et d'un ordre plus élevé que ceux qui doivent décider notre question. Les lois de compétence sont de droit public; les contrats sont de droit purement privé, et par conséquent, peu importe qu'un contrat soit antérieur à l'attribution de juridiction fixée par la loi au moment de l'action; mais quand il s'agit d'un nouvel état acquis par le demandeur ou modifié à son profit, la question change de face. On n'y peut plus voir qu'une question d'intérêt privé. Or, la naturalisation de l'étranger ou son admission aux droits civils en France peut en faire un Français ou l'assimiler au Français pour l'avenir, mais non pour le passé, et surtout ne peut nuire aux tiers. Si l'on ajoute à ces raisons que le texte qui déclare compétens les tribunaux français veut que les obligations aient été contractées *avec* ou *envers* des Français, on reconnaîtra que la loi a attaché le bénéfice de l'article à la qualité qu'avait le demandeur au moment du contrat (M. GUICHARD, *Tr. des dr. civ. n°* 225, *p.* 236). Ainsi jugé contre l'étranger admis aux droits civils, et réclamant d'un étranger devant la justice française l'exécution d'une obligation antérieure (*Paris,* 6 *août* 1817; *Rejet, sect. civ.* 28 *juin* 1820).

13. L'art. 14 accorde en termes généraux au Français le droit d'appeler devant les juges français l'étranger qui a contracté avec lui. Deux arrêts ont cependant introduit une exception contre

le Français qui n'a pas de domicile en France, et qui a un établissement commercial et un domicile dans le pays de l'étranger avec lequel il a contracté (*Paris*, 28 *février* 1814 *et* 20 *mars* 1834). Dans l'espèce du premier arrêt, il s'agissait de négocians français établis à Milan, qui avaient assigné devant le tribunal de commerce de Paris, où il avait des valeurs saisissables, leur débiteur milanais; dans celle du second, une marchande française, établie à Saint-Pétersbourg, et n'ayant pas de domicile de fait en France, avait assigné devant le tribunal civil de Paris une princesse russe dont le domicile était en Russie (mais qui en fait résidait notoirement en France depuis nombre d'années); et les tribunaux français se sont déclarés incompétens. M. Carré (*Traité de la compétence*, t. 1, *n*º 203), M. Delvincourt (*t.* 1, *note* 10 *sur la p.* 16) adoptent cette doctrine que M. Duranton repousse (*t.* 1, *n*º 151, *à la note*), et l'opinion de M. Duranton est généralement suivie par les auteurs (M. DALLOZ, *mot Droits civils et politiques*, t. 6, p. 460, *n*º 2; M. LEGAT, *Code des étrangers*, *n*º CCXLIII, p. 299; M. BIOCHE, *Dict. de procéd. mot Etranger*, *n*º 10).

14. Le sentiment de M. Duranton est, à notre avis, le seul conforme à la loi; et les motifs de l'opinion contraire ne nous paraissent reposer sur aucune base solide. « L'art. 14 suppose, dit-on, « que le Français qui assigne un étranger en France « à lui-même un domicile dans son pays, domicile « qui doit servir à déterminer le tribunal français « compétent pour statuer: autrement, la loi accor- « derait aux nationaux le privilége exorbitant de « choisir leurs juges (*Motifs du jugement confirmé* « *par l'arrêt de* 1834). » Rien n'indique cette supposition dans l'article; mais, en l'admettant, le Français n'aurait pas plus dans cette circonstance le droit de choisir ses juges que s'il habitait le territoire français : en effet, s'il n'a pas de résidence de fait en France, il y a toujours un domicile de droit, le lieu de son origine, ou le lieu de son dernier établissement : autrement il faudrait dire que, s'il meurt en pays étranger, sa succession ne pourra s'ouvrir en France, puisque la loi détermine par le domicile le lieu de l'ouverture de la succession (*C. civ. art.* 110). « Le Français établi à l'étranger « n'a pas à argumenter de la difficulté de quitter « son domicile et de l'inconvénient de courir après « son débiteur (*ibid.*) » L'art. 14 est-il donc fondé sur cet unique motif? ne l'est-il pas aussi sur ce que les jugemens étrangers ne sont pas exécutoires en France, et par conséquent, pourquoi contraindre, malgré le texte, le Français établi en pays étranger à obtenir jugement en pays étranger pour la condamnation, et jugement en France pour l'exécution? « Il n'a pas à se plaindre, ajoute-t-on, « d'être obligé de se soumettre aux lois du pays « étranger, sous lesquelles il s'est placé lui-même

« (*ibid.*) » Oui, le Français, en s'établissant en pays étranger, s'est placé sous la protection des lois du pays qu'il habite : mais a-t-il renoncé à la protection des lois françaises? Non, certainement; et la question n'est pas de savoir si, d'après les lois russes, on doit juger les conséquences d'un contrat qui aurait été passé en Russie entre un Français et un Russe, mais si le créancier est privé par les lois françaises de l'option que lui donne l'art. 14 entre les tribunaux français et les tribunaux étrangers. « Enfin, ce serait, dit encore le même juge- « ment, tromper l'étranger qui, traitant avec un « individu établi dans son pays, n'a pas cru s'ex- « poser à être appelé devant un tribunal français. » Mais, à moins de stipulation expresse à ce sujet, l'ordre des juridictions n'est pas conventionnel. D'ailleurs, un pareil motif repousserait l'action du Français rentré en France; et c'est ce que personne ne prétendra.

Disons donc que la doctrine de ces deux arrêts priverait, dans un cas donné, les Français d'un droit civil que la loi n'a pas subordonné à la condition de leur présence en France; qu'elle distingue là où la loi n'a pas fait de distinction, et qu'elle doit être remplacée par l'observance du texte.

15. Au surplus, le droit attribué au Français par l'art. 14 du Code civil est un privilége personnel auquel il peut renoncer, et il y renonce en effet quand il saisit, comme demandeur, les tribunaux du pays du défendeur (*Paris*, 3 *mai* 1834), et surtout quand il épuise tous les degrés de juridiction (*Rejet*, 15 *nov.* 1827), sauf le droit de faire réviser le jugement en France, lors de l'exécution.

16. D'après l'art. 15, le Français peut, dans tous les cas, et s'il n'y a pas de jugement qui ait statué sur la question en pays étranger, être traduit par son créancier étranger devant les tribunaux français. L'état de guerre lui-même ne saurait empêcher l'action de l'étranger devant les tribunaux français, à moins que la politique ne dicte quelque loi spéciale sur ce point; et alors il faut restreindre ces lois spéciales dans leur objet (*V.* M. MERLIN, *Rép. mot Guerre*, § 1ᵉʳ).

§ II. *Compétence des tribunaux français entre étrangers seulement.*

17. Nous venons de voir que la loi française charge, dans tous les cas, nos tribunaux d'examiner la justice des prétentions des étrangers contre les nationaux.

Elle leur impose encore l'obligation de statuer sur les plaintes que les *étrangers* élèveraient *les uns contre les autres* dans les matières qui intéressent la police et la sûreté des personnes, à l'occasion de faits qui se seraient passés en France. C'est ce qui résulte de l'art. 3 du Code civil, § 1ᵉʳ. En effet, si les lois de police et de sûreté obligent tous ceux qui habitent le territoire, les étrangers deviennent comme les nationaux sujets des lois de cet ordre; et puisque les tribunaux français sont établis pour juger tous les sujets de la loi française, il est évident qu'ils doivent juger les étrangers, même respectivement les uns aux autres, pour toutes les infractions aux lois auxquelles ils se sont soumis par le fait même de leur séjour : et même dans les matières attribuées par leur nature aux tribunaux civils, celles qui intéressent la sûreté personnelle de l'étranger en France doivent être jugées par les tribunaux français : c'est ainsi qu'en se déclarant incompétens sur les séparations de corps entre époux étrangers, ils peuvent permettre à la femme d'habiter temporairement dans un autre domicile que celui du mari (*Rejet*, 27 *nov.* 1822; *Paris*, 26 *avril* 1823).

18. Mais dans les matières qui n'intéressent ni la sûreté des personnes ou des propriétés, ni l'ordre de la cité, ni la personne des Français, les étrangers restent en général soumis à la loi et à l'autorité judiciaire de leur pays. S'ils s'adressent à la justice française, nos tribunaux ne sont tenus de juger leurs différens que dans les cas prévus par la loi : dans les cas où la loi ne leur a pas donné juridiction sur les étrangers, ils sont libres d'octroyer ou de refuser jugement.

Tels sont les principes généraux sur la compétence des tribunaux français envers les étrangers qui plaident entre eux dans les affaires civiles. Passons à leur application.

19. Dans les matières immobilières, si l'objet litigieux est situé en France, obligation est imposée à nos tribunaux de juger la contestation même entre deux étrangers : car le droit de souveraineté (a fort bien dit M. GUICHARD, *Tr. des droits civ.* *n*° 256, *p.* 279), indivisible et absolu de sa nature, est tout à la fois réel et personnel; il embrasse et régit en conséquence toutes les parties intégrantes du territoire, à l'exclusion de tout pouvoir étranger. De ce principe vient l'art. 3 du Code civil, § 2 : « les immeubles, même ceux possédés par des étrangers, sont soumis à la loi française », et cette loi veut, sans distinction, qu'en matière réelle le défendeur soit assigné devant le tribunal de la situation (*C. Pr.* 59, § 3°; M. GASCHON, *Code dipl. des Aubains, disc. prél. ch.* 12, *p.* 125; DELVINCOURT, *note* 10 *sur la p.* 16; M. DURANTON, *t.* 1, *n*° 154, *note* 2, où il paraît embrasser la même opinion; *Paris*, 23 *therm. an XII*). Aussi, même avant la loi du 14 juillet 1819, décidait-on que l'action en partage entre étrangers des immeubles situés en France et dépendans de la succession d'un étranger décédé dans sa patrie devait être portée devant les tribunaux français (*Colmar*, 12 *août* 1817), quoique les tribunaux de son pays fussent compétens à l'égard du surplus de sa succession.

20. Dans les autres matières purement civiles, la jurisprudence est incertaine, faute de base dans les lois existantes. Les juges français devant lesquels les étrangers portent leurs actions contre d'autres étrangers ne se croient pas obligés de juger; mais, comme le disait M. Tronchet (*séance du 6 therm. an IX*), ils en ont le droit, si leur juridiction n'est pas déclinée. Ainsi, même en matière pure personnelle, lorsqu'il s'agit de l'état de famille de l'étranger, et que celui-ci n'a pas décliné leur juridiction *in limine litis*, nos tribunaux ont le pouvoir de juger (*Rejet*, 4 *sept.* 1811; 27 *nov.* 1822; *Rej. sect. civ.* 30 *juin* 1823).

Cependant la Cour royale de Paris diffère de doctrine avec la Cour de cassation; elle pense que l'incompétence des tribunaux français est absolue, quand il s'agit de l'état de famille, et que les demandes relatives à cet état doivent être portées devant le juge national (*Paris*, 23 *avril* 1822 *et* 26 *avril* 1823). Cette doctrine paraît plus conforme à la nature de l'état civil et à son indivisibilité.

21. De ce que les tribunaux français ne sont pas tenus de juger les contestations qui s'élèvent en France entre étrangers, il en résulte une incompétence que M. Dalloz (*Droits civ. et pol. t.* 6, *p.* 467, *note* 2) appelle *anomale*, mais dont les effets singuliers tiennent à la nature des choses. Si l'étranger ne décline pas la compétence *in limine litis* devant le tribunal de première instance, il est comme le Français non-recevable à la proposer plus tard (*Rej.* 29 *mai* 1833); car il se forme un contrat par lequel il a consenti à plaider devant nos tribunaux; mais cette fin de non-recevoir qui lie la partie n'engage pas le juge français, de sorte qu'il peut d'*office* se déclarer incompétent (*Rejet, sect. civ.* 8 *avril* 1818), même sur l'appel, car le consentement des juges du premier degré n'a pu lier ceux du degré supérieur (*Rejet*, 8 *avril* 1818; *Rej.* 30 *juin* 1823; *Paris*, 26 *avril* 1823. NOTA : peu importe que, dans l'espèce de ces deux derniers arrêts, l'incompétence ait été proposée par les appelans : en présentant une exception qui ne leur compétait pas, ils n'ont fait qu'éveiller la sollicitude de la Cour sur un droit qui lui était propre).

22. De ce que les tribunaux français ne sont pas tenus de juger les contestations entre étrangers, il ne suit pas nécessairement qu'ils doivent déférer au déclinatoire qui leur est proposé, surtout quand l'intérêt est pécuniaire, et que les parties résident en France. La Cour royale de Paris, qui refuse de statuer sur les séparations de corps, prononce sur les demandes en séparation de biens entre époux étrangers établis en France (*Paris*, 30 *mai* 1826. NOTA : dans l'espèce, la femme n'était étrangère qu'à cause du mariage). — En effet, si aucune loi n'oblige nos tribunaux à accorder aux étrangers la justice qu'ils réclament, aucune loi, a dit la Cour de cassation dans une autre cir-

6.

constance, ne leur interdit le droit de juridiction (*Rejet*, 30 *nov.* 1814).

23. En général les tribunaux français doivent se déclarer incompétens sur les demandes formées entre étrangers, même pour intérêts pécuniaires, quand la dette a été contractée en pays étranger, et avant l'arrivée en France du défendeur, surtout s'il n'y est que passagèrement (*V.* M. Merlin, *Rép. mot Étranger*, § 2, *alinéa,* Or, les tribunaux *et suiv. et les anciens arrêts qu'il cite; Quest. de dr. mot Etranger*, § 2; *Nouveau Denisart, mot Consuls des marchands*, § 3, n° 23); mais l'équité peut tempérer ce principe, qui lui-même n'est fondé que sur une sorte de droit d'asile. Ainsi, quand un étranger a cessé en fait d'habiter dans son pays, qu'il s'est établi en France une résidence fixe, quoique sans autorisation du roi, qu'il y a pris un établissement de commerce, ou y a fait l'acquisition d'immeubles, et que la dette a son principe dans un contrat du droit des gens, les tribunaux français peuvent se déclarer compétens (*Rejet*, 30 *nov.* 1814; *Aix*, 14 *janv.* 1825).

24. Passons aux engagemens commerciaux entre étrangers.

Il faut distinguer entre ceux qui ont eu lieu en France, ou qui y sont payables, et ceux qui ont été formés à l'étranger, et doivent y être exécutés. Occupons-nous d'abord des premiers.

25. Sous l'ancien droit, les juges de l'amirauté connaissaient entre toutes personnes, de quelque qualité qu'elles fussent, même privilégiées, Français et *étrangers*, de tout ce qui concernait la construction, les agrès et apparaux, avitaillement et équipement, ventes et adjudications des vaisseaux (*Ord. de* 1681, *liv.* 1, *tit.* 2, *art.* 1er); et il était universellement reconnu que les étrangers étaient justiciables des tribunaux français pour les marchés faits entre eux dans les foires françaises (M. Tronchet, *séance du* 6 *therm. an IX*). Dans l'usage même, on appliquait aux étrangers commerçans (Boullenois, *Tr. des stat. réels et pers.* t. 1er, *tit.* 2, *ch.* 4, *observ.* 25, 2e *cas*) l'art. 17 du titre 12 de l'ordonnance de 1673, qui permettait d'appeler le marchand défendeur, au choix du demandeur, devant le tribunal du domicile ou du lieu auquel la promesse avait été faite et la marchandise livrée, ou enfin du lieu auquel le paiement devait être fait, disposition qui a passé dans l'art. 420 du Code de procédure sur la compétence commerciale, sans que cette loi se soit plus expliquée sur l'effet de cet article entre étrangers que ne s'expliquait l'ordonnance sur l'effet de son art. 17.

Ce silence et l'abrogation de l'ordonnance de la marine ont fait douter pendant quelque temps que les étrangers eussent un droit absolu de se traduire mutuellement devant les tribunaux de commerce français. La Cour de cassation a d'abord professé implicitement l'affirmative, en décidant qu'une

Cour royale ne commettait pas de déni de justice par le renvoi de deux étrangers devant leurs juges de droit en matière personnelle, *quand il ne s'agissait pas de* fait de commerce (*Rejet*, 22 *janvier* 1806); mais depuis le Code de procédure, et dans les qualités d'un arrêt où il ne s'agissait que de savoir si l'étranger tiers porteur d'une lettre de change tirée de France par un étranger sur l'Angleterre pouvait traduire devant les tribunaux français l'endosseur anglais, qui n'avait pas en France son domicile habituel; on lit que « la « Cour, après en avoir mûrement délibéré, et « avoir examiné la question sous toutes les faces, « est demeurée convaincue que l'art. 420 du Code « de procédure civile ne pouvait régir les étran- « gers qui avaient contracté entre eux, et qu'au- « cune exception au principe que les lois n'ont « d'empire que sur les régnicoles ne se trouvait à « cet égard ni dans les art. 3 et 14 du Code civil, « ni dans aucune loi française (*Rejet, sect. civ.* « 6 *févr.* 1822).

Cependant le commerce est si nécessaire pour la prospérité des Etats, et les moyens de faire exécuter les engagemens si nécessaires à la prospérité du commerce, que les auteurs avaient unanimement professé la doctrine que les actes de commerce faits en France par des étrangers les rendent justiciables des tribunaux français, même envers les étrangers (M. Merlin, *Rép. mot Etranger*, § 2, qu'il faut lire entier avec *le supplément*; M. Pardessus, *C. de dr. comm.* n° 1477, qui assimile les lois sur la juridiction commerciale aux lois de police; Delvincourt, *note* 10 *sur la p.* 16 *du* 1er *vol.*; Carré, *Compétence*, t. 1, n° 201; M. Toullier, t. 1, n° 265; M. Duranton, t. 1, n° 152), et la Cour de cassation elle-même est revenue sur sa jurisprudence, d'abord par un arrêt de la section des requêtes (*Rejet*, 24 *avril* 1827), et enfin par un arrêt de la section civile, portant que « l'art. « 420 du Code de procédure qui, en matière de « commerce, permet d'assigner le débiteur dans « le lieu *où la promesse a été faite*, n'établit pas « de distinction entre les étrangers et les Fran- « çais, et qu'il n'était pas dans l'esprit du légis- « lateur d'en établir aucune, puisque, d'après « l'ancienne jurisprudence et les principes recon- « nus lors de la discussion du Code civil, il est « certain que les tribunaux français sont tenus de « prononcer sur les actes de commerce faits en « France par des étrangers (*Cassation*, 26 *nov.* « 1828). » Les Cours royales jugent ordinairement de même, surtout quand le défendeur réside en France, qu'il y a un établissement de commerce, et qu'il se dit domicilié dans les actes (*Paris*, 24 *mars* 1817, 10 *nov.* 1825; *Aix*, 17 *mai* 1831. Nota : le pourvoi a été rejeté *le* 26 *avril* 1832).

26. Si l'engagement n'a pas été formé en France,

qu'il n'y doive pas être exécuté, et que le défendeur réside en pays étranger, les tribunaux français paraissent n'être aucunement compétens, même en matière commerciale : les arrêts le décident ainsi (*Rouen*, 11 *janv.* 1817; *Aix*, 13 *juillet* 1831), et, quoiqu'il n'existe pas de défenses dans la loi, dès que la jurisprudence a admis que l'art. 420 du Code de procédure est applicable aux étrangers, il faut en conclure qu'il y a incompétence absolue là où ne se rencontrent ni un domicile de fait ou commercial du défendeur, ni le lieu du contrat et de son exécution, ni le lieu où doit se faire le paiement. D'ailleurs, si les nations admettaient entre elles le système contraire, les commerçans de tous les pays seraient exposés à plaider contre leur volonté devant tous les tribunaux du monde entier, et, par une conséquence nécessaire, à toutes les mesures prétendues conservatoires qu'imaginerait la mauvaise foi pour obtenir des sacrifices d'argent.

§ III. *Devant quel tribunal français et comment l'étranger y doit être appelé.*

27. Nous ne nous sommes occupés dans le paragraphe précédent que de la compétence des tribunaux français en elle-même; maintenant, parmi les tribunaux français, quel est celui qu'on doit saisir de l'action?

Pas de difficulté quand la matière du procès est attributive de juridiction : ainsi, en matière réelle, on doit saisir le tribunal de l'objet litigieux; en matière de succession, celui du lieu où la succession est ouverte, etc. (*C. Pr. art.* 59); et dans les matières commerciales, le tribunal dans le ressort duquel la promesse a été faite et la marchandise livrée, ou celui du lieu désigné pour le paiement (*C. Pr.* 420).

28. En matière personnelle, si l'étranger *réside* en France, il doit être assigné devant le tribunal de sa résidence, puisque l'art. 59 du Code de procédure attribue à la résidence l'effet du domicile même, quant à la juridiction, pour les défendeurs qui n'ont point de domicile.

29. Mais si l'étranger défendeur n'a point de résidence en France, que l'action ne soit pas attributive de juridiction, et qu'il n'y ait pas de codébiteur français devant le tribunal duquel l'affaire puisse être portée à l'égard de tous les défendeurs, quel tribunal choisir parmi les tribunaux du territoire français? Selon M. Carré (*Compétence*, t. 1, n° *CXLI, p.* 485), aucune loi n'indiquant de tribunal, il faut s'adresser à la Cour de cassation, et demander par requête la désignation d'un tribunal pour connaître de l'affaire. Il en donne pour exemple une espèce dans laquelle il avait été consulté. Pendant qu'une colonie était tombée au pouvoir de l'ennemi, une dame Dubourg-Paysan, habitant le continent, avait une action personnelle à intenter contre un colon. L'auteur ne nous apprend pas si ce colon était revenu en France, ou s'il était demeuré dans la colonie envahie, et dont les autorités n'étaient plus les autorités françaises. Sur une requête de la demanderesse, la Cour de cassation aurait désigné un tribunal français, le tribunal civil de Nantes, « Attendu la nature des cir-« constances dont la notoriété était incontesta-« ble,... et que dans cette position *le recours légal* « *à des tribunaux français* devait être ouvert aux « Français (l'arrêt, qui n'a point été recueilli par « les arrêtistes, est du 4 juin 1811. *V.* CARRÉ, *Analyse*, *quest.* 269°). »

Il n'est pas besoin d'examiner si cette marche insolite rentrait dans les demandes en renvoi pour cause de sûreté publique ou de suspicion légitime prévues par l'art. 65 de la constitution de l'an VIII et par les art. 368 et suivans du Code de procédure civile : il suffit de dire ici que les tribunaux français de la colonie existant alors *de droit*, quoique dissous *par le fait*, il n'était pas étonnant que la demanderesse cherchât une forme pour déterminer le choix d'une juridiction *autre* que celle indiquée *par la loi*; mais, dans la question qui nous occupe, aucun tribunal *hors de France* n'étant, *par les lois françaises*, investi de la juridiction, il ne peut y avoir lieu de renvoyer d'un tribunal à un autre.

Nous pensons donc (avec M. GUICHARD, *Traité des droits civils*, n° 276, *p.* 303) que toutes les fois qu'il n'y a pas de circonstances en vertu desquelles la loi attribue juridiction au tribunal d'une localité, le demandeur a le choix du tribunal devant lequel il veut appeler l'étranger sans domicile ni résidence en France. Il peut être convenable de porter l'action devant le juge du lieu où l'étranger a des biens susceptibles d'exécution, ou devant celui du demandeur; mais rien n'impose cette obligation, et tous les tribunaux français ayant en eux-mêmes le principe de la compétence, leur jugement sera également efficace.

30. Quant au mode de procéder pour appeler les étrangers devant les tribunaux français, il est réglé par l'art. 69, § 9° du Code de procédure : « Seront « assignés... ceux qui sont établis chez l'étranger « au domicile du procureur du roi près le tribunal « (ou du procureur-général près la cour, *Trèves*, 30 *janv.* 1811; *Colmar*, 25 *nov.* 1815; *Montpellier*, 16 *juillet* 1828 ; *Rej.* 14 *juin* 1830) où sera portée la « demande, lequel visera l'original, et enverra la « copie au ministre des affaires étrangères. » Mais si le visa qui est requis à peine de nullité constate la remise de la copie, et que le parquet néglige de la faire parvenir, la partie ne peut être responsable de l'omission du magistrat (*Rejet*, 11 *mars* 1817).

Cette disposition ne s'oppose pas à ce que l'étranger qui réside en France, même passagèrement, soit valablement assigné au lieu où il se trouve, surtout en parlant à sa personne (*Paris, 30 mai 1808 ; arg. de l'art. 74 du C. de proc.*), ou dans le lieu qu'il a indiqué comme sa résidence dans des actes signifiés (*Rejet, 27 juin 1809 et 2 juillet 1822*) ; mais il ne serait pas permis d'assigner l'étranger au domicile de son mandataire (*Cass. sect. civ. 5 août 1807 et 3 août 1818.* Nota : il s'agissait de significations d'arrêts d'admission). M. Carré fait une exception pour le cas où le mandataire aurait un pouvoir spécial de répondre à l'action (*Analyse, 267e quest. et Lois de la proc. à la note sur l'art. 69*). Cette décision ne pourrait guère être admise que si le mandataire avait contesté au fond en vertu de sa procuration ; car, par le mandat, on ne contracte avec les tiers que par la volonté du mandataire.

Remarquons enfin que, dans les cas où il est permis d'assigner un ambassadeur ou tout autre agent diplomatique jouissant des mêmes immunités, ce n'est point en son hôtel, mais au parquet du tribunal qui doit juger la demande que doit être signifié l'exploit. Son hôtel est considéré comme territoire étranger.

RENVOIS AUX ARRÉTISTES.

Paris, 23 *therm. an XII.* — S. 1807, 2. 855. — P. t. 1er de l'an XIII, p. 153. — N. D. t. 3, p. 250.

Paris, 16 *germ. an XIII.* — S. an XIII, 2. 282. — D. 1806, 2. 70. — P. t. 2e de l'an XIII, p. 358. — N. D. t. 6. p. 461.

Poitiers, 8 *prair. an XIII.* — S. 1806, 2. 40. — D. 1806, 2, 71. — P. t. 3e de 1806, p. 181. — N. D. t. 6, p. 498.

Rejet, 22 *janv.* 1806. — S. 1806, 1. 257. — D. 1806, 1. 160. — P. t. 3e de 1806, p. 311. — N. D. t. 6, p. 465.

Trèves, 13 *mai* 1807. — S. 1807, 2. 280.

Cass. 5 *août* 1807. — S. 1807, 2. 124. — N. D. t, 6, p. 175.

Paris, 30 *mai* 1808. — S. 1808, 2. 211. — P. t. 2e de 1808, p. 87. — N. D. t. 6, p. 464.

Rejet, 7 *sept.* 1808. — S. 1808, 1. 453. — D. 1808, 1. 449. — P. t. 1er de 1809, p. 53. — N. D. t. 6, p. 462.

Rejet, 27 *juin* 1809. — S. 1809, 1. 413. — D. 1809, 2. 114. — N. D. t. 6, p. 475.

Pau, 8 *juillet* 1809. — P. t. 3e de 1810, p. 305. — N. D. t. 6, p. 472.

Trèves, 30 *janv.* 1811. — S. 1811, 2. 598. — D. 1811, 2. 216. — N. D. t. 7, p. 825.

Rejet, 4 *sept.* 1811. — S. 1812, 1. 157. — D. 1812, 1. 96. — P. t. 1er de 1812, p. 403. — N. D. t. 8, p. 562.

Paris, 28 *févr.* 1814. — S. 1814, 2. 362. — P. t. 2e de 1814, p. 355. — N. D. t. 6, p. 460.

Rejet. 30 *nov.* 1814. — S. 1815, 1. 186. — D. 1815, 1. 144. — P. t. 2e de 1815, p. 537. — N. D. t. 6, p. 471.

Colmar, 25 *nov.* 1815. — S. 1816, 2. 126. — P. t 1er de 1816, p. 259.

Rouen, 11 *janv.* 1817. — S. 1817, 2. 89.

Rejet, 11 *mars* 1817. — S. 1818, 1. 70. — D. 1817, 1. 487. — N. D. t. 7, p. 822.

Paris, 24 *mars* 1817. — S. 1818, 2. 3. — D. 1817, 2. 107. — P. t. 2e de 1817, p. 506. — N. D. t. 6, p. 471.

Paris, 6 *août* 1817. — P. t. 1er de 1819, p. 208.

Colmar, 12 *août* 1817. — S. 1818, 2. 290. — P. t. 3e de 1818, p. 46. — N. D. t. 3, p. 306.

Rejet, 8 *avril* 1818. — S. 1822, 1. 217. — D. 1822, 1. 117. — P. t. 2e de 1822, p. 319. — N. D. t. 6, p. 306.

Cass. 3 *août* 1818. — S. 1819, 1. 74. — D. 1818, 1. 496. — P. t. 1er de 1819, p. 107

Rejet, 28 *juin* 1820. — S. 1821, 1. 42. — D. 1820, 1. 552. — P. t. 3e de 1820, p. 5. — N. D. t. 6, p. 472.

Rejet, 6 *févr.* 1822. — S. 1822, 1. 205. — D. 1822, 1. 118. — P. t. 2e de 1822, p. 312. — N. D. t. 6, p. 473.

Paris, 23 *avril* 1822. — V. l'arrêt de rejet du 27 nov. 1822.

Rejet, 2 *juillet* 1822. — S. 1822, 1. 413. — D. 1822, 1. 346. — P. t. 3e de 1822, p. 449. — N. D. t. 6, p. 475.

Rejet, 27 *nov.* 1822. — V. l'arrêt de rejet du 30 juin 1825.

Paris, 26 *avril* 1823. — S. 1824, 2. 65. — P. t. 2e de 1825, p. 472, où l'arrêt est daté du 28. — N. D. t. 6, p. 469.

Rejet, 30 *juin* 1823. — S. 1824, 1. 48 et 49. — D. 1825, 1. 338. — P. t. 3e de 1823, p. 378. — N. D. t. 6, p. 468.

Aix, 14 *janv.* 1825. — S. 1826, 2. 66. — D. 1825, 2. 143.

Paris, 10 *nov.* 1825. — S. 1826, 2. 282. — D. 1826, 2. 49. — P. t. 1er de 1826, p. 470.

Paris, 30 *mai* 1826. — S. 1827, 2. 49. — D. 1827, 2. 39.

Montpellier, 12 *juillet* 1826. — S. 1827, 2. 227. — D. 1827, 2. 140.

Rejet, 24 *avril* 1827. — S. 1828, 1. 212. — D. 1827, 1. 214. — P. t. 3e de 1827, p. 403.

Rejet, 15 *nov.* 1827. — S. 1828, 1. 124. — D. 1827, 1. 23. — P. t. 2e de 1828, p. 222.

Douai, 27 *févr.* 1828. — S. 1828, 2. 284. — D. 1828, 2. 181. — P. t. 2e de 1828, p. 553.

Montpellier, 16 *juillet* 1828. — S. 1828, 2. 308. — D. 1829, 2. 96. — P. t. 2e de 1830, p. 443.

Cass. 26 *nov.* 1828. — S. 1829, 1. 9. — P. t. 1er de 1829, p. 73.

Paris, 5 *juin* 1829. — S. 1829, 2. 249. — D. 1829, 2. 289. — P. t. 2e de 1829, p. 444.

Rejet, 1er *juillet* 1829. — S. 1829, 1. 326. — D. 1829, 1. 405. — P. t. 2e de 1830, p. 28.

Rejet, 23 *sept.* 1829. — S. 1830, 1. 131. — D. 1829, 1. 364. — P. t. 3e de 1830, p. 92.

Rejet, 14 *juin* 1830. — S. 1830, 1. 224 — D. 1830, 1. 286. — P. t. 2e de 1850, p. 443.

Aix, 17 *mai* 1831. — S. 1831, 2. 209.

Aix, 13 *juillet* 1831. — S. 1833, 2. 46. — D. 1832, 2. 173. — P. t. 2e de 1833, p. 80.

Rejet, 26 *avril* 1832. — S. 1832, 1. 433. — P. t. 3e de 1832, p. 33.

Poitiers, 5 *juillet* 1832. — S. 1832, 2. 441. — D. 1832, 2. 166.

Rejet, 26 *janv.* 1833. — S. 1833, 1. 100. — D. 1833, 1. 54 — P. t. 2e de 1833, p. 140.

Rejet, 2 *avril* 1833. — S. 1833, 1. 433. — D. 1833, 1. 251.

Rejet, 29 *mai* 1833. — S. 1833, 1. 522. — D. 1833, 1. 252

Aix, 5 *juillet* 1833. — S. 1834, 2. 143. — D. 1834, 2. 24. — P. t. 1er de 1834, p. 199.

Paris, 20 *mars* 1834. — S. 1834, 2. 159. — D. 1834, 2. 132.

Paris, 3 *mai* 1834. — S. 1834, 2. 305. — D. 1834, 2. 170.

Paris, 13 *oct.* 1834. — S. 1834, 2. 658.

ARTICLE 16.

En toutes matières, autres que celles de commerce, l'étranger qui sera demandeur, sera tenu de donner caution pour le paiement des frais et dommages-intérêts résultant du procès, à moins qu'il ne possède en France des immeubles d'une valeur suffisante pour assurer ce paiement.

SOMMAIRE.

1. *Origine de cet article. Textes corrélatifs du Code de procédure, à la note. Division.*
2. *Quels étrangers doivent cette caution.*
3. *Si l'étranger défendeur peut la demander.*
4. *Des étrangers intervenant dans une instance.*
5. *Si l'étranger demandeur qui a gagné son procès est considéré comme demandeur sur l'appel interjeté contre lui.*
6. *La caution est due même devant la justice criminelle et devant les juges de paix.*
7. *Matières commerciales; incidens civils; contrefaçons.*
8. *De l'exception par les traités.*
9. *De l'exception en faveur de l'étranger possesseur d'immeubles en France.*
10. *Il n'est pas tenu de conférer hypothèque sur ses immeubles.*
11. *Examen de la maxime que la caution doit être demandée avant toute exception.*
12. *Si elle peut être demandée pour la première fois en appel.*
13. *Pas de caution à exiger pour l'exécution d'un titre paré;*
14. *Ni de l'étranger défendeur. Quid, s'il forme une demande reconventionnelle, s'il interjette un appel ou demande la nullité ou la main-levée d'une saisie? Étrange distinction de M. Dalloz.*
15. *Quid, en cas de requête civile ou de pourvoi en cassation?*
16. *Si l'on peut demander une caution supplémentaire en cas d'insuffisance.*
17. *De quels dommages-intérêts s'agit-il dans l'art. 166 du Code de procédure?*
18. *Les frais d'un appel possible doivent-ils entrer dans l'appréciation?*
19. *Peut-on requérir un supplément de caution en appel?*
20. *Étendue de l'obligation de la caution.*
21. *De la caution exigée de l'étranger pour les matières dans lesquelles il y a recours au conseil d'État*

1. Chez les Romains, on fut long-temps dans l'obligation de fournir, suivant les circonstances (*V. Inst. lib. 4, tit. 11, et ibi Vinnium*), caution de payer le jugé, *satisdationem judicatum solvi.* Le droit français s'est écarté de ces principes : il a préféré la liberté du pauvre à la sécurité du riche, et a rejeté cette institution convenable à une nation aristocratique qui, en fermant l'accès des tribunaux à la chicane, repoussait l'action juste d'un citoyen dont le crédit n'était pas assez étendu pour trouver des garans ; mais en même temps la jurisprudence des parlemens les avait appliqués aux étrangers, qui, d'un instant à l'autre, peuvent quitter le sol français après avoir vexé les naturels par des poursuites téméraires (BACQUET, *Aubaine*, *ch.* 17; DENISART, *mot Cautio judicatum solvi; Nouv. Denisart, même mot*; M. MERLIN, *Rép. même mot*). Le Code civil a converti cette jurisprudence en loi (*).

Nous avons à voir sur cette matière quels étrangers sont tenus de cette caution, qui peut la demander, dans quels cas elle doit être fournie, quand on en est dispensé, l'étendue du cautionnement et celle des engagemens de la caution.

2. Les termes de la loi sont généraux : ainsi, à moins qu'il n'ait été admis à la jouissance des droits civils et qu'il ne réside en France, ou à moins d'un traité formel sur ce point avec sa nation, l'étranger est assujetti à cette caution, quelle que soit sa qualité. Ainsi jugé au parlement de Paris le 15 mars 1732 contre l'*ambassadeur* de la czarine; et le 23 mai 1781, contre le *prince souverain* de Hohenlohe. « En effet, disait M. l'avocat-général Séguier, sa qualité est un titre de plus pour exiger de lui la caution, puisqu'il ne serait pas possible de mettre à exécution dans ses États les condamnations prononcées contre lui (DENISART, *lieu cité, n° 7; Nouveau Denisart, lieu cité, § 1er, n°3; FAVARD, mot Exception, § 1er, n° 2; M. MERLIN, Répert. lieu cité, § 1er, et Quest. de droit, même mot, § 2; PIGEAU, liv. 2, part. 2, tit. 1er, ch. 1er, sect. 3, § 1er, art. 1er, n° II*). »

La caution peut encore être exigée du Français qui est devenu étranger, dans les termes de l'art. 17, ou de la femme française qui a épousé un étranger (M. MERLIN, *au Rép. lieu cité; PIGEAU, liv. 2, part. 2, tit. 1er, ch. 1er, sect. 3, § 1er, art. 1er, n° I; CARRÉ, Lois de la proc. n° 701, à la note*).

3. Est-il vrai que l'art. 16 du Code civil n'ait été

(*) A l'art. 16 du Code civil, il faut joindre les deux articles suivans du Code de procédure :

« Art. 166. Tous étrangers, demandeurs principaux ou « intervenans, seront tenus, si le défendeur le requiert, avant « toute exception, de fournir caution de payer les frais et « dommages-intérêts auxquels ils pourraient être condamnés. »

« Art. 167. Le jugement qui ordonnera la caution fixera « la somme jusqu'à concurrence de laquelle elle sera four-« nie : le demandeur qui consignera cette somme, ou justi-« fiera que ses immeubles situés en France sont suffisans pour « en répondre, sera dispensé de fournir caution. »

introduit qu'en faveur des Français et des étrangers qui jouissent des droits civils aux termes de l'art. 13, et que l'étranger défendeur ne puisse exiger caution de l'étranger demandeur? C'est l'opinion de M. Duranton, *t.* 1er, *n*o 166, et elle a été consacrée par un arrêt (*Orléans, 26 juin* 1828).

Mais sous l'ancienne jurisprudence, on ne doutait pas que l'étranger demandeur ne dût fournir caution au défendeur, même étranger : on était guidé par ce principe, que les jugemens rendus en France n'ont pas force exécutoire hors du territoire français; et l'on en concluait qu'il n'était pas plus juste de faire supporter à l'étranger défendeur les frais d'une défense légitime et nécessaire qu'au Français lui-même (Raviot *sur Périer, question* 202e, *n*o 4; Bacquet, *Aubaine, ch.* 17, *n*o 2; Denisart, *mot Cautio jud. sol. n*o 8 *et suiv.; Nouveau Denisart, même mot,* § 1er, *n*o 14). Or les mêmes raisons subsistent encore sous le Code civil, soit que les tribunaux français aient sur les étrangers une juridiction nécessaire, comme dans les matières réelles, soit que, par leur consentement dans les affaires personnelles, les étrangers en acceptent la compétence : dans tous les cas, il est de la dignité nationale que le jugement reçoive son exécution; et l'art. 16 a été écrit moins pour l'intérêt privé du défendeur que pour assurer l'exécution contre l'étranger qui abuserait de la protection accordée par nos lois. Aussi presque tous les auteurs modernes ont-ils suivi l'ancienne doctrine (Lepage, *Quest. de proc. p.* 157; Carré, *Analyse, quest.* 577e, *et Lois de la procéd. n*o 702; Delaporte, *Pandect. franç. n*o 80 *in fin. sur l'art.* 16; Delvincourt, *note* 10 *sur la p.* 16 *du* 1er *vol.*; M. Guichard, *Tr. des dr. civ. n*o 287; M. Merlin, *Répert. mot Cautio jud. sol.*; Favard de Langlade, *mot Exception,* § 1er; Pigeau, *lieu cité, n*o I), et c'est ici la jurisprudence du tribunal civil et de la Cour royale (*Paris,* 28 *mars* 1832; *Paris,* 30 *juillet* 1834). En effet, quand la loi ne distingue pas, toutes les dispositions de la loi relatives aux droits privés de chacun devant les tribunaux sont applicables à *tous* les individus appelés à y débattre leurs droits. En vain M. Duranton veut-il argumenter de ce que l'étranger n'a pas, comme le Français, la contrainte par corps contre l'étranger (*V. l'art.* 1er *de la loi du* 10 *septembre* 1807, *et l'art.* 14 *de la loi du* 17 *avril* 1832): d'un côté, la loi a exclu formellement l'étranger de ce bénéfice, en ne l'accordant qu'au Français, et, sous un autre rapport, elle devait moins de protection à l'étranger trompé dans un contrat, qu'à l'étranger traduit devant les tribunaux français. En vain ajoute-t-il que le droit de demander cette caution est d'institution civile, et ne doit en conséquence profiter qu'aux seuls Français; cet argument est plus spécieux que solide : en effet, il est une foule de droits d'institution civile auxquels participent les étrangers quand

ils n'en sont pas textuellement exclus; il suffit que ces droits découlent d'actes qui leur soient permis (*V. n*o 5 *sur l'art.* 11, *p.* 29) : or, dès que le droit des gens leur permet la défense, elle doit être accompagnée pour eux de tous les effets civils qu'elle produit au profit des nationaux, de même que les jugemens qu'ils obtiennent en France sont accompagnés de l'hypothèque, parce que les jugemens la confèrent aux Français.

4. L'étranger doit cette caution quand il est demandeur, soit principal, soit intervenant. L'art. 16 du Code civil était général, l'art. 166 du Code de procédure en explique toute l'étendue. Il faut seulement remarquer que la loi n'oblige pas à fournir caution tout étranger *intervenant* dans une instance, mais seulement l'étranger *demandeur intervenant.*

Il n'y a donc pas difficulté quand l'étranger intervient en son nom personnel pour réclamer la chose qui fait l'objet du litige, il doit caution aux deux parties (Pigeau, *ibid.*); ni quand il vient soutenir le défendeur, auquel il devrait garantie, car alors il ne fait que se défendre, et ne doit pas caution (*ibid.*) : mais il y a divergence entre les auteurs pour le cas où l'étranger intervient comme auxiliaire du demandeur. Selon M. Pigeau, l'intervenant est demandeur quand il vient soutenir le demandeur contre le défendeur; selon M. Berriat (*Cours de procéd. p.* 227, 4e *édit.*), il ne doit pas la caution, s'il intervient par suite d'une demande en garantie : *Non voluntariè agit, sed ex necessitate se defendit.* Cette opinion est la plus sûre.

5. C'est l'origine et la nature de la demande qui fixe sur une des parties la qualité de demandeur : peu importe qu'elle devienne ensuite défendeur en la forme. Ainsi l'étranger, demandeur en première instance et qui a gagné son procès, peut, sur l'appel interjeté par l'adverse partie, être tenu de fournir caution (Lepage, *Quest. de procéd. p.* 157; M. Merlin, *Rép. mot Cautio jud. sol.* § 1er; Carré, *Analyse, quest.* 575e, *et Lois de la proc. n*o 700). M. Pigeau (*lieu déjà cité*) est d'opinion contraire : selon lui, dans ce cas, l'étranger est purement défendeur. Nous pensons qu'il faut s'en tenir aux anciens principes; car les jugemens en premier ressort ne terminent les procès que sous la condition qu'ils ne seront pas frappés d'appel dans les délais de la loi; l'instance au second degré n'est qu'une seconde phase d'un même procès.

6. L'étranger demandeur doit cette caution *en toutes matières* autres que celles de commerce; ainsi, elle peut lui être demandée même devant les tribunaux de justice répressive, quand il s'y porte partie civile (Bacquet, *ch.* 17, *n*o 1er; *Nouveau Denisart, mot Cautio jud. sol.* § 1er, *n*o 9; Favard de Langlade, *mot Exception,* § 1er, *n*o 2;

CARRÉ, *Lois de la proc.* n° 701 *et* 705 ; M. DURANTON, *t.* 1, *n°* 161 ; *Cass. sect. crim.* 3 *févr.* 1814), et devant les justices de paix. M. Carré (*n°* 701) donne le vrai motif de cette doctrine en ce qui concerne les justices de paix : peu importe que l'art. 166 du Code de procédure se trouve au livre II qui traite de la procédure devant les tribunaux ordinaires, puisque le principe est écrit dans le Code civil, qui règle les matières civiles pour toutes les juridictions. Ce motif est également applicable aux instances suivies devant les juridictions criminelles, et doit faire disparaître le doute élevé par M. Coffinières (*Journ. des avoués, édit. Chauveau, t.* 6, *p.* 563), fondé sur ce que les matières criminelles sont régies par une législation spéciale. Ce jurisconsulte ajoute, il est vrai, que l'effet immédiat de la protection des lois françaises à l'égard des étrangers devrait être de leur donner la faculté de poursuivre la répression des délits qui peuvent compromettre leurs personnes ou leurs biens, et que la nécessité de donner caution pourrait rendre illusoire cette faculté. Mais n'ont-ils pas la voie de plainte, comme les Français qui ne se portent pas partie civile ; et par conséquent, la répression du délit en lui-même n'est-elle pas assurée ?

7. L'étranger est dispensé de fournir cette caution dans toutes les matières commerciales, même quand, par le consentement mutuel des parties, la demande serait soumise à un tribunal civil (FAVARD DE LANGLADE, *lieu cité*). Cette exception est fondée sur l'intérêt national, qui souffrirait des difficultés apportées aux recouvremens commerciaux que les étrangers auraient à opérer en France.

Aussi, en thèse générale, quand, sur la demande commerciale d'un étranger, il s'élève un incident qui force le tribunal de commerce à renvoyer devant un tribunal civil pour y statuer avant le jugement du fond, l'étranger ne peut être tenu de donner caution devant le tribunal civil pour les frais de cet incident : car « il ne dessaisit pas le tri« bunal de commerce ; il ne dénature point la de« mande principale, il ne transforme pas l'affaire « commerciale en affaire civile ; il n'est qu'un « moyen de forme à l'aide duquel on parviendra « à faire juger le fond en définitive par-devant les « juges de commerce (M. MERLIN, *Quest. de dr.* mot *Cautio jud. sol.* § 1er, n° 3 ; *Metz,* 26 *mars* 1821.) » Cet arrêt a été rendu sur une demande en vérification des écritures d'un billet que le défendeur avait déniée devant le tribunal de commerce.

Nous avons expliqué ailleurs ce qu'on devait entendre par matières commerciales (*V. le Comm. sur la Contrainte par corps, p.* 72 *et suiv.*) ; nous devons ici nous borner à une observation. Il y a des contestations entre commerçans qui ont trait à leur commerce, et qui pourtant ne sont pas commerciales, telles, par exemple, que les actions en contrefaçon, qui en elles-mêmes offrent une question de propriété ou de privilége d'industrie : ce serait une grave erreur que de dispenser, dans ce cas, les étrangers demandeurs de fournir la caution. A l'aide d'un privilége obtenu sans examen préalable, et souvent pour un objet tombé dans le domaine public, quelques étrangers auraient le désastreux pouvoir d'entraver l'industrie française, ou de mettre à contribution nos fabricans, en leur inspirant la crainte de supporter les frais nécessaires à leur défense (*V.* M. RENOUARD, *Tr. des brevets d'invention, p.* 308).

8. Nous avons dit que l'étranger pouvait être dispensé par les traités de fournir cette caution : M. Merlin (*Rép.* mot *Cautio jud. sol.* § 1) fait observer avec raison que cette dispense peut être implicite, et résulter de la clause que les jugemens exécutoires dans un pays le seraient également dans l'autre, parce qu'alors cesserait le motif de la loi. Il en faudrait dire autant, si le traité portait que les habitans d'un pays jouiraient dans l'autre des mêmes droits que les nationaux ; mais on ne pourrait induire cette exception de la simple exemption du droit d'aubaine (*V. le nouveau Denisart, lieu cité,* n° 19).

9. L'étranger en est encore dispensé quand il possède des immeubles situés en France d'une valeur suffisante pour assurer le paiement des frais et des dommages-intérêts.

Mais cette faveur n'est attachée qu'aux immeubles situés sur le territoire français, et non à ceux situés dans les colonies. Le nom de France employé seul ne s'applique qu'à la métropole. Il importe peu d'ailleurs en quelle partie de la France seraient situés ces immeubles. Quant à leur valeur, elle doit subir la déduction des charges hypothécaires, et l'on peut se contenter de simples documens sur les revenus, sans recourir à une expertise. (*V.* comme analogie *l'art.* 16 *de la loi du* 17 *avril* 1832, *et le Comm. sur cet article, Contrainte par corps, p.* 101).

La faveur attachée à la possession d'immeubles en France est si grande, que même l'étranger condamné à fournir la caution en est dispensé, s'il justifie de la suffisance de son immeuble après le jugement. C'est ce qui résulte de l'art. 167 du Code de procédure.

10. Les acquisitions immobilières témoignent d'une affection pour le sol français qui a fait modérer la rigueur de la règle ; aussi dans ce cas, comme dans celui de la contrainte par corps provisoire, l'étranger n'est tenu que de justifier de la suffisance des immeubles, et non de conférer une hypothèque (M. TOULLIER, *t.* 1er, *n°* 265, *à la note* ; M. MERLIN, *Rép.* mot *Cautio jud. sol.* § 1er ; M. DURANTON, *t.* 1er, *n°* 162, *à la note* ; M. DALLOZ, mot *Exception, sect.* 1re, *n°* 8, nonobstant DELVINCOURT, *t.* 1, *note* 9 *sur la* p. 16, *et* FAVARD DE LANGLADE, *Répert. mot Exception*, § 1er, *n*° 7). On ne peut ajouter à la rigueur de la loi ; comme on ne pourrait non plus l'adoucir par analogie, ni dispenser de la caution l'étranger possesseur d'un établissement de commerce en France, quoiqu'il ne fût pas soumis en ce cas à la contrainte par corps provisoire.

11. Enfin, l'étranger demandeur est encore dispensé de cette obligation, si le défendeur n'en requiert pas l'accomplissement AVANT TOUTE EXCEPTION (*C. Pr.* 166). La demande d'une caution de payer le jugé est une exception dilatoire, et par conséquent, le défendeur peut y renoncer par son silence, comme elle ne saurait être suppléée d'office par le juge (CARRÉ, *Analyse*, *quest.* 578e, *et Lois de la proc. n*° 703).

Ces mots *avant toute exception* de l'art. 166, reproduits dans les art. 169 et 173, qui veulent que les demandes en renvoi d'un tribunal à un autre soient proposées *avant toutes autres exceptions* et défenses, et que la demande en nullité d'exploit soit proposée avant toute défense ou exception autre que les exceptions d'incompétence, ont fait demander si le défendeur, qui ne requérait la caution du jugé qu'après avoir proposé l'incompétence ou la nullité de la demande, devait être déclaré non-recevable, ou s'il était non-recevable dans les exceptions d'incompétence ou de nullité, pour avoir proposé en premier ordre sa réquisition de caution. On ne saurait trop répéter le conseil que donne M. Carré, de présenter simultanément et par un seul acte ces exceptions à chacune desquelles la loi semble accorder par ses termes la priorité sur l'autre.

Mais une négligence, un oubli peuvent donner lieu à la question ; il faut donc l'examiner. M. Delvincourt (*note* 6 *sur la* p. 16) accorde la priorité au déclinatoire, parce que, pour fixer le montant du cautionnement, il faut que le tribunal prenne, au moins légèrement, connaissance du fond de la cause. Cette considération est nulle : car si la caution doit être requise avant que de proposer le renvoi, il faudra bien indiquer au tribunal un aperçu des procédures auxquelles le fond pourra donner lieu. M. Locré (*Esp. du C. de proc. civ. t.* 1, *p.* 350) nous apprend que le Tribunat, qui a proposé d'insérer les mots *avant toute exception* dans l'art. 166, avait exprimé la pensée que l'exception de renvoi ou de nullité pourrait être proposée auparavant sans que le défendeur se nuisît à lui-même : ceci est plus grave, sans être pourtant décisif. M. Berriat Saint-Prix (*Code de procéd. civ. part.* 2e, *liv.* 1er, *sect.* 2e, *note* 45 *sur le tit.* 3) est du même avis, parce que, « en combinant les ex-« pressions des art. 169 et 173, on voit que la pre-« mière exception à proposer est le déclinatoire, « et la seconde, la nullité... » Mais à cela ne peut-

on pas répondre que des art. 169 et 173 résulte seulement que l'incompétence doit être proposée avant la nullité, et l'exception de nullité avant toute autre, sans que le législateur ait marqué en quel ordre il plaçait l'exception de caution du jugé ? M. Duranton enfin adopte la même opinion, mais pour le déclinatoire seulement, sans en donner de motifs (*t.* 1, *n*° 163).

Rien n'est décisif dans ces diverses opinions, et il semble qu'il y ait une excellente raison pour accorder la priorité à la demande en caution : c'est que le déclinatoire et l'exception de nullité doivent eux-mêmes entraîner des frais, même quelquefois un appel. Il est donc raisonnable que la demande en caution précède toutes les exceptions dont la caution doit garantir les frais comme ceux du jugement du fond : l'ordre des dispositions du Code, et le soin qu'on a pris de changer la place de l'art. 166 du projet qui commençait le § *des Exceptions dilatoires*, et ne venait qu'après les *renvois* et les *nullités*, pour en faire un paragraphe qui précède tous les autres, fortifient ce raisonnement. Ces motifs sont puisés dans Carré (*Analyse, quest.* 579e, *et Lois de la procéd. n*° 704), où il cite Lepage (*Questions, p.* 157) et la *Bibliothèque du barreau* (1re *part. t.* 3, *p.* 283) ; et la Cour de Metz a jugé d'après ces principes « qu'une nullité d'exploit « n'avait pas été couverte par une demande à fins « de caution (*Metz*, 26 *avril* 1820). »

Cependant M. Carré, qui conseille de proposer d'abord l'exception de caution, dit formellement que les art. 166 et 169 plaçant sur la même ligne les deux exceptions, on ne peut raisonnablement supposer que le législateur ait entendu que la partie qui donnerait la priorité à l'une d'elles se rendît non-recevable à opposer l'autre. Mais sont-elles donc sur la même ligne ces diverses exceptions, si l'ordre même de la rédaction a été changé pour faire *précéder* et les renvois et les nullités *par* la réquisition de caution ? Notre auteur ajoute que toutes les fois qu'il y a contrariété entre deux dispositions législatives, on doit interpréter de manière à ce que chacune d'elles produise son effet suivant les vues du législateur. Mais si l'ordre du Code indique que le législateur a voulu que l'exception de caution fût proposée la première, qu'elle comprît tous les frais, même des incidens, il n'y aura pas contrariété de vues. Nous persistons donc à penser que dans tous les cas l'exception de caution doit être proposée avant le déclinatoire ou les nullités.

12. C'est une question controversée que de savoir si la *cautio judicatum solvi* peut être demandée pour la première fois en appel, quand on a contesté le fond en première instance : nous ne connaissons sur cette question que deux monumens de jurisprudence. Un arrêt de la Cour royale de Paris *du* 14 *mai* 1831 a ordonné qu'un étranger, appelant d'un jugement qui avait repoussé sa demande, fournirait caution sur l'appel, quoiqu'elle ne lui eût pas été demandée en première instance ; et la Cour royale de Toulouse, par arrêt *du 27 décembre* 1819, en a dispensé l'étranger intimé et demandeur originaire, parce que le Français appelant avait en première instance conclu simplement au rejet de la demande, au lieu de requérir le bail de caution avant toute exception.

Des raisons d'équité ont certainement dicté l'arrêt de 1831 ; mais il nous paraît contraire aux principes : il ne suffisait pas que l'appelant fût à la fois demandeur et étranger ; il fallait encore qu'il ne s'élevât pas de fins de non-recevoir contre l'exception *judicatum solvi*. Il est vrai que, sous l'ancienne jurisprudence, on trouve aussi arrêt pour et contre (Denisart, *mot Cautio jud. sol. n*ᵒˢ 11 *et* 12) ; mais les auteurs les plus graves pensaient que la *contestation au fond* devant les premiers juges faisait perdre le droit d'exiger la caution en appel (M. Merlin, *Rép. même mot,* § 1ᵉʳ, *alinéa:* Pour la raison contraire...). D'ailleurs, l'art. 166 du Code de procédure régit aujourd'hui la matière, et place évidemment par ces mots, *avant toute exception*, la demande en bail de caution parmi les exceptions de forme qui ne peuvent être proposées qu'*in limine litis*, comme LES MÊMES MOTS signifient dans les art. 169 et 173 que les demandes en renvoi et en nullité d'exploit seront rejetées, si elles ne sont présentées avant toute défense au fond. Or, personne ne doute qu'en Cour royale il ne soit défendu de faire revivre l'incompétence ou la nullité à laquelle le défendeur a renoncé par son silence en première instance ; il ne doit donc pas être plus douteux que celui qui, devant les premiers juges, a renoncé virtuellement à demander à l'étranger une caution ne peut plus revenir en appel sur une renonciation qui ne touche qu'à ses intérêts privés.

13. L'obligation de donner caution, imposée à l'étranger, ne peut être étendue d'un cas à un autre : la loi ne parle que de l'étranger *demandeur*, de l'étranger qui intente un procès ; elle ne peut donc atteindre celui qui ne fait que poursuivre en France l'exécution d'un titre paré (Delvincourt, *note* 4 *sur la p.* 16 *du* 1ᵉʳ *vol.* ; M. Duranton, *t.* 1, *n*ᵒ 164), même quand le mode particulier de poursuites devrait être porté devant un tribunal, comme la saisie immobilière (*Rejet,* 9 *avril* 1807). D'ailleurs, dans ce cas, le débiteur français qui aurait droit à des frais sur quelques incidens, n'a-t-il pas pour garantie le montant de l'obligation dont il est débiteur?

14. L'étranger demandeur est seul assujetti à donner caution : il n'en est jamais tenu comme défendeur ; dans ce cas, il cède à la nécessité, la défense est de droit naturel, et ne peut pas plus être déniée à l'étranger qu'au régnicole (Bacquet,

Aubaine, ch. 17, *n*ᵒ 3 ; Denisart, *Caut. jud. sol. n*ᵒ 3 ; M. Merlin, *lieu cité*).

D'où il suit que la caution ne peut être exigée de l'étranger, 1ᵒ quand il oppose une compensation ou toute reconvention dont l'effet serait de neutraliser la demande principale ; 2ᵒ ni quand il interjette appel des condamnations prononcées sur la demande du Français (*Arrêts de* Mornac, *part.* 1ʳᵉ, *chap.* 7 ; Fachin, *lib.* 8, *cap.* 57 ; Rousseau de Lacombe, *mot Aubaine, sect.* 2, *n*ᵒ 2 ; Favard de Langlade, *Rép. mot Exception*, § 1ᵉʳ, *n*ᵒ 2 ; *Nouveau Denisart, mot Cautio judic. sol.* ; Carré, *Analyse, quest.* 575ᵉ, *et Lois de la proc. n*ᵒ 700 ; Delvincourt, *note* 4 *sur la p.* 16 ; M. Merlin, *lieu déjà cité* ; *Metz,* 27 *août* 1817 ; *Limoges,* 20 *juillet* 1832 ; *Paris,* 31 *janvier* 1835), car l'appel n'est en soi qu'un mode de défense (*V. cidessus, n*ᵒ 5) ; 3ᵒ ni enfin quand l'étranger est saisi dans ses biens, et qu'il assigne en nullité ou en main-levée de la saisie ; car, dans ce cas, s'il est demandeur en la forme, il est véritablement défendeur au fond (M. Merlin, *au même lieu et Quest. de droit, mot Cautio jud. sol.* § 1ᵉʳ, *n*ᵒ 3, où il cite ces mots de Lefebvre de la Planche : *Le saisissant a* FORMÉ SA DEMANDE *par la saisie*).

Un auteur (M. Dalloz, *Recueil alph. mot Exception, sect.* 1ʳᵉ, *n*ᵒ 4, *t.* 7, *p.* 580, *à la note*) trouve inexacte l'opinion de M. Merlin. Selon lui, il faut distinguer entre la saisie-arrêt faite en vertu d'un titre sous signature privée ou de la permission du juge, et celle qui aurait lieu en vertu d'un titre exécutoire. Dans le premier cas, la créance n'étant pas authentiquement prouvée, le saisi est défendeur au fond ; dans le second, il doit être considéré comme demandeur, et tenu de donner caution : ainsi il lui faudra des cautions, avant qu'il lui soit permis de produire en justice les quittances émanées de son débiteur, avant que de prouver l'extinction de la dette par compensation, par remise, par confusion, et ses biens seront en attendant exécutés et vendus, sa personne emprisonnée, car la contrainte par corps est aussi une saisie, et cela avant qu'il lui ait été permis de dire un mot pour sa défense ! Ce système est insoutenable : celui de M. Merlin est au contraire le système du législateur qui partout a considéré le saisi comme défendeur, sans distinction de la nature du titre qui fonde la saisie. On en trouve la preuve notamment dans l'art. 567 du Code de procédure qui, en attribuant *au tribunal de la partie saisie* la connaissance de la demande en validité formée par le créancier, ou de la demande en main-levée formée par le saisi, sans distinguer entre les causes de la saisie, n'est qu'une application juste de la maxime *Actor sequitur forum rei,* loin d'en être une exception.

15. M. Carré (*au même lieu*) étend à la requête civile et au pourvoi en cassation ce que nous venons de dire de l'appel. Il s'appuie sur l'opinion des auteurs du *Nouveau Denisart*, *mot Cautio jud. sol. t. 4, p.* 328. N'est-ce pas aller trop loin? L'appel n'est à la vérité qu'une seconde phase du même procès, et cela est si vrai qu'il détruit la chose jugée, ce qui permet encore de reconnaître dans l'appelant son caractère de défendeur originaire. Au contraire, la cassation et la requête civile sont des voies extraordinaires qui laissent subsister la chose jugée : l'arrêt ou le jugement, tant qu'il n'est ni cassé ni rétracté, constitue une vérité légale, *pro veritate habetur*. La propriété ou le droit qui faisait l'objet du litige est acquis à la partie qui a gagné son procès : celle qui l'a perdu n'a plus, comme sur l'appel, à défendre ce droit ou cette propriété; elle a désormais, si l'on ose ainsi parler, à reconquérir ce qui est devenu le droit d'autrui : elle a donc perdu, par la décision souveraine, sa qualité de défendeur au fond.

16. La caution que doit donner l'étranger ne contracte pas une obligation indéfinie : l'art. 167 du Code de procédure veut que le jugement qui ordonne la caution *fixe la somme* jusqu'à concurrence de laquelle elle sera fournie. Mais si le jugement fait une évaluation trop faible des dépens auxquels le défendeur est exposé, celui-ci pourra-t-il, en justifiant qu'il a dépensé au-delà de la somme fixée par le jugement, demander à l'étranger une caution supplémentaire? M. Carré (*Analyse, question* 583e, *et Lois de la procédure, n° 708*) professe l'affirmative, et appuie son opinion d'un arrêt de rejet *du 12 nivose an XII.* Cet arrêt ne décide pas la question; mais seulement qu'un tribunal qui, par un premier jugement, avait ordonné que le demandeur étranger fournirait caution (ce qui constituait un cautionnement indéfini) ne contrevenait pas à la chose jugée, en disant que la consignation d'une somme déterminée (600 fr.) était *provisoirement* suffisante pour permettre à l'étranger de plaider.

Or que résulte-t-il de cet arrêt? D'abord que toute caution peut être remplacée par un dépôt d'argent, et l'art. 2041 ne permet pas d'en douter; ensuite, que lorsque la caution est indéfinie, ce qui avait lieu sous l'empire de l'art. 16 du Code civil et avant la mise en activité de l'art. 167 du Code de procédure, le dépôt d'argent, par sa propre nature, devait être limité; que les juges avaient donc à apprécier si sa valeur égalait les obligations dont serait tenue la caution indéfinie; et surtout qu'en le déclarant *provisoirement* suffisant, ils n'étaient pas en contradiction avec leur première sentence, puisqu'en supposant une erreur dans l'approximation, ils se réservaient de le faire compléter. Là se borne la doctrine de l'arrêt, et elle est conforme aux principes. On peut, par une déduction logique de cette doctrine, dire que toutes les fois que le jugement se bornera à *une fixation*

provisoire du montant du cautionnement, le Français demandeur aura le droit de requérir une nouvelle caution après épuisement : mais aller plus loin est une erreur.

En effet, quel est l'objet de l'art. 167? C'est de fixer les incertitudes de l'ancienne jurisprudence, qui tantôt exigeait une caution limitée, tantôt une caution indéfinie (DENISART, *mot Cautio jud. sol. n°* 13). C'est un moyen, a dit M. Faure (*Rapp. au Trib. sur le C. de proc. séance du* 14 *avril* 1806) pour que la caution soit proportionnée à la valeur de l'objet en litige. Sous un autre rapport, serait-il loyal qu'après la fixation *pure et simple* d'une somme moyennant laquelle on accorderait à l'étranger le droit de plaider, on vînt interrompre le procès, sous prétexte d'insuffisance? Non. On allègue en vain l'intérêt de l'étranger, qui aurait ainsi la faculté de consigner par parcelles. Son intérêt véritable, c'est de connaître dès l'abord les conditions du combat, et le défendeur qui a consenti à laisser engager l'affaire sous la caution d'une somme déterminée est aussi bien non-recevable à requérir un cautionnement plus étendu que le serait à demander une caution dans le cours de l'instance celui qui ne l'aurait pas requise *in limine litis.* Cependant, il y a arrêt contraire (*Metz,* 13 *mars* 1821).

17. D'après le principe que les lois de procédure ne dérogent pas aux lois qui règlent le fond du droit, il ne faut pas s'arrêter dans la fixation de la somme pour laquelle caution doit être fournie, à la différence de rédaction qui existe entre l'art. 16 du Code civil et l'art. 166 du Code de procédure. Le premier porte que la caution sera donnée « pour le paiement des frais et dommages-intérêts RÉSULTANT du procès », et par conséquent doit s'entendre seulement des dommages que le procès même peut occasioner, par exemple, si la demande est diffamatoire, mais non pas des dommages antérieurs. Le second porte « de payer *les frais et dommages-intérêts* auxquels l'étranger pourrait être condamné. » Cette rédaction est trop étendue, et doit être restreinte par les termes de la loi précédente : en effet, le législateur a voulu seulement empêcher l'étranger de causer, par le procès, un tort irréparable, et non pas l'astreindre à fournir caution de réparer celui qu'il a pu causer auparavant (PIGEAU, *liv.* 2, *part.* 2e, *tit.* 1er, *ch.* 1er, *sect.* 3, § 1er, *art.* 1er, *divis. V;* DELVINCOURT, *note* 8 *sur la page* 16; CARRÉ, *Lois de la proc. n°* 697); et, quoi qu'en dise ce dernier auteur, on ne peut induire une doctrine contraire des mots *tous frais et dommages-intérêts* qu'emploie M. Proudhon (*Cours de dr. franç. t.* 1, *p.* 80): ce savant professeur, en donnant une décision générale, n'a pas eu la question en vue.

18. Mais nous pensons que par ces mots, *les frais résultant du procès,* la loi a entendu et les frais de première instance et les frais d'appel : car l'appel est une voie ordinaire comme l'opposition ; car l'appel peut avoir lieu sur chaque incident du procès, sur un déclinatoire, sur une expertise ordonnée contre le gré d'une partie, sur l'admissibilité d'une preuve, etc... Il serait monstrueux d'arrêter à chaque instant au second degré une instance commencée, pour obtenir des sûretés nouvelles. C'est sur la possibilité de tous ces frais que la fixation doit être faite. La loi est faite contre l'étranger, elle doit être interprétée contre lui : d'ailleurs l'ancienne jurisprudence a été convertie en loi par l'art. 16 ; or la caution répondait des frais d'appel (BACQUET, *Aubaine*, *chap. 17, nº 9 ; Nouveau Denisart, mot Cautio jud. sol. nº 6, § 2*). C'est donc en ce sens qu'il faut entendre les mots *frais du procès* de l'art. 16 ; et si postérieurement l'art. 167 du Code de procédure a ordonné que la caution fût donnée pour une somme déterminée, il faut en conclure, non qu'elle sera donnée pour les frais de première instance, mais pour tous les frais compris dans l'étendue de signification de l'art. 11, c'est-à-dire ceux même d'appel.

19. Il suit de là qu'en thèse générale, il n'est pas plus permis de demander en appel une caution supplémentaire que d'en requérir une pour la première fois. Il peut se trouver cependant quelques circonstances qui modifient l'application des principes ; par exemple, s'il résultait des termes du jugement que la caution ne répondra que des frais de première instance, ou si l'étranger avait justifié de la possession d'immeubles qu'il aurait vendus depuis le commencement du procès, etc.

20. Si la caution est tenue seulement jusqu'à concurrence de la somme pour laquelle elle s'est obligée, elle est tenue dans les limites de cette somme de tous les frais des incidens de procédure en première instance et en appel. C'est la conséquence des principes que nous venons d'exposer ; mais elle ne peut répondre ni des frais de requête civile ni de ceux de cassation, parce que ce sont des voies extraordinaires auxquelles la caution n'a pas dû s'attendre (*Nouveau Denisart, ibid.*). La caution étant donnée au défendeur, n'est pas engagée envers le fisc pour les amendes que l'étranger demandeur encourrait dans le cours du procès (BACQUET, *au même lieu* ; ROUSSEAUD DE LACOMBE, *mot Aubain, sect. 2, nº 2* ; DELVINCOURT, *lieu cité* ; M. PROUDHON, *t. 1, p. 80*). V. sur l'étendue de l'obligation des cautions le titre *du Cautionnement*.

21. Il ne faut pas confondre avec la caution *judicatum solvi* une autre espèce de caution que les étrangers sont obligés de fournir quand ils ont obtenu des adjudications à leur profit dans les matières administratives contentieuses pour lesquelles il y a recours au conseil d'Etat. Dans ce cas, un décret du 7 février 1809, *B. 225, nº 4122*, ordonne que les jugemens rendus à leur profit ne

pourront être exécutés pendant le délai accordé pour ce recours (*V. les art. 11 et suiv. du décret du 22 juillet 1806, B. 107, nº 1793*) qu'autant que l'étranger aura préalablement fourni en France une caution bonne et solvable. C'est une caution semblable à celle de l'art. 135 du Code de procédure, qui a pour objet, comme le fait observer Carré (*Analyse, quest. 574ᵉ, et Lois de la procéd. nº 699*), d'empêcher que le recours au conseil d'Etat ne devienne illusoire par l'exécution et la retraite de l'étranger. C'est d'ailleurs une disposition exceptionnelle qui ne peut s'étendre à un autre cas, pas même au pourvoi en cassation (*Cass. 4 prair. an VII*).

En terminant cet article, nous devons remercier notre confrère M. RICHOMME des travaux qu'il nous a communiqués, et de son obligeante modestie qui nous a permis d'abandonner ses opinions dans les points où elles différaient des nôtres.

RENVOIS AUX ARRÊTISTES.

CASS. *4 prair. an VII.* — S. 1807, 2. 943.

REJET, *12 nivôse an XII.* — S. an XII, 2. 49. — P. t. 2ᵉ de l'an XII, p. 167. — N. D. t. 7, p. 583.

REJET, *9 avril* 1807. — S. 1807, 1. 508. — D. 1807, 1. 508. — P. t. 2ᵉ de 1807, p. 371. — N. D. t. 7, p. 583.

CASS. *sect. crim. 3 févr.* 1814. — S. 1814, 1. 116. — P. t. 3ᵉ de 1814, p. 248. — N. D. t. 7, p. 583.

METZ, 27 *août* 1817. — S. 1832, 2. 595 à la note. — P. t. 3ᵉ de 1819, p. 206. — N. D. t. 7, p. 584.

TOULOUSE, 27 *déc.* 1819. — S. 1820, 2. 312. — N. D. t. 7, p. 584.

METZ, 26 *avril* 1820. — S. 1821, 2. 347. — N. D. t. 11, p. 207.

METZ, 13 *mars* 1821. — J. des avoués, édit. Chauveau, t. 6, p. 577. — N. D. t. 7, p. 584.

METZ, 26 *mars* 1821. — S. 1823, 2. 126. — D. 1823, 2. 74.

PARIS, 14 *mai* 1831. — S. 1831, 2. 177. — P. t. 2ᵉ de 1831, p. 243.

LIMOGES, 20 *juill.* 1832. — S. 1832, 2. 594. — D. 1832, 2. 185.

PARIS, 31 *janvier* 1835. — S. 1835, 2. 82.

⚬⚬⚬⚬⚬⚬⚬⚬⚬⚬⚬⚬⚬⚬⚬

APPENDICE

au Chapitre *de la Jouissance des Droits civils.*

⚬⚬⚬⚬⚬⚬⚬⚬⚬⚬⚬

EXTRAITS ET ANALYSE

des principaux traités conclus entre la France et les puissances étrangères, en ce qui concerne les droits civils des étrangers en France et des Français en pays étrangers.

OBSERVATIONS PRÉLIMINAIRES.

On a vu dans l'art. 11 du Code civil, que les étrangers jouissent en France des mêmes droits civils que ceux accordés aux Français par les traités faits avec leur nation. La connaissance des traités est donc le complément nécessaire des articles du Code civil qui concernent les étrangers.

Nous n'avons cependant pas l'intention de donner ici un corps de droit diplomatique, entreprise vaste et au-dessus de nos forces. Nous voulons seulement essayer de suppléer, pour les cas les plus fréquens, à l'insuffisance des bibliothèques particulières, quand il s'élèvera des questions sur les droits civils qu'ont à exercer les étrangers en France, et, par occasion, les Français en pays étrangers; car nous ne nous occuperons pas des droits accordés à nos compatriotes par les lois civiles ou par l'usage de chaque pays. C'est dans l'étude des lois étrangères qu'il faut les chercher : elles ne sont pas de notre sujet, et ne peuvent produire de réciprocité en France (*V. le n°* 2 *sur l'art.* 11, *p.* 28).

De tous les droits civils, celui de recevoir et de transmettre sa succession a donné lieu au plus grand nombre de conventions diplomatiques. La connaissance de ces conventions est presque sans intérêt aujourd'hui pour l'étranger en France, à cause de la loi du 14 juillet 1819. Cependant elle n'est pas tout-à-fait inutile : car la loi n'a pas effacé les traités; car, si quelque circonstance amenait une loi générale contraire, les traités non abolis produiraient leur entier effet; car, tant que cette loi subsistera, l'étude des traités servira à connaître l'étendue des droits stipulés au profit des Français dans les pays étrangers.

Avant que d'entrer dans le détail des traités relatifs au droit de succéder, nous devons rappeler une disposition diplomatique qui régit un grand nombre de cas particuliers, c'est l'art. 28 du traité de Paris du 30 mai 1814. « L'abo-« lition des droits d'aubaine, de détraction et autres de la « même nature, dans les pays QUI L'ONT RÉCIPROQUEMENT STI-« PULÉE avec la France, OU QUI LUI AVAIENT PRÉCÉDEMMENT « ÉTÉ RÉUNIS, est expressément maintenue. »

Par ces mots *ou autres de la même nature*, on comprend et les droits semblables qui étaient établis sous d'autres noms, et ceux qui participaient du droit d'aubaine, comme le droit de déshérence, lequel appelait le fisc à la succession d'un indigène au préjudice des parens étrangers, même quand, par la remise du droit d'aubaine, cet étranger eût pu succéder à un autre étranger.

Il résulte de cet article 28, qu'on ne peut opposer aux Français les droits d'aubaine, de détraction, de déshérence, ni aucun autre de même nature dans les pays qui avaient été déclarés faire partie intégrante de l'empire français (*V.* LES LOIS ET ACTES RELATIFS AUX LOCALITÉS *réunies à la France*, *p.* 18 *et* 19, à la note), et dont les souverains étaient parties contractantes aux traités de Paris, ou leurs alliés. Nous savons que M. Gaschon, dans son estimable ouvrage, suppose partout que dans les pays réunis avant 1814, l'art. 28 n'a pas eu la force de donner aux Français le droit de succéder aux nationaux, à moins qu'il n'y ait eu des traités sur ce point. Nous ne pouvons partager cette opinion, parce que le but évident de l'art. 28 était d'empêcher que la séparation politique n'influât sur les fortunes des particuliers, et que d'ailleurs le droit domanial de déshérence, quand les successibles sont étrangers, est de la même nature que le droit d'aubaine.

Quant aux pays qui n'ont pas fait partie de l'empire français, les droits de nos compatriotes y sont réglés sous ce rapport par les traités antérieurs à celui de 1814, et par ceux qui l'ont suivi; et l'on ne doit pas en ce cas aller au-delà.

GRANDE-BRETAGNE.

Les Français ont été exemptés du droit d'aubaine pour tous les biens *meubles* dans le royaume de la Grande-Bretagne, par une suite de traités, et principalement par le traité de commerce d'Utrecht du 11 avril 1713, dont l'art. 13 porte : « Il sera entièrement libre et permis aux marchands « et autres sujets du roi très-chrétien et de la reine de la « Grande-Bretagne de léguer ou donner, soit par testament, « par donation, ou par quelque autre disposition que ce « soit, faite tant en santé qu'en maladie, en quelque temps « que ce soit, même à l'article de la mort, toutes les mar-« chandises, effets, argent, dettes actives et autres biens mo-« biliaires qui se trouveront ou devront leur appartenir au « jour de leur décès, dans les territoires et *tous lieux* de la « domination du Roi T. C. et de la reine de la G. B. : en « outre, soit qu'ils meurent après avoir testé ou *ab intestat*, « leurs légitimes héritiers, exécuteurs ou administrateurs « demeurant dans l'un ou dans l'autre des deux royaumes, « ou venant d'ailleurs, quoiqu'ils ne soient pas reçus dans « le nombre des citoyens, pourront recouvrer et jouir paisi-« blement de tous les biens et effets quelconques, selon les « lois respectives de la France et de la G. B. ; de manière « cependant que les sujets de l'un et de l'autre royaume « *soient tenus* de faire reconnaître, selon les lois, les testa-« mens ou le droit de recueillir les successions *ab intestat*, « *dans les lieux où chacun sera décédé*, soit en France, soit « dans la Grande-Bretagne... (DUMONT, *Corps diplom. t.* 8, « *part.* 1re, *p.* 345). »

L'art. 44 du traité de commerce, signé à Versailles le 26 septembre 1786, porte qu'en ce qui concerne la charge et décharge des vaisseaux, la sûreté des marchandises, effets et biens, les successions des biens mobiliers comme aussi la protection des individus, leur liberté personnelle, et l'administration de la justice, les sujets des deux parties contractantes auront, dans les Etats respectifs, les mêmes privilé-ges, libertés et droits que la nation la plus favorisée (DE MARTENS, *t.* 2, *p.* 680; M. ISAMBERT, *anc. l.fr. t.* 38, *p.* 248), ce qui maintient l'abolition du droit d'aubaine dans les termes des premiers traités, et l'art. 28 du traité du 30 mai 1814 a confirmé cette abolition (*V.* M. GASCHON, *liv.* 1er, *ch.* 1er; M. GUICHARD, *p.* 94, n°s 90 *et suiv.*).

V. en outre *la convention de navigation* entre la France et la Grande-Bretagne signée à Londres le 26 janvier 1826 (*B.* 76, *n°* 2645; *Moniteur*, 1826, *n°* 40; SAALFELD, *contin. de* DE MARTENS, *t.* 10, *p.* 884).

HOLLANDE ET BELGIQUE.

L'ancien droit conventionnel avait aboli le droit d'aubaine et établi le droit réciproque de succéder entre les Français et les habitans des pays de *Brabant, Limbourg, Luxembourg, Flandre, Hainault, Ostrevant, Namur, Hollande, Zélande, Tournay, Tournesis, Salins et Malines* (*Traité de Cambrai du* 5 *août* 1529, DUMONT, *t.* 4, *part.* 2, *p.* 7). Après l'établissement de la république des Provinces-Unies, un traité fait entre Louis XIV et les Etats-Généraux, à Paris, le 27 avril 1662 (DUMONT, *t.* 6, *part.* 2, *p.* 412), exempta les Hollandais du droit d'aubaine, et ajouta : « Et seront généra-« lement traités ceux des Provinces-Unies en tout et partout « *aussi* favorablement *que* les sujets propres et naturels de « S. M... et sera *tout* le contenu au présent article observé « au regard des sujets du roi dans les pays de l'obéissance des-« dits seigneurs Etats. » — Aussi la jurisprudence avait-elle consacré le droit réciproque de succession entre Français et Hollandais (*V.* DENISART, *mot Hollandais;* M. MERLIN, *Répert. même mot;* M. GASCHON, *liv.* 2e, *ch.* 2 et 3, où la suite des traités est analysée). — Aujourd'hui, l'art. 28 du traité de 1814 ne permet plus de douter du droit réciproque de succession.

SUÈDE.

Ordonnance du roi de Suède, Adolphe-Frédéric, du 7 décembre 1752, qui, en se fondant sur ce qu'il est dicté par la loi suédoise au 15ᵉ chapitre, § 2, qu'un étranger doit jouir de ce qui lui revient par droit de succession, lorsqu'il est d'un pays où les sujets suédois jouissent du même droit ; et sur ce que le roi de Suède est convenu avec S. M. le roi de France de l'établissement d'une parfaite réciprocité en pareil cas, fait cesser le droit d'*aubaine* et de *détraction* à l'égard des Français pour les *biens mobiliers* seulement.

Déclaration du roi Louis XV du 24 décembre 1754, qui exempte des mêmes droits les *meubles et effets mobiliers* de tous les sujets du roi de Suède décédés en France (M. Gaschon, *Code dipl. des aubains*, *liv.* 20, *ch.* 2 ; M. Guichard, nᵒ 195, *p.* 183).

L'art. 28 du traité du 30 mai 1814 confirme ce droit ; et les sujets suédois n'étant plus soumis, depuis la loi du 14 juillet 1819 aux droits d'aubaine et de détraction *pour leurs immeubles* situés en France, il y aurait à examiner si la réciprocité dont parle l'ordonnance du roi de Suède s'applique à la réciprocité législative.

DANEMARCK.

Traité de commerce signé à Copenhague le 23 août 1742, dont l'art. 40 exempte réciproquement, dans chacun des pays, les sujets de l'une et de l'autre nation du « droit d'au- « baine ou autre semblable, quelque nom qu'il puisse avoir, « et leurs héritiers leur succèderont, sans aucun empêche- « ment, en *tous* leurs biens *meubles* et *immeubles*, soit par « testament ou *ab intestat*, suivant l'ordre des successions « établi *dans les lieux où* les héritages se trouveront situés, « *ou dans le lieu* du domicile du défunt, et suivant la dis- « position des lois ; et au cas qu'il y eût dispute pour l'hé- « rédité entre deux ou plusieurs héritiers, alors *les juges* « *des lieux* décideront le procès par sentence définitive... « (Wenck, *Cod. jur. gent. recent. t.* 1, *p.* 591). » L'exécution de ce traité, qui n'était conclu que pour quinze ans, a été pro- rogée par une convention signée à Versailles le 30 septembre 1749 (de Martens, 1ᵉʳ *supplém. t.* 1, *p.* 325), et le traité de Copenhague du 10 juillet 1813 (*Bull.* 525, nᵒ 9667) main- tient et confirme les dispositions des traités antérieurs (*V.* M. Gaschon, *liv.* 20, *chap.* 1ᵉʳ ; M. Guichard, nᵒ 116, *p.* 122). — On observe le même droit dans le duché de Hol- stein, qui appartient au Danemarck, et fait partie de la Confédération germanique (*V. le tableau* à la fin de l'ou- vrage de M. Gaschon, *mot Holstein*).

NORWÈGE.

Le traité de Copenhague du 23 août 1742 doit aussi régir les droits des Français en Norwège, puisqu'il parle d'une manière générale des sujets du roi de Danemarck, et que le royaume de Norwège n'a été uni au royaume de Suède que par les traités de 1814.

RUSSIE.

Un traité de commerce et de navigation a été conclu entre la France et la Russie, à Saint-Pétersbourg, 11 janvier 1787, *n. st.* et 31 décembre 1786, *v. st.* On en trouvera le texte entier dans le *Rec. de* de Martens, *t.* 3, *p.* 1ʳᵉ, et *Rec. des anc. lois fr.* de M. Isambert, *t.* 28, *p.* 290.

Ce traité n'avait été conclu que pour douze ans, et l'exé- cution en fut suspendue par un édit de l'impératrice de Rus- sie, du 8 février 1793 (de Martens, *t.* 7, *p.* 116). Un traité de paix du 16 vendém. an X (8 octobre 1801) « rétablit les « relations commerciales sur le pied où elles étaient avant « la guerre, en tant que faire se pourrait, et sauf les modi- « fications que le temps et les circonstances pourraient avoir « amenées, et qui avaient donné lieu à de nouveaux règle- « mens (*Bull.* 140, nᵒ 1065 ; de Martens, 1ᵉʳ *suppl. t.* 2, « *p.* 551). » Peu de temps après, nouvelle guerre jusqu'au traité de Tilsitt, du 7 juillet 1807 (*Bull.* 151, nᵒ 2556 ; de Martens, 1ᵉʳ *suppl. t.* 4 *p.* 436), dont l'art. 27 rétablit les relations de commerce entre l'empire français et l'empire de Russie sur le même pied qu'avant la guerre. Enfin, dans le traité de 1814, le seul article qui s'occupe des relations commerciales des deux hautes puissances est l'art. 28, relatif aux droits d'aubaine, de détraction et autres.

Comme l'effet du traité a été suspendu de 1793 à 1801, pendant l'état de guerre ; qu'à partir de 1801, il restait en- core six années à parcourir ; que le traité de 1807 étant in- tervenu à une époque à laquelle le traité de 1787 n'était pas encore expiré, il n'a pu avoir pour effet de rendre perpétuel ce qui n'était alors que temporaire, il semble qu'aujourd'hui le traité de 1787 est plutôt exécuté, sur divers points, comme convention tacite ou usage établi entre les deux puis- sances, que comme convention actuellement obligatoire. »

Cependant il faut remarquer que si le traité de 1787 est temporaire, quant aux stipulations particulières qu'il ren- ferme, il est perpétuel dans ses articles fondamentaux : l'art. 1ᵉʳ établit *paix perpétuelle*, bonne intelligence et sin- cère amitié entre les deux puissances, qui s'obligent à s'en- tr'aider par toutes sortes de secours et bons offices en ce qui concerne le commerce et la navigation.

Donc, la stipulation de *douze années* ne porte que sur le mode d'exercice ; donc, les art. d'exécution sont seuls tempo- raires, et comme il est nécessaire que l'art. 1ᵉʳ reçoive son exécution, tant que le mode prescrit par les autres articles n'a pas été remplacé, il est conséquent de se conformer dans l'usage aux principales dispositions de ce traité, en tant que les lois de chaque pays ne les auraient pas modi- fiées. Nous en réunissons ici les articles les plus utiles.

« Art. 2. Les sujets français jouiront en Russie, ainsi que « les sujets russes en France, d'une liberté de commerce « conformément aux lois et règlemens qui subsistent dans « les deux monarchies, sans qu'on puisse les troubler ni in- « quiéter en aucune manière. »

« Art. 6. Les consuls généraux, consuls ou vice-consuls « des deux puissances contractantes auront respectivement « l'autorité exclusive sur les équipages des navires de leur na- « tion dans les ports de leur résidence, tant pour la police « générale des gens de mer que pour la discussion et le ju- « gement des contestations qui pourront s'élever entre les « équipages.

« Art. 7. Lorsque les sujets commerçans de l'une ou de « l'autre des puissances contractantes auront entre eux des « procès ou autres affaires à régler, ils pourront, d'un con- « sentement mutuel, s'adresser à leurs propres consuls, et les « décisions de ceux-ci seront non seulement valables et lé- « gales, mais ils auront le droit de demander, en cas de « besoin, main-forte au gouvernement pour faire exécuter « leur sentence. Si l'une des deux parties ne consentait pas « à recourir à l'autorité de son propre consul, elle pourra « s'adresser aux tribunaux ordinaires du lieu de sa résidence, « et toutes les deux seront tenues de s'y soumettre. En cas « d'avarie sur un bâtiment français, si les Français seuls en « ont souffert, les consuls généraux, consuls ou vice-consuls « de France en prendront connaissance, et seront chargés « de régler ce qui y aura rapport ; de même si, dans ce cas, « les Russes sont seuls à souffrir des avaries survenues dans

« un bâtiment russe, les consuls généraux, consuls ou vice-
« consuls russes en prendront connaissance, et seront char-
« gés de régler ce qui y aura rapport.

« Art. 8. Toutes les affaires des marchands français trafi-
« quant en Russie seront soumises aux tribunaux établis
« pour les affaires des négocians, où elles seront jugées
« promptement d'après les lois qui y sont en vigueur, ainsi
« que cela se pratique avec les autres nations qui ont des
« traités de commerce avec la cour de Russie. Les sujets
« russes dans les États de S. M. très-chrétienne seront éga-
« lement sous la protection des lois du royaume, et traités
« à cet égard comme les autres nations qui ont des traités
« de commerce avec la France.

« Art. 16. Les nations qui sont liées avec la France par
« des traités de commerce étant affranchies du droit d'au-
« baine dans les Etats de S. M. très-chrétienne, elle con-
« sent que les sujets russes ne soient pas réputés aubains en
« France, et conséquemment ils seront exempts du droit
« d'aubaine ou autre droit semblable, sous quelle dénomi-
« nation qu'il puisse être : ils pourront librement disposer
« par testament, donation ou autrement, de leurs biens
« meubles et immeubles, en faveur de telles personnes que
« bon leur semblera, et lesdits biens délaissés par la mort
« d'un sujet russe seront dévolus sans le moindre obstacle à
« ses héritiers légitimes par testament, ou *ab intestat*, soit
« qu'ils résident en France ou ailleurs, sans qu'ils aient be-
« soin d'obtenir des lettres de naturalité, et sans que l'effet
« de cette concession puisse leur être contesté ou empêché,
« sous quelque prétexte que ce soit. Ils seront également
« exempts du droit de détraction ou autre de ce genre aussi
« long-temps qu'il n'en sera point établi de pareils dans les
« États de S. M. l'impératrice de toutes les Russies. Les sus-
« dits héritiers présens, ainsi que les exécuteurs testamen-
« taires, pourront se mettre en possession de l'héritage dès
« qu'ils auront également satisfait aux formalités prescrites
« par les lois de S. M. très-chrétienne, et ils disposeront
« selon leur bon plaisir de l'héritage qui leur sera échu,
« après avoir acquitté les autres droits établis par les lois et
« non désignés dans le présent article.

« Mais si les héritiers étaient absens ou mineurs, et par
« conséquent hors d'état de faire valoir leurs droits, dans
« ce cas, l'inventaire de toute la succession devra être fait
« sous l'autorité des juges avec un notaire public, ac-
« compagné du consul ou vice-consul de Russie, s'il y en a
« un dans l'endroit, et sous l'inspection du procureur du roi
« ou du procureur fiscal; et s'il n'y avait pas de consul ou
« vice-consul dans l'endroit, on appellera comme témoins
« deux personnes dignes de foi. Après se préalable, la suc-
« cession sera déposée entre les mains du consul ou vice-
« consul, ou à son défaut, entre les mains de deux personnes
« désignées par le procureur du roi ou le procureur fiscal,
« afin que lesdits biens soient gardés pour les légitimes hé-
« ritiers ou véritables propriétaires. En cas qu'il y ait des
« mineurs, et qu'il ne se présentât en France aucun parent
« qui pût remplir par provision la tutelle ou curatelle,
« elle sera confiée au consul ou vice-consul de Russie, ou à
« son défaut, à une personne désignée par le procureur du
« roi ou le procureur fiscal, jusqu'à ce que les parens du
« défunt aient nommé un tuteur ou curateur ; dans le cas où
« il s'élèverait des contestations sur l'héritage d'un Russe
« mort en France, les tribunaux du lieu où les biens du dé-
« funt se trouveront, devront juger le procès suivant les lois
« de la France.

« Quoique les Russes doivent jouir en France de tous les
« droits attachés à la propriété, de même que les Français,
« et l'acquérir par les mêmes voies légitimes, sans avoir be-
« soin de lettres de naturalité pendant le temps de leur sé-

« jour dans le royaume, ils ne pourront néanmoins, confor-
« mément aux lois établies pour les étrangers, posséder
« aucun office, dignités, bénéfices, ni remplir aucune fonc-
« tion publique, à moins d'avoir obtenu les lettres patentes
« à ce nécessaires, dûment enregistrées dans les Cours sou-
« veraines du royaume.

« Bien que le droit d'aubaine n'existe pas en Russie,
« S. M. l'impératrice de toutes les Russies, afin de prévenir
« tout doute quelconque à cet égard, s'engage à faire jouir,
« dans toute l'étendue de son empire, les sujets du roi très-
« chrétien d'une entière et parfaite réciprocité, relativement
« aux stipulations renfermées dans le présent article. »
— Nota. L'abolition du droit d'aubaine est maintenue à
perpétuité par l'art. 28 du traité de Paris, et une déclaration de la Russie, du 31 octobre—18 novembre 1824, a renoncé au droit de détraction pour répondre à la loi du 14
juillet 1819 (Saalfeld, *contin. de* De Martens, t. 10,
p. 613).

« Art. 22. Aucun bâtiment marchand des sujets respec-
« tifs, ni personne de son équipage, ne pourra être arrêté,
« ni les marchandises saisies dans les ports de l'autre puis-
« sance, excepté le cas de saisie ou d'arrêt de justice, soit
« pour dettes personnelles contractées dans le pays même
« par les propriétaires du navire ou de sa cargaison, soit
« pour avoir reçu à bord des marchandises déclarées contre-
« bande par le tarif des douanes, soit pour y avoir recélé des
« effets qui y auraient été cachés par des banqueroutiers ou
« autres débiteurs, au préjudice de leurs créanciers légi-
« times, soit pour avoir voulu favoriser la fuite ou l'évasion
« de quelques déserteurs des troupes de terre ou de mer, de
« contrebandier, ou de quelque autre individu que ce soit
« qui ne serait pas muni d'un passe-port légal, de tels fugi-
« tifs devant être remis au gouvernement, aussi bien que les
« criminels qui auraient pu se réfugier sur un tel navire ;
« mais le gouvernement, dans les États respectifs, appor-
« tera une attention particulière à ce que lesdits navires ne
« soient pas retenus plus long-temps qu'il ne sera absolument
« nécessaire. Dans tous les cas susmentionnés, ainsi qu'à
« l'égard des délits personnels, chacun sera soumis aux peines
« établies par les lois du pays où le navire et l'équipage au-
« ront abordé, et l'on y procédera selon les formes judi-
« ciaires de l'endroit où le délit aura été commis.

« Art. 36. Les procès et autres affaires civiles concernant
« les sujets commerçans respectifs seront réglés et jugés par
« les tribunaux du pays auxquels ressortissent les affaires du
« commerce des nations avec lesquelles les hautes parties
« contractantes ont des traités de commerce. Ces tribunaux
« leur rendront la plus prompte et plus exacte justice, con-
« formément aux lois et formes judiciaires prescrites aux
« susdits tribunaux. Les sujets respectifs pourront confier le
« soin de leurs causes à tels avocats, procureurs ou notaires
« que bon leur semblera, pourvu qu'ils soient avoués par le
« gouvernement.

« Art. 38. Les hautes parties contractantes s'engagent ré-
« ciproquement à accorder toute l'assistance possible aux su-
« jets respectifs contre ceux qui n'auront pas rempli les en-
« gagemens d'un contrat fait et enregistré selon les lois et
« formes prescrites; et le gouvernement de part et d'autre
« emploiera, en cas de besoin, l'autorité nécessaire pour
« obliger les parties à comparaître en justice dans les endroits
« où lesdits contrats auront été conclus et enregistrés, et
« et pour procurer l'exacte et entière exécution de tout ce
« qu'on y aura stipulé.

« Art. 41. Les sujets respectifs auront pleine liberté de te-
« nir dans les endroits où ils seront domiciliés, leurs livres
« de commerce en telle langue qu'ils voudront, sans que l'on
« puisse rien leur prescrire à cet égard, et l'on ne pourra

« jamais exiger d'eux de produire leurs livres de compte ou
« de commerce, excepté pour leur justification en cas de
« banqueroute ou de procès ; mais, dans ce dernier cas, ils
« ne seront obligés de présenter que les articles nécessaires
« à l'éclaircissement de l'affaire dont il sera question.

« Art. 44. Lorsque les sujets de l'une des puissances con-
« tractantes voudront se retirer des États de l'autre puis-
« sance contractante, ils pourront le faire librement quand
« bon leur semblera, sans éprouver le moindre obstacle de
« la part du gouvernement, qui leur accordera, avec les
« précautions prescrites, les passeports en usage pour quit-
« ter le pays et emporter librement les biens qu'ils auront
« apportés ou acquis, après s'être assurés qu'ils auront satis-
« fait à toutes leurs dettes, ainsi qu'aux droits fixés par les
« lois, statuts et ordonnances du pays qu'ils voudront quit-
« ter. »

ALLEMAGNE, ou CONFÉDÉRATION GERMANIQUE.

HOLSTEIN. — *V.* DANEMARCK.

GRAND-DUCHÉ DE MECKLENBOURG. — Le droit d'aubaine
avait été aboli, mais avec détraction de dix pour cent, par
deux conventions faites entre la France et les ducs de *Mec-
klenbourg-Schwerin* et de *Mecklenbourg-Strelitz*, à Hambourg, le 29 avril 1778. Le droit de détraction a été supprimé par deux ordonnances, l'une du duc Frédéric-Fran-
çois, donnée à Schwerin le 13 mars 1812 ; l'autre du duc
Charles, à Neustrelitz, le 10 décembre 1812, auxquelles il
a été répondu par deux décrets impériaux en forme de réversales les 28 mai 1812 et 18 mars 1813 (*V.* Bull. 437
n°s 8002, et 486, n° 9014 ; M. GASCHON, *liv.* 15, *ch.* 1er et 2 ;
M. GUICHARD, n°s 136 et 137). L'art. 28 du traité de Paris a
trouvé et laissé les choses en cet état.

HAMBOURG, LUBECK ET BRÊME. — Ces trois villes anséatiques ayant fait partie de la France, les Français y sont affranchis de tous droits d'aubaine, de détraction et autres de
même nature. On peut consulter sur le droit ancien M. GAS-
CHON, *liv.* 18, *ch.* 2.

HANOVRE. — Le traité de Paris ne produit de droit en faveur des Français que dans les parties du royaume de Hanovre qui avaient été incorporées à la France, s'il n'existe pas
de conventions antérieures entre la France et le gouvernement hanovrien, ainsi que l'attestent MM. Gaschon, *liv.* 1er,
ch. 3, et Guichard, n° 135. Cependant il paraît au moins que
l'usage s'était introduit de laisser les Français recueillir des
successions dans tout le territoire, puisqu'une ordonnance du
gouvernement hanovrien, du 12 juin 1829, abolit le droit
de détraction par rapport aux héritages exportés dans le
royaume de France (SAALFELD, *contin. de* DE MARTENS,
t. 12, *p.* 109), et que l'exercice de la détraction suppose
l'abolition de l'aubaine. D'ailleurs, elle avait eu lieu dans les
États du duc de Brunswick et de Lunebourg, sous réserve
d'une détraction du dixième, par convention faite à Hambourg le 16 octobre 1778 (M. GASCHON, *liv.* 14).

PRUSSE. — Il est fort peu important aujourd'hui de connaître l'ancien droit conventionnel entre la France et la
Prusse. On peut consulter sur ce point tout le livre 8 de
l'ouvrage de M. Gaschon. Une ordonnance du roi de Prusse,
en date de Berlin du 6 août 1814, a aboli dans ses États le
droit d'aubaine et de détraction au profit des Français ; elle
a été suivie d'un décret impérial du 2 décembre 1811 qui a
aboli les mêmes droits en France pour faire jouir les sujets
prussiens d'une parfaite réciprocité. Cette ordonnance est
encore en vigueur par l'effet de la première partie de l'art. 28
du traité de Paris, et paraît devoir s'étendre à tout ce qui

composait la Prusse à cette époque. Quant au territoire dont
s'est agrandie la Prusse par le traité de 1814, et qui a fait
passer sous sa domination des pays réunis à la France, tels
que Cologne, Trèves, Aix-la-Chapelle, etc., là existe nécessairement, en vertu de la seconde partie de l'art. 28, l'abolition au profit des Français des droits d'aubaine, de détraction et autres de même nature.

Quant à la ville de *Dantzick* que les derniers traités ont
placée sous la souveraineté du roi de Prusse, il y avait abolition
du droit d'aubaine *quant aux meubles* seulement. M. Gaschon nous paraît avoir commis une erreur en disant que
cette abolition a cessé par la promulgation du Code civil,
parce qu'elle n'était prononcée que par lettres patentes du
6 juillet 1726. Ces lettres patentes n'étaient elles-mêmes que
l'exécution d'un arrêt du conseil sur la requête présentée
par la ville de Dantzick, comme l'une des villes anséatiques
comprises à l'art. 27 du traité d'Utrecht en 1713, et rien ne
prouve mieux une convention que son exécution (*V.* au surplus *le texte de cet arrêt et des lettres patentes dans le Code
dipl. de* M. GASCHON, *liv.* 18, *ch.* 5).

Il existe une convention entre les deux nations concernant
la réception réciproque des sujets de la classe ouvrière qui
se sont rendus sur le territoire de l'un ou de l'autre État
pour y exercer leur métier. Elle a été publiée à Berlin le
21 juillet 1827 (DE MARTENS, 2e supp. t. 11, *p.* 292) : nous
ne l'avons trouvée dans aucun recueil français.

ÉTATS DE LA MAISON DE HESSE. — L'abolition du droit
d'aubaine avait été convenue pour le landgraviat de *Hesse-
Cassel*, sous réserve d'un droit de détraction (*Convention de
Versailles, du 31 mars 1767*), pour les possessions du
prince héréditaire de *Hesse-Darmstadt*, et situées hors de
l'Alsace, tant à la rive droite du Rhin que dans le *Vester-
reich*, vers les frontières de l'Alsace et de la Lorraine,
sous la même réserve de détraction (*Conv. de Strasbourg,
du 7 sept. 1767.* — *V.* M. GASCHON, *liv.* 13, *ch.* 1er et 2). Une
partie des possessions de cette maison, notamment la ville
de Mayence, ont fait partie de la France.

Le droit d'aubaine n'a été aboli à l'égard du landgraviat
de Hesse-Hombourg que par lettres-patentes du 6 juillet 1779.
V. l'observation à la fin de l'article SAXE.

Quant à la partie de la principauté de Fulde qui appartient aujourd'hui à l'électeur de Hesse-Cassel, les droits
d'aubaine et de détraction y sont abolis. *V.* FRANCFORT.

NASSAU *et quelques autres États souverains.* — Le droit
d'aubaine avait été aboli sans réserve du droit de détraction avec les États de *Nassau-Weilbourg* (*Convention
de Nancy,* 24 janv. 1776 ; M. GASCHON, *liv.* 16 ; *ch.* 1er) ;
avec les États de *Nassau-Usingen* avec réserve de détraction si le prince en percevait une (*Conv. de Versailles,*
7 mai 1777 ; M. GASCHON, *liv.* 16, *ch.* 2) ; avec les direc-
toires de la noblesse immédiate de l'Empire des cercles éques-
tres de *Souabe*, de *Franconie* et du *Rhin*, par lettres patentes de février 1769, suivies de réversales données à Anspach en mars 1769 (M. GASCHON, *liv.* 19 ; DE MARTENS,
t. 1, *p.* 240), sans réserve du droit de détraction, mais aussi
sans renonciation.

Abolition complète de l'aubaine et de la détraction avec
le prince de *Schwarzbourg-Sonderhausen* (*Ordonnance du
18 décembre 1812 ; Déc. imp. du 18 mars 1813, Bull. 486,
n° 9011 ;* M. GASCHON, *liv.* 17, *ch.* 1er) ; avec la princesse
de *Schwarzbourg-Rudolstadt* (*Ord. du 7 déc. 1812 ; Décret
du 18 mars 1813, Bull. 486, n° 9013 ;* M. GASCHON, *liv.* 17,
ch. 2) ; avec le duché d'*Anhalt-Bernbourg* (*Ord. du 24 déc.
1812 ; Décret du 18 mars 1813, Bull. 486, n° 9015 ;*
M. GASCHON, *liv.* 17, *ch.* 5) ; avec la principauté de *Lippe-
Detmold* (*Ord. du 7 déc. 1812 ; Décret du 18 mars 1813,
Bull. 486, n° 9012 ;* M. GASCHON, *liv.* 17, *ch.* 4) ; et avec

la principauté de *Waldeck* (*Ord du 22 janv.* 1815; *Décret du 15 mai* 1815, *Bull.* 502, *n° 9239*; M. Gaschon, *liv.* 17, *ch.* 5).

Dans toutes ces localités, les Français doivent jouir des franchises stipulées à leur profit aux termes de l'art. 28 du traité de Paris.

Francfort-*sur-le-Mein.* — Le droit d'aubaine y avait été aboli par lettres patentes du mois d'octobre 1767 et sur la demande des bourguemestres et magistrats de la ville. Si la forme de cet acte pouvait laisser quelques doutes, ils sont levés par une ordonnance du grand-duc Charles, à Aschaffenbourg, le 15 janvier 1812, déclarant que le droit d'aubaine envers l'empire français et ses sujets n'a point lieu dans *tout* le grand-duché de Francfort, et qu'il y sera tout aussi peu exercé pour le futur qu'il l'a été précédemment et jusqu'alors dans les départemens de Francfort et d'Aschaffenbourg. Cette ordonnance a été suivie d'un décret impérial abolitif du droit d'aubaine pour les sujets du grand-duc de Francfort (*Décr. du 25 avril* 1812, *Bull.* 431, *n° 7919*; M. Gaschon, *liv.* 18, *ch.* 1er).

Royaume de Saxe. — La partie de l'art. 28 du traité de Paris qui maintient l'abolition stipulée du droit d'aubaine s'étend sur le territoire qui composait *l'électorat de Saxe,* en vertu de la convention faite à Versailles le 16 juillet 1776, qui supprimait le droit d'aubaine en fixant celui de détraction à dix pour cent; sur le grand-duché de *Saxe-Weimar, Eisenach* et *Iéna,* en vertu de celle conclue à Ratisbonne le 26 février 1771, abolitive du droit d'aubaine, et réduisant le droit de détraction à cinq pour cent; sur les États des ducs de *Saxe-Gotha* et *Altenbourg,* de *Saxe-Saalfeld-Cobourg* et de *Saxe-Hildbourghausen,* par suite des conventions conclues à Versailles les 7 avril et 20 juillet 1778, lesquelles, en affranchissant les Français du droit d'aubaine, réservent le droit de détraction, sans en fixer le montant.

Quant aux terres et seigneuries de *Saxe-Meinungen,* c'est par lettres patentes du 12 mars 1779, que le roi de France a excepté leurs habitans du droit d'aubaine, sous la condition que les Français jouiraient dans les États des ducs des mêmes exemptions du droit d'aubaine dans toute leur étendue, sans être assujettis à aucuns droits locaux ou autres, si ce n'est au paiement du dixième..... etc. Cette forme peut laisser des doutes sur la question de savoir si l'art. 28 s'applique à ces États particuliers. Pour nous, en remarquant que ces lettres patentes sont rendues sur les représentations des ducs de Saxe-Meinungen et sur leur déclaration qu'ils sont dans la résolution de laisser jouir dorénavant les Français... de la libre faculté de succéder, etc..., nous ne pouvons considérer ces lettres patentes que comme l'acceptation d'une promesse, et la bonne foi ne permet pas d'appliquer aux traités politiques l'étroite doctrine du double écrit. M. Gaschon est d'opinion contraire (*V. les actes dans le Code dipl. de* M. Gaschon, *liv.* 10, *ch.* 1 à 6).

Royaume de Wurtemberg. — Abolition du droit d'aubaine au profit des Français et réciproquement, avec détraction du dixième en cas d'exportation de l'héritage pour l'ancien duché de Wurtemberg (*Conv. de Versailles,* 14 *avril* 1778, *maintenue par le traité du 22 août* 1796; de Martens, t. 6, p. 670; M. Gaschon, *liv.* 11, *ch.* 1er).

Dans la ville de *Mergentheim* ou *Marienthal* on devait suivre le même droit, sauf que la détraction n'était pas fixée, aux termes d'une convention faite avec le grand-maître de l'ordre teutonique à Bruxelles, le 17 avril 1774 (M. Gaschon, *ch* 2).

Il paraît applicable aussi, avec détraction du dixième, aux anciennes villes impériales d'*Eslingen, Hall en Souabe, Heilbronn, Ulm* (*lett. pat. de juillet* 1770), *Bucchorn,*

Buchau, Gemundt en Souabe, Giengen, Weil (*lett. pat. de nov.* 1774) et *Reutlingen* (*lett. pat. du 12 janv.* 1775). On en trouvera le texte dans l'ouvrage de M. Gaschon, *liv.* 18, *ch.* 4. *V.* aussi ce que nous dirons ci-après à la fin de l'article Bavière.

Grand-duché de Bade. — Les Français sont affranchis du droit d'aubaine dans l'ancien margraviat de *Bade-Baden* (*Conv. de Strasbourg du 10 oct.* 1765) et dans le margraviat de *Bade-Dourlach* (*Conv. de Strasbourg du 20 nov.* 1765); ils n'étaient assujettis au droit de détraction que dans le cas où les seigneurs français ne voudraient pas se relâcher de la perception desdits droits; et comme ils ont été supprimés en France par décret de l'Assemblée constituante le 19 juillet 1790, ils ne doivent pas être perçus par le grand-duc. — *V.* les textes dans le *Code diplom. de* M. Gaschon, *liv.* 12, *ch.* 1 et 2.

Le droit d'aubaine ni le droit de détraction ne paraissent même pas devoir être exercés sur les biens des Français dans le territoire ajouté aux anciens margraviats pour en former le grand-duché de Bade. Si le traité fait avec le margrave de Bade-Baden ajoute, après l'énonciation du margraviat proprement dit, la partie du comté de *Sponheim* qui lui appartient, le comté d'*Eberstein,* les seigneuries de *Mahlberg* et de *Grouffenstein,* la préfecture d'*Ortenau,* le bailliage de *Kell,* et généralement toutes les terres que le margrave possède dans l'empire; le traité fait avec le margrave de Bade-Dourlach, après avoir énuméré les divers bailliages qui composent ses États, ajoute : « Et généralement toutes les terres que le sérénissime margrave possède ou possédera à *l'avenir* dans l'empire. » Or, c'est la branche de Bade-Dourlach qui, en 1771, a réuni les deux parties du margraviat, c'est elle dont les États ont été augmentés par la formation du grand-duché, et c'est elle qui avait promis l'abolition pour les possessions qu'elle acquerrait par la suite.

Il existe pour plusieurs de ces possessions des motifs spéciaux aux localités : ainsi, il existait une convention pareille pour les bailliages et terres de l'évêché de Strasbourg situés en Allemagne et sous la souveraineté de l'empire (*Conv. de Strasbourg,* 19 *mars* 1767; M. Gaschon, *liv.* 12, *chap.* 6); ainsi la ville de *Spire* et son territoire sur la rive gauche du Rhin ont appartenu à la France (*Traité de* 1814, *art.* 28), et quant à son territoire sur la rive droite, il y avait une convention semblable avec le prince-évêque de *Spire* (*Conv. de Strasbourg du* 16 *août* 1768; M. Gaschon, *ch.* 5), avec l'électeur palatin, pour le *palatinat du Rhin,* du moins quant aux droits d'aubaine (*Traité de Schwezingen,* 16 *juin* 1766), et des lettres patentes, qui constatent que ce prince s'est déterminé à abandonner le droit de détraction, l'abandonnent pour le Palatinat (*Lett. pat. du 6 nov.* 1781. *V.* M. Gaschon, *chap.* 4); enfin la principauté de Furstenberg était exempte du droit d'aubaine, mais il y avait détraction réciproque du dixième denier (*Lett. pat. du* 16 *mars* 1777; M. Gaschon, *liv.* 12, *ch.* 3).

Bavière. — Le royaume de Bavière étant composé de l'ancien électorat de Bavière et de divers États qui avaient chacun leurs traités particuliers, nécessitera quelques observations.

Pour la portion de ce royaume qui constituait l'ancien électorat de *Bavière,* le droit d'aubaine a été aboli par une convention signée à Munich, le 14 août 1767; mais on s'en tenait de part et d'autre aux lois, statuts et coutumes locales par rapport aux droits de détraction, avec réciprocité (M. Gaschon, *liv.* 9, *ch.* 1er).

Il en était de même pour les États de l'évêque-prince de *Bamberg* et de *Wurtzbourg,* suivant convention faite, a Versailles, le 1er juin 1775 (M. Gaschon, *liv* 9, *ch.* 2).

Dans les anciens margraviats d'*Anspach* et de *Bareith*, le droit d'aubaine était aboli, et le droit de détraction fixé à dix pour cent pour l'exportation des biens (*Convention du 19 février* 1778, M. Gaschon, *liv.* 9, *ch.* 3).

Il en est de même pour le pays d'Aschaffenbourg, dépendant de l'ancien duché de Francfort. *V.* Francfort.

Il résulte donc de l'art. 28 du traité de Paris, que dans ces parties diverses du royaume de Bavière les Français sont exempts du droit d'aubaine, et seulement soumis au droit de détraction, si la législation locale le maintient.

Un grand nombre d'anciennes villes impériales qui font aujourd'hui partie du royaume de Bavière, avaient reçu, pour leurs citoyens résidant en France, l'affranchissement du droit d'aubaine par simples lettres patentes, sous la réserve seulement du droit de détraction (*Augsbourg*, *Dunkelspiel*, *Lindau*, *Memmingen*, *Nordlingen*, *Nuremberg*, *Ratisbonne*, *Rothwell*, lett. pat. de juillet 1770; *Bopfingen*, *Kauffbeuren*, *Kempten*, *Leutkirch*, *Ravensbourg*, *Rothenbourg*, *Schweinfurt*, *Wangen*, *Weissenbourg en Franconie*, lett. pat. de novembre 1774). Ces lettres patentes étant fondées sur ce que les bourguemestres et magistrats de ces villes impériales auraient fait représenter au roi de France « qu'ils étaient résolus d'abolir le même droit d'aubaine à l'égard des Français dans leurs villes et territoires, sauf le droit de détraction », nous paraissent, malgré l'opinion de M. Gaschon (*liv.* 18, *ch.* 4), avoir le caractère de l'acceptation d'une convention proposée, et par conséquent donner aux Français un droit parfait aux successions légitimes et testamentaires des Français qui laissent des biens dans ces diverses villes, sauf le droit de détraction, en vertu de la première partie de l'art. 28 du traité de Paris.

Enfin, dans les parties de la Bavière qui étaient réunies au territoire français, telles que le duché des *Deux-Ponts*, *Spire*, *Landau*, etc., le droit conventionnel est réglé par la seconde partie du même article, et la Bavière ne peut y imposer le droit de détraction (*V.* M. Gaschon, *liv.* 9, *ch.* 5 *et* 6). Il faut, sur la délimitation, consulter une convention du 5 juillet 1825, qui se trouve au recueil de Saalfeld, *contin. de* de Martens, *t.* 12, 1825-1850, *p.* 1.

EMPIRE D'AUTRICHE.

24 *juin* 1766. Convention qui abolit le droit d'aubaine entre la France et les États héréditaires de *Hongrie*, de *Bohéme*, d'*Autriche* et d'*Italie*, soumis à la domination de S. M. l'impératrice reine apostolique : « Jouiront en outre « à l'avenir, les sujets de S. M. très-chrétienne, dans les « États ci-dessus spécifiés, de la faculté de pouvoir succéder « dans tous les biens dont les sujets desdits pays héréditaires « auront droit de disposer, soit en faveur de leurs conci- « toyens, soit en faveur des étrangers, *et vice versâ.* » On y établit ensuite la réciprocité pour les droits à percevoir sur les successions (M. Gaschon, *liv.* 7, *ch.* 1er).

Ce traité a toujours été considéré comme étant en vigueur : on en trouve la preuve dans un décret du 20 décembre 1810, *B.* 335, *n*o 6244, portant que « le droit d'aubaine ne sera « exercé ni sur la succession du sieur Vay de Vaya, gentil- « homme hongrois, ni sur celle d'aucun sujet de l'Autriche « mort en France pendant la guerre. »

M. Locré, qui cite ce décret, *Législ. civ. et comm. t.* 2, p. 395, en tire la conséquence que quelquefois le gouvernement n'a exempté *qu'un* particulier du droit d'aubaine. Cette réflexion est contraire à la lettre et à l'esprit du décret : à la lettre, puisqu'il s'étend à tous les sujets de l'Autriche; à son esprit, parce qu'évidemment la pensée qui l'a dicté est que les effets de la guerre ne doivent pas s'étendre aux stipulations intéressant la fortune privée des sujets.

Les États héréditaires de la maison d'Autriche sont, depuis ce traité, augmentés en Italie, où ils forment le royaume *Lombardo-Vénitien*. Quant au territoire de Venise, il y avait, entre les sujets de la république et les Français, un traité abolitif du droit d'aubaine, et qui donnait aux habitans de chaque pays le droit de succéder dans l'autre, même aux naturels (*Conv. de Versailles*, 28 *févr.* 1774 ; M. Gaschon, *liv.* 7. *ch.* 2). Quant à la république de *Raguse*, le droit d'aubaine n'aurait été aboli, à l'égard de ses citoyens, que par lettres-patentes du 29 octobre 1776, qui, à la vérité, supposent une convention dans leurs termes. M. Gaschon, qui les cite (*liv.* 7, *ch.* 3), fait dériver l'abolition du droit d'aubaine dans ce pays, de ce que les provinces illyriennes ont fait partie de la France. C'est une erreur, ainsi que nous l'avons dit *p.* 19, *à la note.*

SUISSE, ou CONFÉDÉRATION HELVÉTIQUE.

La Suisse est peut-être le pays dont les naturels jouissent en France des droits les plus étendus. M. Gaschon (*Code dipl. liv.* 4) a donné une analyse et des extraits fidèles des anciens traités, que les dernières conventions rendent aujourd'hui inutiles. Seulement nous devons faire remarquer que les droits d'aubaine et de détraction étant abolis envers la Suisse par les traités antérieurs, et Genève, son territoire et le pays de Valais ayant été réunis à la France, il suffirait de l'art. 28 du traité de Paris, en 1814, pour que ces droits ne pussent être exercés en Suisse à l'égard de nos compatriotes.

Voici les deux traités dont résulte aujourd'hui le droit conventionnel avec la Suisse :

Convention conclue, à Berne, le 30 mai 1827, *entre S. M. très-chrétienne et les cantons et États du corps helvétique dont les noms suivent; savoir :* Zurich, Berne, Lucerne, Fribourg, Soleure, Bâle, Schaffouse, Saint-Gall, Grisons, Argovie, Thurgovie, Tessin, Vaud, Valais, Neuchâtel et Genève, *publié au Bulletin des lois, par ordonnance du* 23 *sept.* 1827 (B. 186, n°o 7122).

« Art. 1er. Les Français seront reçus et traités dans cha- « que canton de la Confédération, relativement à leurs per- « sonnes et à leurs propriétés, sur le même pied et de la « même manière que le sont ou pourront l'être à l'avenir « les ressortissans des autres cantons. Ils pourront en con- « séquence aller, venir et séjourner temporairement en « Suisse munis de passeports réguliers, en se conformant « aux lois et réglemens de police. Tout genre d'industrie « et de commerce permis aux ressortissans des divers can- « tons le sera également aux Français, et sans qu'on puisse « exiger d'eux aucune condition pécuniaire ou autre plus « onéreuse. Lorsqu'ils prendront domicile ou formeront un « établissement dans les cantons qui admettent celui des « ressortissans de leurs co-États, ils ne seront également as- « treints à aucune autre condition que ces derniers.

« Art. 2. Pour prendre domicile ou former un établisse- « ment en Suisse, ils devront être munis d'un acte d'imma- « triculation constatant leur qualité de Français, qui leur « sera délivré par l'ambassade de France après qu'ils auront « produit des certificats de bonne conduite et de bonnes « mœurs, ainsi que les autres attestations requises.

« Art. 3. Les Suisses jouiront en France des mêmes droits « et avantages que l'art. 1er ci-dessus assure aux Français en « Suisse, de telle sorte qu'à l'égard des cantons qui, sous « les rapports spécifiés audit art. 1er, traiteront les Français « comme leurs propres ressortissans, ceux-ci seront, sous

« les mêmes rapports, traités en France comme les natio-
« naux. S. M. très-chrétienne garantit aux autres cantons
« les mêmes droits et avantages dont ils feront jouir ses
« sujets.

« Art. 4. Les sujets ou ressortissans de l'un des deux États
« établis dans l'autre ne seront pas atteints par les lois mi-
« litaires du pays qu'ils habiteront, mais resteront soumis
« à celles de leur patrie.

« Art. 5. Les sujets ou ressortissans de l'un des deux États
« établis dans l'autre, et qui seraient dans le cas d'en être
« renvoyés par sentence légale, ou d'après les lois et rè-
« glemens sur la police des mœurs et la mendicité, seront
« reçus en tout temps, eux et leur famille, dans le pays
« dont ils sont originaires et où ils auront conservé leurs
« droits, conformément aux lois.

« Art. 6. Les Français établis en Suisse, de même que les
« Suisses établis en France, en vertu du traité de 1803,
« continueront à jouir des droits qui leur étaient acquis.
« Toutes les dispositions de la présente convention leur
« sont d'ailleurs applicables. »

CONVENTION *conclue, à Zurich, le* 18 *juillet* 1828, *entre la
France et les États de la* Confédération helvétique, *insérée au Bulletin des lois,* 274, *n° 10572, par ordonnance du* 31 *décembre* 1828.

« Art. 1er. Les jugemens définitifs en matière civile,
« ayant force de chose jugée, rendus par les tribunaux
« français, seront exécutoires en Suisse, et réciproquement,
« après qu'ils auront été légalisés par les envoyés respectifs,
« ou, à leur défaut, par les autorités compétentes de chaque
« pays.

« Art. 2. Il ne sera exigé des Français qui auraient à
« poursuivre une action en Suisse, et des Suisses qui au-
« raient une action à poursuivre en France, aucuns droits,
« caution, ou dépôt, auxquels ne seraient pas soumis les
« nationaux eux-mêmes conformément aux lois de chaque
« localité.

« Art. 3. Dans les affaires litigieuses personnelles ou de
« commerce qui ne pourront se terminer à l'amiable ou
« sans la voie des tribunaux, le demandeur sera obligé de
« poursuivre son action devant les juges naturels du défen-
« deur, à moins que les parties ne soient présentes dans le lieu
« même où le contrat a été stipulé, ou qu'elles ne fussent
« convenues des juges par-devant lesquels elles se seraient
« engagées à discuter leurs difficultés.

« Dans les affaires litigieuses ayant pour objet des proprié-
« tés foncières, l'action sera suivie par-devant le tribunal ou
« magistrat du lieu où ladite propriété est située.

« Les contestations qui pourraient s'élever entre les héri-
« tiers d'un Français mort en Suisse, à raison de sa succes-
« sion, seront portées devant le juge du dernier domicile
« que le Français avait en France. La réciprocité aura lieu à
« l'égard des contestations qui pourraient s'élever entre les
« héritiers d'un Suisse mort en France. Le même principe
« sera suivi pour les contestations qui naîtraient au sujet
« des tutelles.

« Art. 4. En cas de faillite ou de banqueroute de la part
« de Français possédant des biens en France, s'il y a des
« créanciers suisses et des créanciers français, les créanciers
« suisses qui se seraient conformés aux lois françaises pour
« la sûreté de leur hypothèque, seront payés sur lesdits
« biens, comme les créanciers hypothécaires français, sui-
« vant l'ordre de leur hypothèque; et réciproquement, si
« des Suisses possédant des biens sur le territoire de la Con-
« fédération helvétique se trouvaient avoir des créanciers
« français et des créanciers suisses, les créanciers français
« qui se seraient conformés aux lois suisses pour la sûreté de

« leur hypothèque en Suisse, seront colloqués sans distinction
« avec les créanciers suisses, suivant l'ordre de leur hypo-
« thèque.

« Quant aux simples créanciers, ils seront aussi traités
« également, sans considérer auquel des deux pays ils ap-
« partiennent, mais toujours conformément aux lois de cha-
« que pays. »

Les articles suivans sont relatifs à l'extradition, à l'obligation de témoigner, en justice criminelle, devant les tribunaux des deux nations, à l'exportation et l'importation des
denrées provenant pour les uns et pour les autres des biens-
fonds qu'ils possèdent sur le territoire voisin, à une lieue de
distance des frontières; à l'arrangement à conclure pour régler l'exploitation des forêts voisines des frontières, etc.

ÉTATS SARDES ET ITALIENS.

SARDAIGNE. — Dans la *Savoie*, le *Piémont* et les États de
Gênes faisant partie du royaume de Sardaigne, les Français
sont habiles à succéder, même aux nationaux, puisque tous ces
pays ont été réunis à la France; et l'art. 28 du traité de Paris a
rendu presque inutile la connaissance de l'ancien droit conventionnel qu'on trouvera dans l'ouvrage de M. Gaschon,
liv. 5, *ch.* 1, 2 et 3. Quant à la *Sardaigne*, on suit la
même règle, en vertu d'un traité de limites conclu à Turin,
le 24 mars 1760. dont l'art. 21 « supprime et abolit entre
« les sujets des deux cours le droit d'aubaine, et *tous au-
« tres* qui pourraient être contraires à la liberté des succes-
« seurs. »

L'art. 22. du même traité est remarquable : « Pour éten-
« dre la réciprocité qui doit former le nœud de cette cor-
« respondance (intime que l'on désire perpétuer entre les
« sujets des deux cours) aux matières contractuelles et judi-
« ciaires, il est encore convenu :

« Premièrement, que de la même manière que les hypo-
« thèques établies en France par actes publics ou judiciaires,
« sont admises dans les tribunaux de S. M. le roi de Sar-
« daigne, l'on aura aussi pareil égard dans les tribunaux
« de France pour les hypothèques qui seront constituées à
« l'avenir par contrat public, soit par ordonnances ou ju-
« gemens, dans les États de S. M. le roi de Sardaigne.

« En second lieu, que pour favoriser l'exécution récipro-
« que des décrets et jugemens, les Cours suprêmes défére-
« ront de part et d'autre à la forme du droit aux réquisi-
« toires qui leur seront adressés à ces fins, même sous le
« nom desdites Cours.

« Enfin, que pour être admis au jugement, les sujets res-
« pectifs ne seront tenus de part et d'autre qu'aux mêmes
« cautions et formalités qui s'exigent de ceux du propre res-
« sort, suivant l'usage de chaque tribunal. »

Cet article donne lieu à des difficultés que nous examinerons sur l'art. 2123 du Code civil.

AUTRES ÉTATS D'ITALIE. — Il ne peut y avoir de question
quant à la libre faculté pour les Français de succéder dans
la plupart des États d'Italie, d'abord pour ceux réunis à
l'empire français, que Rome et une partie du territoire
des États de l'Église. L'art. 28 du traité de Paris est positif; ensuite pour ceux qui composaient le royaume d'Italie,
les États de Parme, Plaisance et Guastalla, puisque, par
un décret du 19 février 1806 (*B.* 76 n° 1347), le droit d'aubaine avait été aboli entre ces divers États : il y avait
d'ailleurs quelques anciennes conventions pour quelques uns
de ces États (*V.* M. GASCHON, *liv.* 6).

ROYAUME DES DEUX-SICILES — Abolition réciproque des
droits d'aubaine, de détraction et autres de même nature
(Convention de Paris, du 28 février 1818; *Moniteur,* 10
juin 1818; M. GASCHON, *liv.* 3, *ch.* 2).

ESPAGNE.

Un traité de paix, entre la France et l'Espagne, du 20 juillet 1814 (DE MARTENS, 1er *supplém. t.* 2 , *p.* 42) , porte dans les articles additionnels que « il sera conclu un traité « de commerce entre les deux puissances, aussitôt que pos- « sible, et, en attendant que ce traité puisse être mis en « exécution, les relations commerciales entre les deux pays « seront rétablies sur le pied sur lequel elles se trouvaient « en 1792. »

Or, le traité le plus complet et le plus récent sur les droits civils respectifs des sujets de chacune des deux puissances , était le pacte de famille signé à Paris, le 15 août 1761 (WENCK , *t.* 3 , *p.* 278 ; DE MARTENS, *t.* 1er, *p.* 16) dont l'art. 25 porte que « les Espagnols ne seront plus réputés aubains en « France,... en sorte qu'ils pourront disposer par testament , « donation ou autrement, de tous leurs biens sans excep- « tion , de quelque nature qu'ils soient, qu'ils posséderont « dans son royaume , et que leurs héritiers , sujets de S. M. « catholique , demeurant tant en France qu'ailleurs, pour- « ront recueillir leurs successions , même *ab intestat*, soit « par eux-mêmes , soit par leurs procureurs ou mandataires . « quoiqu'ils n'aient point obtenu de lettres de naturalité, *et* « *les transporter* hors des États de S. M. très-chrétienne... « S. M. catholique s'engage de son côté à faire jouir des « mêmes priviléges et de la même manière, dans tous les « États et pays de sa domination en Europe, tous les Fran- « çais et sujets de S. M. très-chrétienne, par rapport à la « libre disposition des biens qu'ils posséderont dans toute « l'étendue de la monarchie espagnole , de sorte que les sujets « des deux couronnes seront également traités *en tout et pour* « *tout* ce qui regarde cet article dans les pays des deux do- « minations COMME LES PROPRES ET NATURELS SUJETS de la « puissance dans les États de laquelle ils résideront. »

Nous pensons, contre l'opinion de M. Gaschon (*Code di-plomatique* , *liv.* 3, *ch.* 1er), qu'il résulte de cet article, non seulement l'abolition complète du droit d'aubaine et de dé-traction , mais même la faculté réciproque pour les Français et les Espagnols de succéder les uns aux autres. Le traité ne porte pas que le droit d'aubaine est aboli , mais que les Es-pagnols ne seront plus réputés aubains. Cette interprétation est conforme à l'esprit du traité qui voulait cimenter la bonne intelligence entre les souverains d'une même famille par les relations amicales des sujets : d'ailleurs les habitans de la *Catalogne* et du *Roussillon* jouissaient déjà du droit réciproque de succéder (*Traité des Pyrénées* , en 1659 , *art.* 56 ; DUMONT, *t.* 6 , *part.* 2 , *p.* 264).

Par l'art. 24 , il était dit que les sujets des deux puis-sances jouiraient , relativement au commerce et à la naviga-tion , des mêmes droits et prérogatives que les naturels des deux pays.

Enfin , il faut consulter sur les fonctions des consuls et vice-consuls entre les deux puissances une convention si-gnée au Pardo, le 13 mars 1769 (WENCK , *t.* 3 , *p.* 746 ; DE MARTENS, *t.* 1er, *p.* 242), et une ordonnance du roi d'Es-pagne du 8 mai 1827, qu'on trouve *au recueil de* M. Saalfeld, *contin. de* de Martens, *t.* 11, *p.* 192, *et au* Moniteur *de l'an-née* 1827, *n*o 165.

PORTUGAL.

Un traité fait à Versailles, le 24 avril 1778 (M. GASCHON, *liv.* 3, *ch.* 3 ; M. ISAMBERT, *Anc. lois fr. t.* 25, *p.* 265) abolit *totalement* et réciproquement le droit d'aubaine entre *les Etats* des deux souverains ; il est permis aux sujets respec-tifs qui décéderont dans les Etats de l'une ou de l'autre do-mination de léguer ou donner par testament et autres dispo-sitions de dernière volonté, reconnues valables et légitimes . suivant les lois, ordonnances et usages des lieux dans les-quels lesdits actes auront été passés, les biens meubles et immeubles qui se trouveront leur appartenir au jour de leur décès. Les successions qui *pourront leur échoir* dans l'un ou l'autre pays par testament, donation ou autre disposition , tant *ab intestat* que de telle autre manière que ce soit, leur seront délivrées librement et sans empêchement, sans que , *dans aucun cas*, elles puissent être soumises au droit d'au-baine. Le traité laisse subsister un droit indéterminé de dé-traction en cas d'exportation de la succession. Enfin les hé-ritiers de chaque Etat ou leurs représentans seront tenus aux mêmes lois, formalités et droits auxquels les propres et naturels sujets du lieu du décès sont soumis.

On peut voir dans M. Merlin (*Rép. mot Héritier, sect.* 6. § 3) les motifs qui ont déterminé un arrêt du 3 avril 1784 . lequel a admis une Portugaise à la succession de son parent français.

TURQUIE ET PUISSANCES BARBARESQUES.

PORTE-OTTOMANE. — Le droit conventionnel résulte des anciennes capitulations depuis François 1er, et du traité défi-nitif entre la République française et la Sublime-Porte, signé à Paris le 6 messidor an X (25 *juin* 1802). On remarque dans ce traité que les traités ou capitulations existant entre les deux puissances sont renouvelés dans toutes leurs par-ties ; que la Porte ayant ouvert la mer Noire aux vaisseaux marchands des autres nations , les bâtimens marchands fran-çais avaient le droit incontestable d'y naviguer librement , d'établir dans les pays ottomans qui l'avoisinent des agens et commissaires du commerce français qui jouiraient, ainsi que les commerçans français, des mêmes priviléges et libertés dont la France était, en vertu des anciennes capitulations, en pos-session dans d'autres parties des Etats de la Sublime-Porte , enfin que la République française et la Sublime-Porte ont voulu se mettre réciproquement par ce traité *dans l'état de la puissance la plus favorisée*, et qu'il est expressément entendu qu'ils s'accordent de part et d'autre, dans les deux Etats, tous les avantages déjà accordés ou à accorder encore à d'autres puissances , comme si lesdits avantages étaient stipulés mot à mot dans ledit traité (*Moniteur*, an X, n° 351 ; DE MARTENS, 1er *supp. t.* 3, *p.* 210).

Ces capitulations demandent une étude particulière : on les trouve réunies jusqu'en 1740 dans le grand ouvrage de Wenck (*t.* 1, *p.* 558), et dans celui de Deval, intitulé : *Ca-pitulations ou Traités anciens et nouveaux entre la cour de France et la Porte-Ottomane*, traduits à Constantinople , 1761.

Ce qu'on doit surtout remarquer ici, c'est que lorsqu'un Français vient à mourir dans un pays dépendant du Grand-Seigneur, « ses biens et effets, sans que personne vienne s'y « ingérer, sont remis à ses exécuteurs testamentaires ; et que « s'il meurt sans testament, ses biens seront déversés à ses « compatriotes, par l'entremise du consul, sans que les offi- « ciers du fisc et du droit d'aubaine puissent les inquiéter « (*art.* 22 *de la capit. du* 5 juin 1673) » ; et surtout que les consuls français ont toute juridiction civile et criminelle sur les navigateurs et marchands français des districts respectifs (*V.* M. MERLIN, *Rép. mot Consuls français*, § 2).

RÉGENCE DE TRIPOLI. — Le droit y est fondé sur un traité de paix de cent ans, arrêté le 9 juin 1729 et ratifié le 2 août suivant. « Les capitulations faites et accordées entre l'Empe- « reur de France et le Grand-Seigneur... seront exactement « et sincèrement gardées et observées avec et par la Régence

« — Les effets des Français qui mourront audit pays seront
« remis aux mains du consul pour en disposer au profit des
« Français ou autres auxquels ils appartiendront ; et la même
« chose sera observée à l'égard des Turcs (de la Régence)
« qui voudront s'établir en France. — *V. ce traité dans* Koch,
« *t.* 1, *p.* 284, *et* M. Gaschon, *liv.* 22, *ch.* 2). »

Régence de Tunis. — Le droit est le même ; il est également fondé sur les capitulations faites avec la Turquie, et
sur un traité de cent ans, du 30 août 1685 (Dumont, *t.* 7,
part. 2, *p.* 115), renouvelé par un traité de paix du 9 novembre 1742 (Koch, *t.* 1, *p.* 374), et par un traité fait avec
la république française le 25 février 1802 (de Martens, 1er
supp. t. 2, *p.* 561).

Empire de Maroc. — L'esprit du droit conventionnel y est
le même, quoiqu'il ne soit pas fondé sur les capitulations de
la Porte-Ottomane. Le dernier traité de paix et de commerce
est du 28 mai 1767. On le trouve dans Koch, *t.* 2, *p.* 254,
et dans le *Recueil de* de Martens, 1er *supp. t.* 3, *p.* 72. — *V.*
aussi sur tout ceci M. Gaschon, *liv.* 22, *ch.* 1, 2, *et* 5.

ÉTATS-UNIS DE L'AMÉRIQUE.

C'est le traité d'amitié et de commerce, du 6 février 1778
(Isambert, *anc. lois franç. t.* 25, *p.* 196 ; de Martens, *t.* 1er,
p. 701), qui a fixé les droits civils respectifs des membres d'une
nation chez l'autre : l'art. 11 avait réciproquement aboli les
droits d'*aubaine,* de *détraction* ou autres droits de ce genre. Un
traité pour fixer les fonctions des consuls, du 14 nov. 1788,
donne à ces agens des pouvoirs extraordinaires ; mais cette
convention n'était faite que pour douze années (Isambert,
anc. lois franç. t. 28, *p.* 625; de Martens, *t.* 7, *p.* 109). Un
traité eut lieu ensuite avec la république française, le 8 vendém.
an IX ou 30 sept. 1800 (*B.* 139, n° 1058). Il confère aux
Français le droit de succéder aux nationaux. Les citoyens des
États-Unis tiennent aujourd'hui ce droit en France de la loi
du 14 juillet 1819. Si les Français ont le même droit en
Amérique, ils ne peuvent le tenir que de l'usage ou de la
loi particulière du pays, puisque le traité de 1800 est expiré, et n'avait été conclu que pour huit ans. On ne peut même
en supposer la prorogation tacite, puisqu'il a été remplacé
par une nouvelle convention de navigation et de commerce,
du 24 juin 1822, ratifiée le 6 novembre suivant (*Moniteur,*
1823, n° 491; Saalfeld, *contin. de* de Martens, *t.* 10,
p. 129), laquelle ne contient rien de relatif aux droits
civils. Au surplus, le traité primitif de 1778 suffit pour y
exempter les Français des droits d'aubaine et de détraction
(*V.* M. Gaschon, *liv.* 23, *ch. uniq.*).

EMPIRE DU BRÉSIL.

Les droits réciproques des Français et des Brésiliens sont
déterminés par un traité d'amitié, de navigation et de commerce signé à Rio de Janeiro, le 8 janvier 1826 (*Bull.* 117,
n° 3873), sauf les autres droits civils que peuvent conférer
chacune des législations. L'art. 1er fonde une paix constante
et amitié perpétuelle entre les monarques et leurs sujets de
tout territoire, sans exception de lieux ni de personnes, ce
qui étend la convention aux colonies. Les art. 2, 3 et 4 règlent les droits des ambassadeurs et des consuls. L'art. 5
assure la plus parfaite liberté de conscience, conformément
au système de tolérance établi et pratiqué dans les pays respectifs : les art. 6, 7, 8, 9, 10 et 11 méritent d'être entièrement rapportés.

« Art. 6 Les sujets de chacune des hautes parties contrac-
« tantes, en restant soumis aux lois du pays, jouiront en
« leurs personnes, dans toute l'étendue des territoires de
« l'autre, des mêmes droits, priviléges, faveurs, exemptions
« qui sont ou qui seraient accordés aux sujets de la nation la
« plus favorisée. Ils pourront disposer librement de leurs
« propriétés par vente, échange, donation, testament, ou de
« toute autre manière, sans qu'il y soit mis aucun obstacle
« ou empêchement. Leurs maisons, propriétés et effets ne
« pourront être saisis par aucune autorité contre la volonté
« des possesseurs ; ils seront exempts de tout service mili-
« taire, de quelque nature que ce soit, et de tous emprunts
« forcés ou impôts et réquisitions militaires ; ils ne seront
« tenus à payer aucunes contributions ordinaires plus fortes
« que celles que paient ou viendraient à payer les sujets du
« souverain dans les États duquel ils résident. De même, ils
« ne seront point assujettis aux visites et recherches arbitrai-
« res, ni à aucun examen ou investigation de leurs livres et
« papiers, sous quelque prétexte que ce soit. Il est entendu
« que, dans les cas de trahison, contrebande ou autres crimes
« dont les lois des pays respectifs font mention, les recher-
« ches, visites, examens et investigations ne pourront avoir
« lieu qu'avec l'assistance du magistrat compétent, et en pré-
« sence du consul de la nation à qui appartiendra la partie
« prévenue, du vice-consul ou de son délégué.

« Art. 7. En cas de mésintelligence ou de rupture entre les
« deux couronnes (puisse Dieu ne le permettre jamais!), le-
« quel cas ne sera réputé exister qu'après le rappel ou le dé-
« part des agens diplomatiques respectifs, les sujets de cha-
« cune des hautes parties contractantes résidant dans les do-
« maines de l'autre pourront y rester pour l'arrangement de
« leurs affaires ou commercer dans l'intérieur, sans être génés
« en quelque manière que ce soit, tant qu'ils continueront à
« se comporter pacifiquement et à ne commettre aucune of-
« fense contre les lois.

« Dans le cas cependant où ils se rendraient suspects par
« leur conduite, ils seront sommés de sortir du pays, leur
« accordant la liberté de se retirer avec leurs biens dans un
« délai qui n'excédera pas six mois.

« Art. 8. Les individus accusés, dans les États de l'une des
« hautes parties contractantes, des crimes de haute trahison,
« félonie, fabrication de fausse monnaie ou du papier qui la
« représente, ne seront pas admis ni ne recevront protection
« dans les États de l'autre; et, pour que cette clause reçoive
« sa pleine exécution, chacun des deux souverains s'engage
« à faire expulser de ses États lesdits accusés, aussitôt qu'il
« en sera requis par l'autre.

« Art. 9. Chacune des hautes parties contractantes s'oblige
« également à ne pas recevoir sciemment et volontairement
« dans ses États, ou à ne pas employer à son service les indi-
« vidus, sujets de l'autre, qui déserteraient du service mili-
« taire de mer et de terre : devant les soldats et matelots dé-
« serteurs, tant des bâtimens de guerre que des navires mar-
« chands, être arrêtés et remis aussitôt qu'ils seront réclamés
« par les consuls ou vice-consuls respectifs.

« Art. 10. Il y aura une liberté réciproque de commerce
« et de navigation entre les sujets respectifs des hautes par-
« ties contractantes, tant en navires français qu'en navires
« brésiliens, dans tous les ports, villes et territoires appar-
« tenant aux hautes parties contractantes, excepté dans ceux
« qui sont positivement interdits aux nations étrangères, res-
« tant entendu qu'aussitôt qu'ils seront rendus au commerce
« des autres nations, ils seront dès ce moment ouverts aux
« sujets des deux couronnes, de la même manière que si cela
« était expressément stipulé dans le présent traité.

« Art. 11. En conséquence de cette réciproque liberté de
« commerce et de navigation, les sujets des hautes parties
« contractantes pourront respectivement entrer avec leurs na-

« vires dans tous les ports, baies, anses et mouillages des
« territoires appartevant à chacune d'elles, y décharger tout
« ou partie de leurs marchandises, prendre chargement et
« réexporter. Ils pourront résider, louer des maisons et des
« magasins, voyager, commercer, ouvrir boutique, transporter
« des produits, métaux et monnaies, et gérer leurs affaires
« par eux, par leurs agens ou commis, comme bon leur sem-
« blera, sans l'entremise de courtiers.

« Il en est excepté toutefois les articles de contrebande de
« guerre et ceux réservés à la couronne du Brésil, de même
« que le commerce côtier de port à port, consistant en pro-
« duits indigènes ou étrangers déjà dépéchés pour la consom-
« mation, lequel commerce ne pourra se faire qu'en embar-
« cations nationales, étant libre cependant aux sujets des
« hautes parties contractantes de charger leurs effets et mar-
« chandises sur lesdites embarcations, en payant les uns et
« les autres les mêmes droits. »

Les articles suivans sont ou réglementaires, ou temporaires : on recourra sur ces points au texte original.

CHAPITRE II.

De la privation des droits civils.

SECTION PREMIÈRE.

*De la privation des droits civils par la perte de la
qualité de Français.*

ARTICLE 17.

La qualité de Français se perdra, 1° par la naturalisation acquise en pays étranger ; 2° par l'acceptation, non autorisée par le roi, de fonctions
publiques conférées par un gouvernement étranger ; 3° enfin, par tout établissement fait en pays
étranger sans esprit de retour.

Les établissemens de commerce ne pourront jamais être considérés comme ayant été faits sans
esprit de retour.

SOMMAIRE.

1. *Division du chapitre.*
2. *Le Code ne reconnaît pas le droit formel d'abdiquer la patrie.*
3. *La perte des droits civils ne peut s'étendre
d'un cas à un autre.*
4. *Les cas spécialement prévus par la loi forment
autant de présomptions légales.*
5. *De la naturalisation.*
6. *Naturalisation autorisée par le roi. Faveur
qui lui est accordée.*
7. *Naturalisation non autorisée. Peines établies
par le décret de 1811.*
8. *Si la loi du 14 juillet 1819 rend au Français*

*naturalisé sans autorisation le droit de succéder
en France?*
9. *Autres effets de la naturalisation non autorisée.*
10. *Effet rétroactif du décret de 1811 ; lettres de
relief ; exception pour les femmes.*
11. *Ce qu'on entend par naturalisation acquise.
Dénization.*
12. *De l'acceptation de fonctions publiques en
pays étranger.*
13. *Forme de l'autorisation : effet rétroactif.*
14. *De l'étendue des mots fonctions publiques.
Examen des décrets relatifs à cette partie de l'article. Des fonctions municipales. Des ecclésiastiques, avocats, médecins et professeurs.*
15. *De l'acceptation de titres héréditaires.*
16. *Renvoi à l'art. 21 pour d'autres effets de
l'acceptation des fonctions publiques.*
17. *Etablissement sans esprit de retour.*
18. *Les tribunaux doivent se décider pour l'esprit de retour dans les circonstances douteuses.*

1. Quand les droits civils naissent de la qualité
de Français, la perte de cette qualité entraîne la
privation de ces droits : c'est l'effet qui cesse avec
la cause

Quand un homme mérite, par ses crimes, d'être
retranché de la société civile, la loi peut attacher
aux peines qu'elle prononce la privation des droits
civils. Cette privation est alors un effet de la
peine, et porte le nom de mort civile.

Ce que ces deux états ont de commun, c'est
qu'étant exceptionnels, ils doivent être prouvés
contre ceux à qui on prétend les opposer (*Poitiers*, 26 *juin* 1829) ; c'est encore qu'ils affectent
la capacité. Mais comme ils diffèrent dans leur
principe, puisque la perte de la qualité de Français est l'ouvrage de la volonté, et la mort civile
une nécessité pénale, ils diffèrent aussi dans
leurs effets, car, du moins dans la pureté du
Code civil, le Français ne perd sa qualité qu'en
devenant étranger, et jouit des droits accordés
à l'étranger ; le mort civilement est au contraire
privé des droits spéciaux énumérés dans l'article 25 du Code civil et de tous ceux qui peuvent
dépendre du droit civil. Aussi les rédacteurs du
Code ont-ils divisé ce chapitre en deux sections,
suivant les causes qui amènent cette privation. La
première traite de la perte volontaire des droits
civils.

2. Les auteurs qui ont écrit sur le droit de la
nature et des gens reconnaissent à l'homme le
droit d'ABDIQUER sa patrie, et d'en choisir une autre, pourvu que cette abdication ne dégénère pas
en désertion (M. TOULLIER, *t.* 1er, n° 266, *où il
cite* Grotius, *de jure belli ac pacis, lib.* 2, *ch.* 5,
§ 24, *et ibi* Barbeyrac et Heineccius ; Puffendorff,
Droit de la nat. et des gens, liv. 8, *ch.* 11, De-

voirs de l'homme et du cit. liv. 2, *ch.* 18, § 15, *et ibi* Barbeyrac; Wolf, *part.* 7, *p.* 187 *et suiv.* Cicéron, *pro Balbo;* Socrate *in Critone;* Garat, *au répert. de* M. Merlin, *mot Souveraineté,* § 4, à quoi il faut ajouter RICHER, *Mort civile, liv.* 2, *ch.* 2, *sect.* 1re. *Distinct.* 1, § 1er). Il est vrai en principe que si les lois d'un pays ne prohibent pas aux citoyens le droit naturel d'en sortir, chacun, selon son intérêt, peut aller s'établir ailleurs; mais c'est là plutôt un droit d'*abscession* que d'*abdication.* Celui-ci nous paraît une invention purement philosophique : puisqu'en supposant même que toutes les sociétés politiques aient pour base un contrat tacite, on ne peut admettre qu'une seule des parties ait le droit de le rompre. D'ailleurs, et malgré tous les sophismes, le lien qui nous unit à la patrie est de droit naturel comme celui qui nous unit à la famille; on peut renoncer à ses avantages, mais il subsistera toujours un fait indestructible, un fait indépendant de notre volonté, celui de la naissance, qui nous imposera des devoirs.

Le projet du Code civil supposait ce droit d'abdication. La section était intitulée : *de la perte des droits civils par abdication de la qualité de Français,* et l'article qui le commençait fesait perdre cette qualité *par l'abdication expresse qui en serait faite;* mais on reconnut que c'était implicitement conférer un droit; qu'on introduirait ainsi pour quelques-uns le moyen de se soustraire à certaines charges publiques, au moment où elles seraient près de les atteindre (M. DEFERMON), et que la loi française ne devait pas supposer que des Français abdiqueraient leur qualité (*le consul* CAMBACÉRÈS, *séance du 28 brum. an X*).

3. La perte des droits civils est de droit étroit : on ne peut la subir que dans les cas expressément prévus par la loi; ils sont fixés par les art. 17, 19 et 21 du Code. Nous ne parlerons ici que de ceux déterminés par l'art. 17.

4. Ces trois articles auraient pu se réduire à la règle que les établissemens faits en pays étrangers, *sans esprit de retour,* font perdre la qualité de Français : les cas spéciaux qu'ils énoncent en sont des corollaires; et comme la perte de l'esprit de retour ne peut s'établir que par des conjectures, la loi a voulu que la naturalisation, l'acceptation de fonctions publiques, le mariage avec un étranger et le service militaire fussent considérés comme des présomptions *juris et de jure* qui deviennent des certitudes légales (M. BOULAY, *séance du 6 therm. an IX*).

5. La naturalisation *acquise* en pays étranger entraîne la perte des droits civils en France : nul ne peut avoir deux patries (M. TREILHARD, *Expos. des motifs;* M. TOULLIER, *t.* 1, *n°* 268; M. DURANTON, *n°* 171).

6. Comme un Français ne peut rompre ses en-gagemens envers la France par sa seule volonté, il ne lui est pas permis de se faire naturaliser à l'étranger sans l'autorisation du roi (*art.* 1er *du* déc. *du* 26 *août* 1811, *B,* 387, *n°* 7186), qui lui est accordée par lettres patentes, insérées au *Bulletin des lois* et enregistrées en la Cour royale de son dernier domicile (*art.* 2). Il conserve en France le droit d'acquérir et de transmettre la propriété, même celui de succéder, quand les naturels de son nouveau pays n'en jouiraient pas (*art.* 3); ses enfans, nés en pays étrangers, sont étrangers, et peuvent recouvrer la qualité de Français, conformément à l'art. 10 du Code civil, et néanmoins recueillent les successions et tous les droits ouverts à leur profit pendant leur minorité et dans les dix ans qui suivent leur majorité accomplie (*art.* 4). Enfin, quoique le lien politique qui les attachait à leur patrie soit rompu, comme le lien naturel subsiste toujours, les Français ainsi naturalisés ne pourront jamais porter les armes contre la France sans être soumis à l'art. 75 du Code pénal (*art.* 5).

7. Si le Français se fait naturaliser en pays étranger sans l'autorisation du roi, le même décret lui fait encourir la perte de ses biens qui seront confisqués, le prive du droit de succéder, et fait passer les successions qui viendraient à lui échoir à l'héritier régnicole appelé immédiatement après lui (*art.* 6); c'est devant la Cour royale du dernier domicile du prévenu qu'a la diligence du procureur-général ou sur la requête de la partie civile intéressée, on constate que l'individu, s'étant fait naturaliser en pays étranger sans l'autorisation du roi, a PERDU SES DROITS CIVILS en France; et en conséquence, la succession ouverte à son profit est adjugée à qui de droit (*art.* 7). La confiscation a été abolie par la Charte, et la loi du 14 juillet 1819 appelle indistinctement aux successions les héritiers français et les héritiers étrangers, d'où il suit que l'art. 6 est évidemment abrogé en ce qui concerne et la perte des biens possédés au moment de la naturalisation acquise, et l'incapacité de l'étranger de recueillir les successions qui s'ouvriraient après cette naturalisation au profit du Français déchu. Mais est-il abrogé en ce qui concerne l'incapacité du Français naturalisé sans autorisation de recueillir une succession en France? L'art. 7, qui déclare cet individu déchu en France des droits civils proprement dits, est-il aussi abrogé par la loi de 1819?

8. M. Toullier ne s'est point occupé de ce décret ni de ceux qui lui sont analogues. M. Guichard (*Tr. des dr. civ. n°* 307) et M. Proudhon (*Usufruit, t.* 4, *n°* 1986) les considèrent comme un abus de pouvoir du chef de l'Etat, et tombés en désuétude. La première partie de cette opinion est contraire à la doctrine constante de la Cour de cassation, que les décrets impériaux conser-

vent leur vigueur tant qu'il n'y est pas *légalement* dérogé; et la seconde partie est basée sur une erreur de fait, car l'administration n'ayant jamais cessé d'accorder des autorisations, comme on peut s'en convaincre en parcourant les ordonnances individuelles insérées au *Bulletin des lois* depuis 1815, le décret a continué à être exécuté.

M. Merlin est le seul auteur qui, en reconnaissant force législative au décret de 1811, donne à la loi du 14 juillet 1819 l'effet de rendre au ci-devant Français le droit de succéder en France (*Rép. mot Français*, § 1er, *no* 4). Il déduit les raisons de décider, 1o de ce que l'art. 3 du décret accorde une capacité absolue au Français naturalisé avec autorisation, même quand les sujets de son nouveau pays n'auraient pas cette capacité en France, tandis que l'art. 6 se borne à dire que l'individu naturalisé sans autorisation n'aura plus le droit de succéder, sans déclarer que cette incapacité soit absolue. De là ce jurisconsulte tire la conséquence que l'auteur du décret n'a pas eu l'intention de proportionner la peine qu'il inflige faute d'autorisation à la faveur qu'il accorde dans le cas opposé, et qu'ainsi cet article n'est qu'un développement de pure surabondance des principes du Code civil. — 2o Et de ce que la loi du 14 juillet 1819 ne se borne pas à abroger l'art. 726 du Code civil, mais qu'elle habilite tous les étrangers à succéder, SANS EXCEPTER ceux qui le sont devenus par la naturalisation non autorisée.

Ces raisons ne sont pas sans réplique : si l'on ne doit pas distinguer quand la loi ne distingue pas, il faut aussi renfermer une loi dans son objet : quel est celui de la loi du 14 juillet 1819? C'est d'abolir le droit d'aubaine et d'appeler aux successions en France les étrangers que les traités politiques n'y admettaient pas. Or, le Français qui a perdu ses droits civils par la naturalisation non autorisée, a pu devenir étranger; mais jamais il ne deviendra AUBAIN (*alibi natus*). La loi de 1819 n'est donc pas faite pour lui, puisqu'elle n'a eu pour objet que les étrangers proprement dits, ceux contre lesquels existait, non le motif d'expatriation, mais le droit d'aubaine : cette interprétation violerait donc le principe que les lois générales ne dérogent pas aux lois spéciales. Ajoutons que les dispositions du décret sont *pénales*, puisqu'elles enlèvent au ci-devant Français des droits qu'il tenait de sa qualité, à cause *d'un fait* qui lui est *personnel*; et le droit d'aubaine qu'abroge la loi de 1819 était purement *politique*. Les deux lois sont d'un ordre différent : aussi M. Merlin fait-il remarquer que les réfugiés pour cause de religion, nonobstant les défenses de l'édit d'août 1669 et de la déclaration de 1685, n'étaient point admis à succéder en France, quoiqu'il y eût des traités abolitifs du droit d'aubaine entre la France et les Etats où ils s'étaient retirés. Notre opinion

est celle de MM. Delvincourt (*t.* 1, *note* 3 *sur la p.* 19), Duranton (*t.* 1, *nos* 173 *et* 180) et Dalloz (*mot Droits civils*, *sect.* 2, *art.* 2, *nos* 5 *et* 9). Elle a été consacrée par un arrêt qui a jugé que le testament d'un Français naturalisé en Espagne sans autorisation ne pouvait avoir d'exécution sur les biens qu'il laissait en France (*Pau*, 19 *mars* 1834).

Quant à l'argument tiré de ce que l'art. 6, en refusant les droits civils au Français naturalisé sans autorisation, n'ajoute pas « même quand ses nouveaux concitoyens seraient admis en France à cette jouissance », il ne paraît pas de nature à faire sérieusement impression, puisqu'alors seulement le Français, devenu étranger, pouvait élever la prétention que lui dénie indistinctement le décret.

9. Le même décret veut que les individus dont la naturalisation est constatée dans la forme prescrite par l'art. 7 soient déchus des titres institués par le sénatus-consulte du 14 août 1806 (*art.* 8). Ces titres et les biens y attachés sont alors dévolus à la personne restée française, appelée selon les lois, sauf les droits de la femme qui sont réglés *comme* en cas de viduité (*art.* 9); et ces mots prouvent que M. Delvincourt (*notes* 1 *et* 2 *sur la page* 19) s'est trompé en regardant ces Français déchus comme morts civilement; car leur mariage n'est pas dissous, et leur succession n'est pas ouverte au profit de leurs héritiers (M. MERLIN, *lieu cité*). Ils n'ont plus le droit de porter la décoration d'aucun ordre français, et leurs noms sont biffés des registres et états (*même décr. art* 10); ils ne peuvent même pas rentrer en France, après l'expatriation constatée par arrêt, sous peine d'être, pour la première fois, arrêtés et reconduits au-delà des frontières, et, en cas de récidive, condamnés à une détention d'un an à dix ans (*art.* 11). S'ils portaient les armes contre la France, l'art. 75 du Code pénal leur serait applicable.

10. L'excessive rigueur de ce décret, dont l'effet est rétroactif en ce sens qu'il comprend même les individus naturalisés en pays étranger avant sa publication (*art.* 14), a été tempérée par l'art. 14, qui accordait, pour obtenir cette autorisation, des délais qu'ont successivement prorogés les décrets du 31 juillet 1812 (*Bull.* 444, *no* 8180) et du 13 août 1813 (*Bull.* 517, *no* 9523); par les articles 12 et 15 du décret même du 26 août 1811, qui attribuent au roi la faculté d'accorder des lettres de relief des déchéances et peines encourues; et par l'avis du conseil d'Etat du 12 mai 1812, approuvé le 22 (*Bull.* 436, *no* 7994), portant que le décret du 26 août 1811 n'est point applicable aux femmes.

11. Pour que le Français perde sa qualité, et par suite les droits civils en France, par la seule naturalisation autorisée ou non autorisée, il faut qu'elle soit *acquise*, dit notre article. Ainsi, tant que la naturalisation demandée n'est pas accordée et parfaite suivant les lois du pays qu'il habite, le

Français conserve ses droits civils en France (M. Guichard , *n°* 305).

C'est ainsi que sous l'ancienne législation comme sous la nouvelle, on a jugé que la *dénization* accordée en Angleterre par simples lettres-royaux n'est qu'une concession de l'exercice de certains droits et libertés interdits aux étrangers, laquelle commence la naturalisation, mais ne l'accomplit pas, parce que, d'après les publicistes anglais, elle n'habilite pas à succéder aux biens-fonds, et que la naturalisation n'est acquise en Angleterre que par acte du parlement (*Arrêt du parlement de Rouen du 8 août* 1647; Basnage, *sur Normandie, art.* 235; Boucher d'Argis, *au Rép. mot Dénization, et* M. Merlin, *ibid.; Cass.* 19 *janv.* 1819, *et Paris,* 17 *juillet* 1820). Une excellente dissertation insérée au recueil de M. Sirey (1822, 2. 233) s'élève contre cette doctrine, parce que, dans l'état actuel de la législation de la Grande-Bretagne, ou plutôt de ses usages, la dénization n'y serait pas nécessaire pour faire le commerce proprement dit, mais seulement pour y exercer certains arts mécaniques, pour y établir des usines et des fabriques. Nous avouerons avec l'auteur de cet estimable écrit que le négoce en pays étranger est vu par la loi d'un œil plus favorable que l'exercice d'une industrie manufacturière; mais la loi ne défendant pas à l'artisan français d'exploiter son industrie en pays étranger, pourvu que ce ne soit pas avec l'intention de nuire à l'industrie française (*C. pén. art.* 417 *et* 418), son silence suffit pour qu'on ne puisse présumer un abandon des droits originaires du Français dans un acte utile à l'exercice non illicite de son industrie.

12. Une seconde cause de la perte de la qualité de Français, c'est l'acceptation *non autorisée par le roi* de fonctions *publiques* conférées par *un gouvernement* étranger.

Quoique cette acceptation ne soit pas de sa nature une preuve complète de la perte de l'esprit de retour, la loi y attache la même déchéance des droits civils qu'à la naturalisation acquise.

Mais elle donne au gouvernement la faculté de permettre cette acceptation : et dans ce cas, le Français ne cesse pas d'être Français, et les enfans qui lui naissent à l'étranger sont Français comme lui, à la différence de l'individu naturalisé avec autorisation, qui n'en devient pas moins étranger, et ne transmet à ses enfans nés en pays étranger que la qualité d'étrangers.

13. Cette autorisation s'accorde par lettres patentes délivrées dans les formes prescrites pour l'autorisation de se faire naturaliser (*Décret du* 26 *août* 1811, *art.* 17 *et* 19).

Cette disposition est applicable à ceux qui avaient accepté des fonctions publiques en pays étranger antérieurement au décret de 1811 sans l'autorisation du gouvernement ; ils ont été tenus de pren-

dre des lettres de relief (*même décr. art.* 26). Elle est applicable même au Français qui, avant le décret, aurait pris du service chez une puissance étrangère avec la permission du gouvernement (*Avis du C. d'Etat,* 14 *janv.* 1812, *approuvé le* 21, 1re *quest. B.* 415 , *n°* 7062).

14. C'est une question délicate que de savoir quelles fonctions publiques font perdre la qualité de Français à celui qui les accepte en pays étranger. Un décret du 6 avril 1809 (*B.* 232, *n°* 4296) prononce, dans les art. 20 et suivans, la mort civile et la confiscation des biens contre les Français qui exerceraient des fonctions *politiques, administratives* ou *judiciaires* chez l'étranger, et qui n'obéiraient pas au décret de rappel en cas de déclaration de guerre. Ainsi toute fonction politique, administrative ou judiciaire, est nécessairement comprise dans l'art. 17 du Code civil : mais comme le décret de 1809 ajoute une peine à notre art. 17, on ne peut pas en conclure nécessairement que les fonctions publiques qu'il classifie soient les seules comprises dans l'art. 17. Il a pu n'avoir pour objet que de déterminer les fonctions qu'il était du devoir du Français d'abandonner, si la guerre éclatait.

L'avis du conseil d'Etat du 14—21 janvier 1812, en répondant à la cinquième question ainsi posée : « Quels sont les différens services qu'un Français ne peut faire à l'étranger sans avoir obtenu l'autorisation par lettres patentes? En d'autres termes, le décret du 26 août comprend-il, non seulement le service militaire et les fonctions diplomatiques, administratives et judiciaires, mais encore le *service d'honneur* dans la maison du prince? Les secrétaires généraux sont-ils fonctionnaires administratifs? Le décret comprend-il même le travail des commis de bureaux qui ne sont point à la nomination du gouvernement? » a dit « qu'aucun service, soit près de la personne, soit près d'un des membres de la famille d'un prince étranger, de même qu'aucune fonction dans une administration publique étrangère, ne peuvent être acceptées par un Français sans une autorisation du gouvernement » ; et cette décision semble embrasser tous les cas posés dans la question. Mais il est inexact de dire avec M. Dalloz (*Dr. civ. et pol. sect.* 2, *art.* 2, *n°* 9) que cet avis est restrictif; car il n'a pu répondre qu'aux questions posées.

Cependant il s'agit d'une loi rigoureuse, et qu'il ne faut pas étendre au-delà de ses termes et de l'interprétation que lui ont donnée les décrets subséquens. On doit donc, hors des cas prévus par l'avis du 14—21 janvier 1812, examiner si les fonctions, quoique publiques, ont été conférées *par le gouvernement.* Ainsi, certaines fonctions seraient plutôt charges municipales du lieu d'habitation qu'abandon de la patrie primitive, comme chez nous le service de la garde nationale, auquel un étranger peut être appelé sans perdre sa qualité, quand il est admis aux droits civils (*Loi du 22 mars* 1831, *art.* 10); ainsi, il a été jugé que les emplois ecclésiastiques conférés en Prusse à un prêtre français, n'ayant eu rapport qu'à l'exercice de son ministère sacerdotal, et l'ayant soumis à l'autorité ecclésiastique plutôt qu'à l'autorité civile, n'étaient pas du nombre des fonctions à l'égard desquelles l'autorisation du gouvernement français fût nécessaire (*Rejet, sect. civ.* 17 *nov.* 1818); ainsi la Cour de Montpellier (12 *juillet* 1826) a pensé que l'exercice non autorisé de la profession d'avocat en pays étranger ne faisait pas perdre la qualité de Français. Les auteurs en disent autant de la profession de médecin (M. DALLOZ, *ibid. no* 11; M. GUICHARD, *no* 311); ce qui est évident : mais ils nous semblent trop sévères quand ils font perdre au médecin ses droits de Français, s'il est attaché aux hospices publics d'un pays étranger (*ibid.*), et quand ils les font perdre au prêtre français, s'il est tenu de prêter un serment, ou s'il reçoit un traitement de l'Etat (M. DALLOZ, *ibid. no* 10 ; *l'Editeur de M. Merlin*, *mot Français*, § 1er, *no* 4 *in fin.*).

En effet, le serment que le prêtre, et le médecin attaché à des hôpitaux publics, peuvent être appelés à prêter, ne paraît pas en soi une raison suffisante de leur faire perdre la qualité de Français, tant qu'il n'est pas de nature à en entraîner la renonciation. Si on a reconnu que les titres d'assesseur de collège et de conseiller aulique de l'empereur de Russie entraînaient la perte des droits civils, c'est surtout parce qu'ils exigeaient un serment *incompatible* avec les devoirs d'un Français (*Rej.* 14 *mai* 1834). Mais n'a-t-on pas, d'un autre côté, consacré les droits civils d'un Français *dénizé* en Angleterre, quoique la dénization exigeât un serment de fidélité? Sous ce rapport, il faut donc consulter le fait, l'étendue du serment prêté, et, pourvu que l'obligation morale contractée avec le pays étranger fût temporaire et conciliable avec l'esprit de retour, il n'y a pas perte de la qualité primitive. Quant au traitement, il ne donne pas non plus aux fonctions un caractère essentiellement public dans le sens de l'art. 17 et des décrets subséquens, qui ont eu surtout en vue ce qui est relatif au pays considéré comme Etat politique, non à ce qui tient aux intérêts généraux de l'humanité. Nous pensons qu'il en doit être de même des professeurs et de tout ce qui tient à l'instruction; le traitement doit être écarté, l'étendue du serment seule consultée, mais interprétée favorablement.

15. Si le Français est au service d'un prince étranger avec l'autorisation du gouvernement, il ne peut, sans perdre ses droits civils en France, accepter les titres que ce prince lui confère à raison de ses services, à moins d'une autorisation spéciale du gouvernement français; et si ces titres sont héréditaires, il perd, par leur acceptation, même autorisée, la qualité de Français (*Avis du 14—21 janv.* 1812, 3e *et* 4e *quest.*); car l'acceptation de titres transmissibles après la mort est une preuve sans réplique de la perte d'esprit de retour.

16. Nous renvoyons à l'art. 21 pour expliquer les autres effets de l'acceptation de fonctions publiques à l'étranger, parce qu'ils sont souvent les mêmes que pour l'acceptation des services militaires.

17. Le troisième cas prévu, c'est l'établissement en pays étranger sans esprit de retour.

Lorsqu'on ne se trouve pas dans un cas précisément prévu par la législation positive, c'est à celui qui veut prouver la perte de l'esprit de retour à rassembler les présomptions qui peuvent l'établir. En cette matière, où tout est abandonné aux présomptions de l'homme, les juges deviennent des jurés, et tout dépend des circonstances (M. CRETET, *séance du 4 fruct. an IX*; M. DURANTON, *t.* 1er, *no* 185; M. GUICHARD, *no* 312).

Un établissement commercial ne fait jamais présumer la perte de l'esprit de retour (*V.* surtout M. GARY, *disc. au Corps-Législ.*). Mais si à ce fait se joignait une des présomptions légales établies par les deux premiers paragraphes de l'art. 17, notamment la naturalisation, on ne pourrait, nonobstant les présomptions contraires, telles que le retour en France, les correspondances, etc., regarder comme Français le commerçant qui aurait acquis un titre contraire (*Cass.* 17 *juill.* 1826; DALLOZ, *lieu cité, no* 2, nonobstant DELAPORTE, *Pand. fr. no* 84 *sur l'art.* 17, et *Discussion au C. d'État*, 14 *therm. an IX*).

18. En général, comme l'esprit de retour est toujours présumé, les juges doivent être difficiles dans le choix des conjectures : on ne peut considérer comme preuve ni le mariage d'un Français en pays étranger, parce que la femme change de condition et n'en peut faire changer au mari, ni les lettres missives par lesquelles le Français s'expliquerait sur son intention de quitter la France, parce que la volonté est incertaine et changeante (*Pand. fr. no* 83), ni la longue absence, même suivie du décès en pays étranger (M. MERLIN, *Répert. mot Absent*), ni le changement de religion, si puissant autrefois sur la question d'abdication (*ibid.*), parce que toutes les religions sont également tolérées en France. Mais si, en quittant la France, le Français *non commerçant* a emmené sa femme et ses enfans, qu'il ait acheté des biens immeubles dans le pays qu'il habite, et revendu tous ses biens de France pour transporter toute sa fortune dans le lieu de sa nouvelle demeure; s'il y établit ses enfans, toutes ces présomptions réunies pourront déterminer la conviction du juge, à moins qu'elles ne s'expli-

quent chacune par d'autres motifs (*V.* sur ce sujet BACQUET, *Aubaine*, *ch.* 38; LEBRUN, *Succession*, *liv.* 1er, *ch.* 2, *sect.* 4; BOUGUIER, *lettre S*, *no* 15; BRODEAU, *sur* Louet, lettre S, *no* 13; POTHIER, *T. des personnes*, *tit.* 2, *sect.* 4).

RENVOI AUX ARRÉTISTES.

REJET, *sect. civ.* 17 *nov.* 1818. — S. 1819, 1. 197. — D. 1819, 1. 17. — P. t. 1er de 1819, p. 508. — N. D. t. 5, p. 272.

CASS. 19 *janv.* 1819. — S. 1819, 1. 174. — D. 1819, 1. 65. — — P. t. 1er de 1819, p. 477. — N. D. t. 6, p. 515.

PARIS, 17 *juillet* 1820. — S. 1825, 1. 151. — D. 1824, 1. 558. — P. t. 1er de 1819, p. 477. — N. D. t. 6, p. 515.

MONTPELLIER, 12 *juillet* 1826. — S. 1827, 2. 227 — D. 1827, 2. 140.

CASS. 17 *juillet* 1826. — S. 1827, 1. 53. — D. 1826, 1. 418. — P. t. 1er de 1827, p. 58.

POITIERS, 26 *juin* 1829. — S. 1830, 2. 99. — D. 1830, 2. 149.

PAU, 19 *mars* 1834. — S. 1834, 2. 442. — D. 1834, 2. 232.

REJET, 14 *mai* 1834. — S. 1834, 1. 847. — D. 1834, 1 245. — P. t. 3e de 1834, p. 7.

ARTICLE 18.

Le Français qui aura perdu sa qualité de Français, pourra toujours la recouvrer en rentrant en France avec l'autorisation du roi, et en déclarant qu'il veut s'y fixer, et qu'il renonce à toute distinction contraire à la loi française.

SOMMAIRE.

1. *A quoi s'étend l'art.* 18.
2. *Forme de la demande.*

1. L'art. 18 n'est corrélatif qu'à l'art. 17. Il faut donc n'avoir perdu la qualité de Français que par naturalisation ou acceptation de fonctions publiques à l'étranger, pour la recouvrer suivant le mode de l'art. 18 : car, s'il n'y a pas d'acte public qui lui ait ôté sa qualité, la présence du Français efface les présomptions incertaines qui résulteraient de tout établissement en pays étranger. C'est un absent qui rentre dans ses foyers; il n'a pas besoin d'autorisation; l'esprit de retour est prouvé par le fait même (DELAPORTE, *Pand. fr.* no 85 *sur l'art.* 18, nonobstant M. DURANTON, *no* 193).

2. La demande doit être adressée au ministre de la justice (*Arg. de l'avis du* 14—21 *janv.* 1812, 8e *et* 9e *quest.*), et la déclaration faite à la mairie du lieu où le Français veut s'établir (*V. les décrets et ord. de réintégration recueillis par M. Locré, Législ. civ. et comm. t.* 2, *p.* 448). Elle pourrait avoir lieu devant l'ambassadeur ou le consul français, si l'individu n'avait pas encore obtenu la permission de rentrer (*V. le no* 12 *sur l'art.* 8, *p.* 25).

La déclaration de renoncer à toute distinction contraire à la loi française n'est pas oiseuse, comme l'a pensé M. Guichard, no 317 : ainsi, puisque l'acceptation d'un titre héréditaire à l'étranger emporte la naturalisation, celui qui veut redevenir Français doit renoncer au titre héréditaire qu'il tient d'un souverain étranger.

ARTICLE 19

Une femme française qui épousera un étranger, suivra la condition de son mari.

Si elle devient veuve, elle recouvrera la qualité de Française, pourvu qu'elle réside en France, ou qu'elle y rentre avec l'autorisation du roi, et en déclarant qu'elle veut s'y fixer.

SOMMAIRE.

1. *Moment où s'opère le changement d'état.*
2. *En perdant la qualité de Français, le mari ne rend pas sa femme étrangère.*
3. *Si les femmes des habitans des pays séparés par le traité de 1814 sont étrangères.*
4. *De l'annulation du mariage.*
5. *Du veuvage, avec résidence en France,*
6. *Et avec domicile à l'étranger. Renvoi.*
7. *De l'état des enfans pendant le veuvage.*

1. Article fondé sur le même principe que l'art. 12. Dès l'instant que la femme française a épousé un étranger, elle devient étrangère et n'a droit qu'à la protection accordée par nos lois aux membres de la nation à laquelle appartient son mari (*V.* comme exemple *le no* 22 *sur l'art.* 14, *p.* 39).

On ne distingue pas si les époux habitent en France ou en pays étranger. Le fait même que la femme déciderait son mari à venir s'établir en France ne ferait pas cesser de la considérer comme étrangère (M. BOULAY, *séance du 4 fruct. an IX*); on ne distingue pas non plus si la femme est majeure ou mineure lors du mariage (M. DURANTON, *t.* 1er *no* 188).

2. Quoique, dans nos usages, la femme participe à tous les honneurs, prérogatives et priviléges du mari (M. MERLIN, *Répert. mot Femme*, *no* 6; DENIZART, *même mot*, *no* 1), il ne faut pas prendre les mots *suivre la condition* dans le sens de changemens successifs d'état, mais seulement pour exprimer celui qui s'opère à l'instant même du mariage. Si le mari français au moment du mariage, devient ensuite étranger par la naturalisation, la femme, même en le suivant en pays étranger (*V. l'art.* 214 *du C. civ.*), demeure Française. En aucun cas, l'état civil acquis ne peut

être perdu par le fait d'autrui (Delvincourt, *note* 6 *sur la p.* 13; Maleville, *sur l'art.* 12; M. Locré, *Esp. du C. civ. t.* 1er, *sur l'art.* 19, 2e *div.* M. Duranton, *t.* 1er, *n*o 189; M. Dalloz, *Droits civ. et pol. sect.* 2, *art.* 2, *n*o 13).

3. Les arrêts qui ont considéré comme étrangères les femmes mariées antérieurement à 1814 aux naturels des pays réunis, faute par les maris d'avoir rempli les formalités prescrites par la loi du 14 oct. 1814, et qui en conséquence ont déclaré les tribunaux français incompétens à leur égard (*Rejet,* 14 *avril* 1818; *Metz,* 25 *août* 1825), ne sont pas contraires à ces principes. On a vu, en effet, que les habitans des pays réunis n'étaient devenus Français que sous une condition qui ne s'était pas réalisée, et que la distraction de territoire avait eu pour effet de les rendre à leur ancienne patrie (*V. les n*os 9 *et* 18 *sur l'art.* 8). Ainsi leurs femmes sont dans la position de celles qui auraient épousé des étrangers, en les croyant Français : c'est une erreur sur la qualité accidentelle du mari, erreur qui ne peut empêcher le mariage de produire ses effets, parce qu'elle ne tombe que sur un accessoire, et l'un des effets immédiats du mariage étant de changer la naturalité de la femme, ce changement a pu s'opérer même à son insu.

Ce qui paraît plus grave, ce sont deux arrêts dans l'affaire Despine contre les héritiers Demidoff (*Orléans,* 27 *mars* 1833, *et Rejet,* 14 *mai* 1834), qui portent dans leurs motifs que la femme d'un Français, étrangère d'origine, ne peut invoquer la nationalité de son mari, quand celui-ci a accepté des titres conférés par un souverain étranger. Mais il ne résulte pas du texte de ces arrêts que les titres conférés au sieur Despine, en Russie, fussent postérieurs à son mariage; et si, dans le fait, ils étaient antérieurs, ces décisions seraient conformes aux principes.

4. Si le mariage était annulé, la femme n'aurait jamais cessé d'être Française, dit M. Duranton, (*t.* 1er, *n*o 187). Rien de plus exact; mais ce qui ne l'est pas à nos yeux, c'est d'ajouter que les juges pourront examiner si, en contractant mariage avec un étranger, la femme n'aurait pas formé un établissement *sans esprit de retour!* La perpétuité du mariage suppose en soi la perte de l'esprit de retour; mais cette intention étant subordonnée à l'existence du mariage, ne peut produire aucun effet si le mariage est nul. En vain dira-t-on que la solution dépend des circonstances : les circonstances auront ou précédé ou suivi le mariage; si celles qui le précédaient ont eu assez de force pour produire l'abandon du pays, les considérations tirées du mariage deviennent inutiles, on ne perd pas des droits déjà perdus; si les circonstances antérieures au mariage étaient insuffisantes, comment pourrait-on invoquer les faits postérieurs? Est-ce que *l'esprit de retour* peut se

perdre *sans intention?* Or, dès que le mariage avait par sa seule force et de plein droit fait perdre à la femme sa patrie originaire, comment lui supposer, après le mariage, la volonté de perdre ce qu'elle croyait irrévocablement perdu? Tous ces faits subséquens ne sont donc que la conséquence ou de la subordination de la femme à un mari étranger, ou de son opinion sur son état, et ne doivent être comptés pour rien.

5. Nous avons vu sous l'art. 12, no 3, que l'étrangère qui avait épousé un Français conservait la qualité de Française dans le veuvage. Par suite de la faveur accordée à la naturalité, la femme, française de naissance, reprend facilement ses droits originaires, quand le veuvage lui rend sa liberté. Si elle réside en France, elle recouvre de plein droit son état de Française, sans autorisation (M. Duranton, *t.* 1er, *n*o 193; Delaporte, *Pand. franç. sur l'art.*), sans déclaration quelconque (*Rejet,* 19 *mai* 1830). M. Guichard (*n*o 318) avait pensé que la déclaration était nécessaire pour éviter tout doute sur l'intention; mais la faveur due à l'origine, la présomption d'affection pour le sol natal, et même la construction grammaticale de l'article, doivent faire rejeter cette opinion.

« La présence casuelle et passagère de la femme en France lors de la mort de son mari, ne suffirait pas pour opérer cet effet; mais si elle y avait sa demeure habituelle, son absence casuelle et momentanée à l'époque de la dissolution du mariage ne la priverait pas de ce bénéfice (Delaporte, *ibid.*). »

6. Si la femme ne résidait pas en France, elle ne redeviendrait pas Française *de plein droit :* elle devrait demander l'autorisation du gouvernement pour rentrer dans son pays natal et déclarer l'intention de s'y fixer (*V. les aut. cités, ibid*). Quant à la forme de cette déclaration, *V. le n*o 12 *sur l'art.* 9, *p.* 25.

7. Il est évident pour nous que les enfans de la femme qui recouvre la qualité de Française n'en conservent pas moins leur extranéité native, s'ils sont nés en pays étranger, ou leur qualité conditionnelle de Français, s'ils sont nés en France, comme nous l'avons expliqué sous les art. 9 et 10. Nous n'en parlerions même pas, s'il n'existait une séduisante dissertation de M. Duvergier (*Rec. de M. Sirey,* 1832, 2. 641) pour établir que la puissance de la mère sur les enfans mineurs communique à ceux-ci la qualité de Français. Nous engageons à la lire : M. Duvergier est du petit nombre des écrivains chez lesquels on trouve à s'instruire, même quand une grave préoccupation les fait tomber dans l'erreur.

RENVOIS AUX ARRÊTISTES.

Rejet, 14 *avril* 1818. — S. 1819, 1. 193. — D. 1819, 1. 103. — P. t. 2e de 1819, p. 537. — N. D. t. 6, p. 466.

Metz, 25 *août* 1825. — S. 1827, 2. 192. — D. 1827, 2. 93.
— P. t. 1ᵉʳ de 1827, p. 69.

Rejet, 19 *mai* 1830. — S. 1830, 1. 325. — D. 1830, 1. 245.
— P. t. 5 de 1830, p. 355.

Orléans, 27 *mars* 1833. V. l'arrêt de rejet du 14 mai 1834.

Rejet, 14 *mai* 1834. — S. 1834, 1. 847. — D. 1834, 1. 245.
— P. t. 3ᵉ de 1834, p. 7.

ARTICLE 20.

Les individus qui recouvreront la qualité de Français, dans les cas prévus par les articles 10, 18 et 19, ne pourront s'en prévaloir qu'après avoir rempli les conditions qui leur sont imposées par ces articles, et seulement pour l'exercice des droits ouverts à leur profit depuis cette époque.

1. Nous avons déjà fait remarquer que cet article ne comprenait pas les droits ouverts au profit de l'enfant né en France d'un étranger (*V. le nᵒ* 15 *sur l'art.* 9, *p.* 26). Le décret du 26 août 1811 avait déjà apporté de graves modifications à sa disposi-. tion, en appelant à la jouissance des droits civils utiles les Français dont la naturalisation était autorisée (*art.* 3), et à leurs enfans nés à l'étranger pendant leur minorité et les dix premières années de leur majorité (*art.* 4), et en relevant de toutes déchéances les Français naturalisés sans permission qui obtiendraient des lettres de relief (*art.* 12) : ce qui donnait à ces lettres un effet rétroactif, ainsi que le remarque avec justesse M. Duranton (*t.* 1ᵉʳ, *nᵒ* 197), nonobstant ce qu'a dit depuis M. Dalloz (*Droits civ. et polit. sect.* 2, *art.* 1ᵉʳ, *nᵒ* 27). Enfin, la loi du 14 juillet 1819 rend cet article à peu près sans intérêt, puisque tous les enfans des Français qui ont perdu cette qualité pourront exercer leurs droits comme étrangers, à moins que leurs parens, à l'aide de lettres de relief, n'obtiennent le même résultat.

ARTICLE 21.

Le Français qui, sans autorisation du roi, prendrait du service militaire chez l'étranger, ou s'affilierait à une corporation militaire étrangère, perdra sa qualité de Français.

Il ne pourra rentrer en France qu'avec la permission du roi, et recouvrer la qualité de Français qu'en remplissant les conditions imposées à l'étranger pour devenir citoyen ; le tout sans préjudice des peines prononcées par la loi criminelle contre les Français qui ont porté ou porteront les armes contre leur patrie.

1. Il s'agit ici des deux causes les plus graves qui puissent faire perdre la qualité de Français : « La politique, l'intérêt de la nation, celui de nos « alliés peuvent exiger que des Français aillent « servir dans leurs armées. Ceux qui partent avec « l'autorisation du gouvernement sont irréprocha- « bles ; mais ceux-là sont coupables qui n'ont point « cette autorisation ; ils se placent dans une posi- « tion qui peut devenir hostile envers leur pays, « et s'exposent à porter les armes contre leur pa- « trie (*Disc. du tribun* Gary *au C. législ.* V. *aussi* « *l'Exp. des motifs de* M. Treilhard). » De là, plus de sévérité pour la restitution de la qualité perdue. Notre article exige que les Français, qui ont eu assez de légèreté pour contracter ces engagemens, remplissent, pour redevenir Français, les *conditions imposées* à l'étranger pour devenir citoyen (*V. les nᵒˢ* 17 *et* 18 *sur l'art.* 8, *p.* 16) ; ce qui n'ôte pas au gouvernement la faculté d'abréger pour eux comme pour l'étranger le stage politique de dix ans (M. Duranton, *t.* 1, *nᵒ* 194).

2. L'art. 21 est une loi pénale, et ne doit pas être étendu dans l'interprétation : les mots *prendre du service* doivent donc s'entendre d'un service obligatoire chez l'étranger. Le Français qui, dans une occasion imprévue ou périlleuse, prêterait un secours momentané sans engagement chez un prince étranger, n'encourrait pas de peine. Prendre du service, c'est s'engager dans un corps et se soumettre pour un temps déterminé à la volonté

des chefs (Delaporte, *Pand. franç.* n° 89 *sur l'art.* 21).

La question que M. Guichard (*n°* 315) résout affirmativement, de savoir si le service dans les milices urbaines d'une cité entraîne la perte des droits civils nous paraît dépendre de la nature même de ce service. Si les lois du pays en font une charge municipale, et le limitent au maintien de l'ordre et de la police intérieure, il serait difficile d'y voir un abandon des droits de Français.

Les lettres patentes qui accordent cette autorisation doivent être demandées individuellement au ministre de la justice : il ne suffirait pas que le prince étranger qui voudrait garder des Français à son service en fît une demande collective par un état général (*Décret du 26 août 1811, art.* 19 ; *Avis du* 14—21 *janv.* 1812, 7e *quest.*). Ce qui s'entend aussi des fonctions publiques quelconques.

L'autorisation n'est accordée que sous la condition imposée à l'impétrant de revenir si le gouvernement le rappelle, soit par une disposition générale, soit par un ordre direct (*même décret, art.* 17) ; et à la charge de ne pouvoir prêter serment à la puissance chez laquelle il servirait que sous la réserve de ne jamais porter les armes contre la France, et de quitter le service, *même sans* être rappelé, si la guerre s'élevait entre les deux puissances (*art.* 18).

3. Les Français autorisés par le gouvernement à passer au service d'une puissance étrangère ne peuvent être ministres plénipotentiaires dans aucun traité où les intérêts de la France seraient débattus (*Décret du 26 août* 1811, *art.* 20), ni entrer en France sans la permission spéciale du roi (*art.* 21), même pour visiter leurs possessions ou suivre leurs affaires personnelles, ou s'ils avaient quitté le service étranger (*Avis du* 14—21 *janvier* 1812, 8e *et* 9e *quest.*). Ils ne peuvent se montrer sur le territoire français avec la cocarde étrangère ou revêtus d'un uniforme étranger (*Décret de* 1811, *art.* 22), quand même le prince au service personnel duquel ils seraient attachés se trouverait en France (*même avis,* 10e *et* 11e *quest.*). Cependant il y a exception pour le cas unique où leur corps serait appelé par le gouvernement à traverser la France ou à y stationner : les Français pourraient alors conserver la cocarde et l'uniforme de ce corps tant qu'ils y seraient présens (*ibid.*). Ils sont autorisés à porter en France les couleurs nationales (*Décret de* 1811, *art.* 22), et même les décorations des ordres étrangers, lorsqu'ils les ont reçues avec l'autorisation du gouvernement (*art.* 23). Enfin les Français au service d'une puissance étrangère, *avec ou sans autorisation,* ne peuvent jamais être accrédités auprès du roi comme ambassadeurs, ministres ou envoyés, ni reçus comme chargés de missions d'apparat qui les mettraient dans le cas de paraître devant le roi en costume étranger (*art.* 24).

On voit, par la nature même de ces dispositions, qu'elles sont pour la plupart applicables à ceux qui exercent à l'étranger des fonctions politiques, administratives et judiciaires ; et comme elles appartiennent au droit politique, on conçoit que le gouvernement a le pouvoir d'en dispenser, lorsque sa dignité n'en souffre pas d'atteinte.

4. Si la guerre éclate entre la France et la puissance au service de laquelle se trouvent des Français, même autorisés, ceux-ci doivent quitter le service, du moment où les hostilités commencent, rentrer en France, et y justifier de leur retour dans le délai de trois mois, à compter du jour des premières hostilités (*Décr. du* 6 *avril* 1809, *art.* 6). Il en est de même des Français qui ont chez l'étranger des fonctions politiques, administratives ou judiciaires (*art.* 20).

Même sans que la guerre ait éclaté, les Français au service militaire de l'étranger (*art.* 23), et ceux qui y exercent des fonctions politiques, administratives ou judiciaires (*art.* 27), sont tenus de rentrer en France, s'ils sont rappelés d'une manière générale (*arg. de l'art.* 27) par une ordonnance publiée dans les formes prescrites pour la promulgation des lois. Quant à ceux qui n'exercent chez l'étranger ni service militaire, ni fonctions politiques, administratives ou judiciaires, l'ordonnance ne peut les concerner qu'autant qu'elle les aurait rappelés nominativement (*art.* 29).

5. Ils doivent tous justifier de leur retour en France dans le délai de trois mois, à compter du jour des premières hostilités, s'il y a guerre (*art.* 6 *et* 20), ou si elle n'est pas déclarée, dans les délais fixés par l'ordonnance de rappel (*art.* 24, 27 *et* 29), en se présentant, savoir, ceux qui ont un domicile en France, devant le procureur du roi du tribunal de leur domicile, ou, s'ils le préfèrent, de Paris ; et ceux qui n'ont pas conservé de domicile, devant le procureur du roi du tribunal de première instance de Paris, pour y requérir acte de présence, lequel sera transcrit au greffe (*art.* 7, 8 *et* 9).

6. Les art. 10 et suivans règlent l'instruction à suivre pour faire juger par contumace ceux qui ne se seraient pas représentés. Les Cours saisies de l'accusation déclareront morts civilement en France (*art.* 28), 1° ceux qui, rappelés nominativement, quoique sans remplir des fonctions à l'étranger, n'auront pas obéi à l'ordonnance de rappel (*art.* 29) ; 2° ceux qui, occupant à l'étranger des emplois, ou exerçant des fonctions politiques, administratives ou judiciaires, ne sont pas rentrés à l'époque des premières hostilités (*art.* 22), ou n'auront point obéi au rappel (*art.* 28) ; 3° et ceux qui, étant au service militaire d'une puissance étrangère, n'ont pas obéi à l'ordonnance de

rappel, mais seulement si la guerre n'avait pas suivi (*art.* 26); car si la guerre éclatait après l'ordonnance de rappel, ainsi que dans le cas où les hostilités lui auraient imposé l'obligation de rentrer, le Français qui demeurerait au service de l'étranger (et qui continuerait à faire partie d'un corps militaire *destiné* à agir contre la France ou ses alliés, *Déc. de* 1811, *art.* 27), encourrait la peine de mort (*Décret de* 1809, *art.* 19 *et* 26), et par conséquent la mort civile comme suite de la peine, tandis que dans les autres articles elle constitue la peine principale.

7. On voit qu'après l'arrêt qui déclare morts civilement les Français dont s'occupe le décret, leur état est bien différent de celui des Français naturalisés sans autorisation (*art.* 6 *et* 7 *du décret de* 1811). La perte des droits civils est pour ceux-ci une conséquence de la perte de la qualité de Français; la mort civile, en frappant ceux-là, est une peine qui atteint des Français coupables.

De là une foule de conséquences différentes dont nous n'indiquerons que les principales.

8. L'arrêt qui déclare que le Français naturalisé sans autorisation a perdu ses droits civils, constate seulement un fait antérieur, ce qui résulte des termes mêmes de l'art. 7 du décret de 1811 : si le mode d'instruction qu'il indique, si les mots *partie civile* établissent qu'il s'agit dans cet article d'une procédure criminelle, c'est qu'il fallait cette procédure pour prononcer la perte des biens et leur confiscation. Aujourd'hui que la confiscation des biens n'existe plus, c'est donc à la justice civile à déclarer que la naturalisation non autorisée a fait perdre les droits civils. Au contraire, à la justice criminelle seule appartient le droit de prononcer la mort civile dans les cas déterminés par les art. 22, 26, 28 et 29 du décret de 1806.

9. Les acquisitions et les dispositions du pur droit civil faites dans l'intervalle de la naturalisation acquise et du jugement, sont nulles. Le décret en donne un exemple pour les successions échues pendant ce temps. Mais les droits acquis ou conférés par les Français qui n'ont point obéi à l'ordonnance de rappel, doivent produire leurs effets en France, s'ils sont antérieurs à l'arrêt qui prononce la mort civile : car ici la mort civile est une peine; toute peine est exécution de sentence, et il serait contraire à la nature des choses que l'exécution précédât le jugement.

10. Si le Français s'est fait naturaliser sans autorisation, les parties intéressées pourront, même après sa mort, et sans arrêt au criminel prononçant la perte de ses droits civils, se prévaloir du fait, et, par exemple, empêcher l'exécution de son testament en France; au contraire, le Français qui aurait encouru la mort civile dans l'un des cas prévus par le décret de 1806, mais qui mourrait naturellement avant qu'elle ne fût prononcée, décéderait dans l'intégrité de son état, et son testament serait valable, même sur les biens de France.

11. Les enfans nés en pays étranger du Français qui s'est fait naturaliser sans l'autorisation requise, sont enfans d'un Français qui a perdu sa qualité, et par conséquent, ont le droit de recouvrer cette qualité en tout temps, conformément à l'article 10 du Code civil; mais les enfans nés même en pays étranger, et avant que la sentence de mort civile n'ait produit effet, du Français qui n'a pas obéi à l'ordonnance de rappel, sont nés Français; et ceux nés depuis que la mort civile produit ses effets, ne peuvent devant la loi française invoquer leur origine paternelle : le mort civilement n'a plus de famille. C'est ce qui a été dit explicitement au conseil d'État, sur la question de savoir si les enfans d'émigrés pourraient profiter de l'art. 3 du projet, devenu l'art. 10 du Code civil (*Séance du 14 thermidor, an IX*).

12. Quoique ces décrets soient d'ordre politique, on y trouve au moins la consécration du principe que l'autorité judiciaire est la sauve-garde de l'état des citoyens. Les lois révolutionnaires sur les émigrés et les prêtres déportés avaient, par des vues politiques, abandonné ce principe et conféré à l'administration la confection et la révision des listes, les éliminations et les radiations.

Les lois politiques ont aussi, sans prononcer la mort civile, privé de droits civils des citoyens d'une classe déterminée. Tel est l'art. 7 de la loi du 12 janvier 1816, portant que ceux qu'elle exclut *à perpétuité* du royaume « ne pourront y jouir d'aucun droit civil, y posséder aucun bien, titre ni pension à eux concédés à titre gratuit ». Les lois de cette espèce doivent toujours s'interpréter étroitement. Ainsi l'on a jugé que cette défense de jouir d'aucun droit civil dans le royaume n'était pas un obstacle au droit de succéder *ab intestat*. (*Cass. 20 février* 1821; *S.* 21, 1. 172; *P. t.* 2e *de* 1821, *p.* 129; *N. D. t.* 6, *p.* 520).

Cette disposition est abrogée par l'art. 1er de la loi du 11 septembre 1830 qui « réintègre les « Français bannis, en exécution des art 3 et 7 « de la loi de 1819, dans tous leurs droits civils et « politiques, et dans les biens et pensions dont « ils auraient été privés par suite de ladite loi, « sans préjudice des droits acquis à des tiers. »

Enfin, il existe une loi qui règle l'étendue de la privation des droits civils en France des deux familles dont les événemens politiques ont successivement renversé le trône : c'est la loi du 10 avril 1832, qu'on peut lire au *Bulletin* 71, n° 153.

SECTION DEUXIÈME.

De la privation des droits civils par suite de condamnations judiciaires.

OBSERVATIONS GÉNÉRALES.

SOMMAIRE.

1. *Transition : Privation partielle des droits civils; texte du Code pénal. Renvoi.*
2. *Définition de la mort civile suivant Pothier.*
— *D'après les autres auteurs,* à la note.
3. *Division de la matière.*

1. Jusqu'à présent le Code s'est occupé de la privation des droits civils par suite de la perte de la qualité de Français : alors le Français qui change d'état fait partie d'une autre société. Dans la seconde section, il traite de la privation *totale* des droits civils PAR SUITE de condamnations judiciaires, à laquelle on a donné le nom de *mort civile*.

Quant à la privation *partielle* des droits civils, soit comme peine principale, soit comme conséquence de la peine, elle n'appartient pas à ce titre sous lequel on est pourtant dans l'usage de la traiter. Nous nous bornerons donc à dire ici que l'art. 28 du Code pénal attache « la dégradation civique aux condamnations à la peine des travaux forcés à temps, de la détention, de la réclusion ou du bannissement : cette dégradation est encourue du jour où la condamnation est devenue irrévocable, et, en cas de condamnation par contumace, du jour de l'exécution par effigie. »

Que l'art. 34 du même Code fait consister la dégradation civique, « 1° dans la destitution et l'exclusion des condamnés, de toutes fonctions, emplois ou offices publics, 2° dans la privation du droit de vote, d'élection, d'éligibilité, et en général de tous les droits civiques et politiques, et du droit de porter aucune décoration ; 3° dans l'incapacité d'être juré, expert, d'être employé comme témoin dans les actes, et de déposer en justice autrement que pour y donner de simples renseignemens ; 4° dans l'incapacité de faire partie d'aucun conseil de famille, et d'être tuteur, curateur, subrogé-tuteur ou conseil judiciaire, si ce n'est de ses propres enfans et sur l'avis conforme de la famille ; 5° dans la privation du droit de port d'armes, du droit de faire partie de la garde nationale, de servir dans les armées françaises, de tenir école, ou d'enseigner et d'être employé dans aucun établissement d'instruction à titre de professeur, maître ou surveillant.

Que l'art. 29 place de plus dans un état d'interdiction légale, *pendant la durée de sa peine*, « quiconque aura été condamné à la peine des travaux forcés à temps, de la détention ou de la réclusion : il lui sera nommé un tuteur et un subrogé-tuteur pour administrer ses biens, dans les formes prescrites pour la nomination des tuteurs et subrogés-tuteurs aux interdits. »

Qu'enfin l'art. 42 donne aux tribunaux, jugeant correctionnellement, dans certains cas, et suivant qu'ils en trouveraient la prescription ou l'autorisation dans une disposition particulière de la loi, dit l'art. 43, « le pouvoir d'interdire, en tout ou en partie, l'exercice des droits civiques, civils et de famille suivans : 1° de vote et d'élection ; 2° d'éligibilité ; 3° d'être appelé ou nommé aux fonctions de juré ou autres fonctions publiques, ou aux emplois de l'administration, ou d'exercer ces fonctions ou emplois ; 4° du port d'armes ; 5° de vote et de suffrage dans les délibérations de famille ; 6° d'être tuteur, curateur, si ce n'est de ses enfans et sur l'avis seulement de la famille ; 7° d'être expert ou employé comme témoin dans les actes ; 8° de témoignage en justice, autrement que pour y faire de simples déclarations. »

Nous avons cru devoir aussi réunir ces dispositions. La connaissance des textes qui privent en certains cas d'une portion des droits que confère l'organisation sociale, conduit à une plus juste notion de leur privation totale : car le *moins* est contenu dans le *plus*; et tous les droits énumérés dans la privation partielle sont nécessairement compris dans la privation totale. Ainsi, même après la prescription de la peine, le mort civilement ne pourrait prétendre ni au port d'armes, ni à tenir école, ou à être employé dans aucun établissement d'instruction à titre de professeur, maître ou surveillant.

Mais ce n'est pas le lieu de développer ces textes dont une partie concerne les droits civiques qui ne sont pas de notre sujet, et l'autre trouvera son explication quand nous traiterons de la tutelle, de la capacité et de la preuve des obligations. Retournons à la mort civile.

2. Pothier (*Introd. génér. aux Coutumes*, n° 27), après avoir dit que la vie civile ou l'état civil n'est autre chose que la participation d'une personne aux droits de la société civile, ajoute : « La « mort civile est le retranchement de cette société « et la privation de ces droits. » Cette définition est peut-être la plus exacte qui nous ait été donnée de la mort civile, parce qu'elle est générale et s'y applique, quelle qu'en soit la cause. Elle pouvait comprendre sous l'ancien droit la mort civile volontaire, laquelle résultait de la profession religieuse, et comprend, sous le nouveau, la mort civile, peine principale portée par le décret de 1809, et la mort civile, effet des condamnations

judiciaires, dont s'occupe seulement le Code civil (*).

3. C'est du Code civil que nous devons parler principalement. Il détermine d'abord dans les art. 22, 23 et 24 quelles condamnations emportent la mort civile ; dans l'art. 25, il en fixe les principaux effets. L'art. 26 règle l'époque à laquelle commence la mort civile, quand la condamnation est contradictoire : mais pour les condamnations par contumace, qui laissent à l'accusé la possibilité de se représenter pendant un délai de grâce, et, même après l'expiration de ce délai, jusqu'à la prescription de la peine, les dispositions sont plus multipliées et occupent les art. 27 à 31. L'art. 32 porte que la prescription de la peine sera sans effet sur les droits civils du condamné ; et l'art. 33 attribue à l'État les biens que le condamné aura pu acquérir depuis la mort civile encourue. Nous suivrons la marche du Code, et nous ajouterons à l'art. 32 qui s'occupe de la prescription, quelques observations sur les effets de la grâce.

(*) Il peut être utile de rassembler les diverses définitions de la mort civile données par les auteurs. On retrouvera dans toutes cette idée de retranchement de la société qui fait la base de la définition de Pothier.

« On appelle mort civile l'état de ceux qui sont condamnés à la mort, ou à d'autres peines qui emportent la confiscation des biens : cet état retranche de la société et de la vie civile ceux qui y tombent, et les rend comme esclaves de la peine qui leur est imposée (DOMAT, *Lois civiles*, *liv. prél. tit* 2, *sect.* 2, *n°* 12). »

« La mort civile, considérée en elle-même, est l'état d'un individu qui a subi, en vertu de jugement, une peine ayant pour effet de retrancher celui qui en est frappé du nombre des membres de la société (DELVINCOURT, *t.* 1, *tit.* 2, *ch.* 2, *sect.* 1re). »

« La perte de tous les droits civils, par suite de condamnations judiciaires, est ce qu'on appelle mort civile..... Ce n'est point une peine, mais l'effet de la peine...... La mort civile est l'état où se trouve le condamné après l'exécution de son jugement...... C'est le retranchement absolu de la société et la privation de toute participation aux droits civils (M. TOULLIER, *t.* 1, *n°s* 271 et 279). »

« La mort civile est une fiction par laquelle l'homme condamné à une peine à laquelle elle est attachée est réputé mort par le retranchement perpétuel qu'il souffre de tous les droits qu'il tenait de l'organisation sociale (M. PROUDHON, *C. de dr. franç. ch.* 10, *sect.* 1re, *p.* 74). »

« C'est l'état d'un individu qui a subi une condamnation dont l'effet est de le faire réputer retranché du nombre des membres qui composent cette société, et, par suite, de lui interdire toute participation aux droits civils et politiques de cette société (M. DURANTON, *t.* 1, *n°* 213). »

On remarquera sur ces définitions que presque tous les auteurs s'accordent à regarder la mort civile comme un état. Il y a dans cette qualification quelque chose et d'exact et d'inexact, car peut-être est-ce moins un état que la privation absolue de l'état civil ; mais comme la privation est toujours examinée corrélativement à la jouissance qui est un des effets de l'état, on a été conduit à se servir du même terme métaphysique pour exprimer et l'affirmation et la né-

ARTICLE 22.

Les condamnations à des peines dont l'effet est de priver celui qui est condamné, de toute participation aux droits civils ci-après exprimés, emporteront la mort civile.

---

gation de droits dans un individu. D'ailleurs, il reste toujours l'état naturel dont la mort seule peut priver.

La mort civile est-elle bien une fiction ? Nous ne le pensons pas. Son nom est une expression figurée, c'est vrai ; mais ce nom figuré, qui fait comprendre l'étendue des effets de la mort civile, exprime quelque chose de bien réel. Il ne fallait donc pas dire que le mort civilement était *réputé retranché du nombre des membres qui composent la société*. Il en est retranché en effet : il a cessé de faire partie de la société civile, quoiqu'il fasse encore partie de la société humaine.

Les définitions que nous avons rapportées font de la mort civile un effet de la peine, ce qui est vrai dans les principes du Code civil et de la jurisprudence antérieure relativement au contumace. Elles sont donc justes, considérées sous ce rapport spécial ; mais il n'est pas contre la nature des choses que les lois établissent la mort civile comme peine principale. La société a certainement le droit de priver de ses avantages ceux qui ont enfreint ses lois ; et rien n'empêcherait qu'elle infligeât, comme peine unique, ce qui n'est aujourd'hui qu'une suite de la peine : ainsi a procédé le décret de 1809 : ainsi pourrait procéder une loi nouvelle : c'est ce qui nous a fait préférer la définition de Pothier.

Qu'on nous permette ici une remarque grammaticale : l'homme frappé de mort civile est *mort civilement* : et la nécessité du langage a fait prendre ces mots substantivement. Une ellipse commune justifie cette locution qu'on veut aujourd'hui remplacer, contre toute analogie, par une autre : *le mort civil*. Outre l'idée bizarre que présentent ces mots, il y a de bonnes raisons pour les repousser. Pourquoi dirait-on *le mort civil* pour exprimer celui que la mort civile atteint, quand on ne peut pas dire *le mort naturel*, en parlant de l'homme que la mort vient de frapper ? Si on s'était servi, pour exprimer la mort civile, de l'expression de *mort légale*, hasardée par le tribun Thiessé dans son rapport, aurait-on appelé *morts légaux* ceux qui en auraient été atteints ? Autant vaudrait, au risque d'un contre-sens, donner le nom d'*excommunié religieux* à celui qu'une société religieuse expulse de son sein. Si l'usage est le maître du langage ordinaire, ceux qui écrivent sur une science doivent se garder d'introduire un usage vicieux dans sa langue spéciale.

7. Si les effets de la mort civile sont limités. Renvoi.

1. Chez les Romains, le changement d'état, *maxima capitis deminutio*, résultait de la condamnation même (*L.* 10, § 1 *et L.* 29, *ff. de pœn.; L.* 6, § 6, *ff. de injust. rupt. irrit. fact. testam.*). Dans le droit français, la jurisprudence fut long-temps incertaine; mais la haine des confiscations qui accompagnaient toujours les condamnations capitales l'emporta. On argumentait surtout de ce que la condamnation était secrète comme l'instruction; de ce que les tiers auxquels on opposerait l'incapacité du condamné ne pouvaient connaître cette incapacité que par l'exécution, seule notification possible envers la société (RICHER, *liv.* 2, *ch.* 2, *sect.* 3, *p.* 149 *et suiv.*; contre POTHIER, *Tr. des personnes, tit.* 3, *sect.* 2, *et Intr. gén. aux Cout. nº* 31, qui enseigne que la mort civile courait du jour de la prononciation au condamné). De là, la maxime que la mort civile n'était pas la conséquence immédiate de la condamnation, mais l'effet de la peine ou de l'exécution.

2. Ce principe a passé dans le Code civil (*art.* 26), sur les observations de MM. Portalis et Tronchet contre l'opinion du consul Cambacérès qui invoquait les changemens introduits dans la procédure (*séance du* 16 *therm. an IX*). On a cherché à le faire sentir, et dans la rubrique de cette section, et dans la rédaction embarrassée de l'art. 22. La rubrique parle de la mort civile comme d'une *suite* de certaines condamnations judiciaires; le texte parle de peines dont la mort civile est l'*effet* (M. LOCRÉ, *Espr. du C. civ. sur l'art.* 22). Ces mots opposés l'un à l'autre expriment, l'un la conséquence médiate et indirecte, l'autre la conséquence directe et immédiate.

3. Puisque, dans les principes du Code, la mort civile est une conséquence de la peine, elle ne doit pas être prononcée par le juge, et la condamnation à une peine emportant mort civile suffit pour la produire aux époques fixées par les art. 26 et suivans (M. TOULLIER, *t.* 1er, nº 272; M. DURANTON, *t.* 1er, nº 213; DELVINCOURT, *note* 5 *sur la p.* 24). Mais dans les cas prévus par le décret de 1809, le juge doit prononcer la mort civile, puisqu'elle est alors peine principale.

4. Les condamnations judiciaires ne peuvent produire la mort civile en France qu'autant qu'elles ont été prononcées par des tribunaux français : en conséquence, un Français, condamné et même exécuté hors du royaume pour un crime commis en pays étranger, est considéré chez nous comme un accusé mort naturellement avant sa condamnation, c'est-à-dire avec une jouissance entière des droits civils (RICARD, *Donations, nº* 262 *et* 263; BASNAGE, *sur l'art.* 235 *de la Cout. de Normandie;* BRODEAU, *sur Paris, art.* 183; RICHER, *Mort civ.*

part. 2, *liv.* 1er, *ch.* 2, *sect.* 8, *p.* 38; M. MERLIN, *Rép. mot Mort civile, art.* 1er, nº 6, 4e *édit. et art.* 2, nº 5, *nouv. édit.*; M. PROUDHON, *C. du dr. franç. t.* 1er, *ch.* 10, *sect.* 1re, *p.* 74; DELVINCOURT, *note* 2 *sur la p.* 23; M. DALLOZ, *Droits civ. et polit. sect.* 3, *art.* 1er, § 1er, nº 5). Le vrai motif de décider, c'est que les actes de souveraineté étrangère ne peuvent avoir d'exécution en France, ni surtout d'effet sur l'état des Français.

5. Le même principe conduit à décider aussi que l'étranger, frappé dans son pays d'une peine emportant mort civile, jouit néanmoins en France de tous les droits généraux accordés aux étrangers. Cette opinion n'est pourtant pas sans difficulté. Pour constituer un état négatif, la mort civile n'en affecte pas moins l'état du condamné. Ne doit-elle pas dès lors le suivre partout? et n'est-ce pas une tache, une plaie incurable dont le condamné est affligé et qui l'accompagne en tous lieux? C'est l'opinion de Boullenois (*Tr. de la personnalité, tit.* 1er, *ch.* 2, *observ.* 4, *p.* 64) et de d'Argentré (*sur Bretagne, art.* 218, *gl.* 6). MM. Proudhon et Delvincourt (*lieux déjà cités*), sans traiter la question spéciale, paraissent pencher pour cette solution. Mais si nous ne sommes pas tombés dans l'erreur en professant la doctrine que les lois personnelles de l'étranger ne devaient lui être appliquées en France qu'avec certains ménagemens que réclame l'équité (*V. ci-dessus* nº 10 *et suiv. sur l'art.* 11, *p.* 30), nous pouvons dire à plus forte raison que la mort civile, par suite de condamnations judiciaires, étant le retranchement qu'une société fait d'un de ses membres pour punir l'infraction d'une des lois qu'elle a imposées, ses effets doivent se renfermer dans les limites de cette société : c'est ainsi que s'était fixée l'ancienne jurisprudence après quelques variations. L'avocat-général Servin disait : qu'une condamnation à mort avec confiscation de biens, rendue en pays étranger contre un étranger qui avait de grands biens en France, n'avait aucun effet en France pour attribuer au roi, par droit de confiscation, les biens que le condamné y possédait (*Journ. des aud. t.* 1er, *liv.* 1, *ch.* 82, *p.* 48), et le parlement d'Aix décida, par un arrêt du 21 nov. 1641 (*), qu'un individu condamné aux galères par le légat d'Avignon avait pu légitimement donner les biens qu'il avait en Provence. La raison commune à ces deux décisions, c'est que les sentences et arrêts donnés en pays étrangers n'ont aucune force ni pouvoir en France (M. MERLIN, *Rép. mot Jugement,* § 8).

Telle nous paraît être la juste conséquence du principe : il peut cependant rencontrer des difficultés dans l'application, surtout quand les inté-

(*) Cet arrêt est cité par tous les auteurs comme rapporté par Boniface, mais les indications sont fautives, et nous n'avons pu le vérifier.

rêts de l'étranger mort civilement dans son pays se trouvent en concours avec les intérêts d'étrangers de la même nation, comme en matière de succession, ou quand le contrat dont il s'agit doit avoir effet sur l'état même de l'étranger, comme dans le cas de mariage. Nous en verrons des exemples aux titres *du Mariage* et *des Successions*.

6. Si les jugemens rendus en pays étranger contre des Français ne produisent pas la mort civile en France, les condamnations prononcées en France contre des étrangers ne doivent pas produire plus d'effet dans leur patrie ; ceci ne peut souffrir aucune difficulté, mais présuppose qu'un étranger peut être frappé de mort civile en France par un jugement français. Le savant professeur de Dijon est d'une opinion contraire : « L'homme, « dit-il, ne tenant les droits dont se compose son « existence civile que du pacte social dans lequel « il a stipulé, ne peut en être déchu ni frappé de « la mort civile que par le gouvernement dont les « lois régissent l'état de sa personne ; en consé- « quence, un Français condamné en pays étran- « ger ou un ÉTRANGER condamné en France, ne « serait pas frappé de la mort civile, parce qu'une « autorité étrangère à son pacte social ne peut le « priver des droits qu'il ne tient pas d'elle, ni se « constituer juge souverain entre lui et la société « à laquelle il appartient (M. PROUDHON, C. de dr. « franç. ch. 10, sect. 1re). »

C'est en effet parce qu'une autorité étrangère ne peut nous priver de droits que nous ne tenons pas d'elle, ni se constituer juge entre nous et notre pays, qu'à notre avis l'effet des condamnations prononcées en France ne pourrait s'étendre à la patrie de l'étranger. Mais de ce que les effets de la mort civile seraient nécessairement limités au cas où on les invoquerait en France, il n'en ré- sulte pas que les condamnations prononcées contre l'étranger par les juges français ne puissent la produire. La dernière partie de l'argument de M. Proudhon n'est donc pas concluante. Exami- nons-en la première. Pourquoi un étranger ne se- rait-il frappé de mort civile que par les lois de son pays ? Parce qu'il NE tient les droits dont son existence civile se compose QUE du pacte social dans lequel il a stipulé ! Nous pensons qu'ici est l'erreur.

La doctrine de M. Proudhon serait juste, si les étrangers étaient, respectivement à chaque État, considérés comme ennemis et privés de tout droit civil : alors, mais seulement alors, tous les droits dont se composerait leur existence civile auraient leur principe dans les lois de leur pays et NE se puiseraient QUE dans ces lois. Mais quand les lois nationales ou les traités ont admis les étrangers, soit individuellement, soit collectivement, à la jouissance des droits civils en tout ou en partie, il est inexact de voir dans les lois de leur pays la

source UNIQUE de leurs droits. Ceux dont ils jouis- sent en France, ils les tiennent des lois françaises ; s'ils viennent à enfreindre ces lois, ils doivent donc être soumis, dans tous les lieux de la domi- nation française, aux mêmes peines que les Fran- çais, et les peines doivent produire les mêmes effets : autrement, leur condition serait meilleure que celle des Français, et l'étranger qui aurait commis en France un crime digne de la mort, recueillerait tranquillement par ses procureurs les droits civils qui s'ouvriraient à son profit : en un mot, quand nos lois civiles admettent les étrangers à la participation de quelques uns des droits ré- servés aux nationaux, les étrangers doivent être dépouillés de cette portion de droits communi- qués, dans les cas où les Français en perdent la totalité.

7. La lecture de l'art. 22 fait entendre que la mort civile doit avoir des effets limités. C'est ce qui paraît résulter des mots : *droits civils ci-après exprimés*. Nous verrons, sur l'art. 25, qu'il faut se défier de cette première interprétation, et que la mort civile a des effets plus étendus que ne l'in- diquent les termes de notre article.

<hr>

ARTICLE 23.

La condamnation à la mort naturelle emportera la mort civile.

ARTICLE 24.

Les autres peines afflictives perpétuelles n'em- porteront la mort civile qu'autant que la loi y au- rait attaché cet effet.

SOMMAIRE.

1. *Quelles condamnations emportent la mort ci- vile.*

2. *Des condamnations prononcées par les con- seils de guerre et autres tribunaux spéciaux.*

3. *Déportation : conversion en détention à per- pétuité.*

4. *On doit encore prononcer la déportation, quoiqu'elle ne puisse être exécutée. Renvoi pour les effets de la détention.*

5. *Changement opéré dans l'art. 18 du Code pé- nal. Renvoi.*

1. Pour qu'une condamnation emporte mort ci- vile, la loi veut que la peine soit afflictive et per- pétuelle. Afflictive, car les peines les plus sévères doivent seules entraîner la suite la plus grave (M. LOCRÉ, *Esp. du C. civ. sur l'art.* 24) ; perpé-

tuelle, car imitant la mort naturelle, la mort civile est perpétuelle dans le vœu de la loi, et son adjonction à une peine temporaire présenterait un effet qui durerait après sa cause (RICHER, *part. 2, liv. 1er, ch. 2, sect. 1re, p. 28*).

Le Code veut en outre que la loi ait expressément attaché cet effet à la peine : ce qui a fait cesser les questions élevées sous l'ancienne jurisprudence sur les peines emportant mort civile (*V.* RICHER, *même chapitre*).

La condamnation à la mort naturelle emporte en soi la mort civile. Cette disposition est fondée sur le double motif que le condamné peut s'évader, et sur ce que, sans cette disposition, il aurait pu tester valablement, même en cas d'exécution réelle de la sentence (M. BOULAY, *séance du 16 therm. an IX* ; M. DURANTON, *t. 1er, nos 214 et 215. V. le no 23 sur l'art. 25*).

Les autres condamnations auxquelles la loi attache la mort civile sont les travaux forcés à perpétuité et la déportation (*C. pén. art. 7, § 2 et 3, et art. 18*).

2. Les condamnations à la peine de mort par les tribunaux militaires entraînent avec elles la mort civile. La controverse, fondée sur les lois romaines dont Richer (*liv. 1er, ch. 2, sect. 6, p. 34*) discute le sens et l'autorité, avait cessé, du moins pour un cas, par l'art. 6 de l'ordonnance du 17 janv. 1730, portant : que tout déserteur condamné à mort pour crime de désertion, encourt la mort civile. Aussi MM. Merlin (*Rép. mot Mort civile, § 1er, art. 1, no 3, 4e édit. et nouv. édit. art. 2, no 3*), Duranton (*t. 1er, no 218*) et Dalloz (*Dr. civ. et polit. sect. 3, § 1er, no 6*) professent-ils l'affirmative, nonobstant Delvincourt (*note 2 sur la p. 24*). Ce professeur a suivi sans examen la doctrine de Pothier (*Tr. des personnes, tit. 3, sect. 2 in fin.*) et celle d'autres auteurs anciens, qui généralement n'attachaient pas la mort civile aux jugemens militaires, parce que l'ordonnance de 1730 n'avait pas été enregistrée. De Varicourt, additionnaire de Denisart, prétend même que Richer s'était rétracté (BOUHIER, *sur Bourgogne, ch. 55, no 14 et suiv.* ; DENISART, *mot Mort civile, no 27 et suiv.* ; *Arrêt du Parl. de Paris, du 22 juin 1712, Journ. des audiences, 6e vol. p. 256*). Mais aujourd'hui cette opinion doit être abandonnée ; en effet, c'est le Code civil qui règle principalement l'état des personnes, et dès que, par l'art. 23, il place la mort civile parmi les effets que produira la condamnation à la mort naturelle, sans s'occuper des tribunaux qui rendront la sentence, il comprend les condamnations à mort prononcées par les tribunaux d'exception comme par les tribunaux ordinaires ; il domine par conséquent la législation criminelle, que la peine soit prononcée par un tribunal de droit commun ou par un tribunal spécial. Il en faut dire autant pour le cas où il se

rait permis à un tribunal d'exception d'appliquer, en vertu du Code pénal, l'une des deux autres peines perpétuelles auxquelles ce Code donne la mort civile pour effet. Mais les peines spéciales aux tribunaux spéciaux ne pourraient entraîner la mort civile, fussent-elles perpétuelles, à moins d'une disposition formelle de la loi.

3. La déportation, qui, sous le Code pénal de 1810, consistait à être transporté et à demeurer à perpétuité dans un lieu déterminé *par le Gouvernement*, hors du territoire continental du royaume, ne peut plus, depuis la réforme de ce Code en 1832, être subie que dans un lieu déterminé PAR LA LOI (*C. pén. art. 17*). Et tant que la loi n'aura pas établi ce lieu de déportation, ou lorsque les communications seront interrompues entre le lieu de la déportation et la métropole, le condamné subira à perpétuité la peine de la détention.

4. Comme le Code pénal (*art. 7*) n'a pas classé parmi les peines la détention à perpétuité, les magistrats ne peuvent prononcer que la déportation, sauf à l'administration à se conformer, pour l'exécution, à l'art. 17, s'il y a lieu (*V.* M. DUVERGIER, *notes sur les art. 17 et 18 du C. pénal*).

Mais cette détention produit-elle la mort civile comme la déportation qu'elle remplace? Nous examinerons cette question sous l'art. 26.

5. Dans la discussion au conseil d'Etat, on avait proposé de rendre aux déportés l'exercice des droits civils dans le lieu de leur déportation. Alors existait le dessein de fonder une colonie pénitentiaire (*séances des 16, 24 et 26 therm. an IX*). Sur les observations du Tribunat, cet article fut renvoyé au Code criminel ; et le Code pénal de 1810 réalisa ce vœu, en conférant (*art. 18*) au gouvernement la faculté d'accorder au déporté l'exercice des droits civils ou de quelques uns de ces droits, dans le lieu de la déportation. Cet article a subi une importante modification dans la nouvelle édition, en ne s'occupant plus du *déporté*, mais du *condamné à la déportation*, et en ne fixant plus pour limites à cette faveur *le lieu* de la déportation. Nous y reviendrons sur l'art. 26, en examinant la question dont nous avons parlé plus haut.

<hr>

ARTICLE 25.

Par la mort civile, le condamné perd la propriété de tous les biens qu'il possédait : sa succession est ouverte au profit de ses héritiers, auxquels ses biens sont dévolus, de la même manière que s'il était mort naturellement et sans testament.

Il ne peut plus ni recueillir aucune succession,

ni transmettre, à ce titre, les biens qu'il a acquis par la suite.

Il ne peut ni disposer de ses biens, en tout ou en partie, soit par donation entre-vifs, soit par testament, ni recevoir à ce titre, si ce n'est pour cause d'alimens.

Il ne peut être nommé tuteur, ni concourir aux opérations relatives à la tutelle.

Il ne peut être témoin dans un acte solennel ou authentique, ni être admis à porter témoignage en justice.

Il ne peut procéder en justice, ni en défendant, ni en demandant, que sous le nom et par le ministère d'un curateur spécial, qui lui est nommé par le tribunal où l'action est portée.

Il est incapable de contracter un mariage qui produise aucun effet civil.

Le mariage qu'il avait contracté précédemment est dissous, quant à tous ses effets civils.

Son époux et ses héritiers peuvent exercer respectivement les droits et les actions auxquels sa mort naturelle donnerait ouverture.

———

SOMMAIRE.

1. *Transition.*
2. *L'art. 25 n'est pas limitatif.*
3. *Effet-général de la mort civile.*
4. *Le mort civilement jouit des effets civils attachés aux actes du droit des gens.*
5. *Opinion contraire réfutée par ses conséquences,*
6. *Et par les différens projets législatifs.*
7. *Dans nos principes, le mort civilement est encore moins favorisé que l'étranger.*
8. *Il a le droit d'hypothèque.*
9. *Il peut faire des actes authentiques.*
10. *Il peut hypothéquer ses biens nouvellement acquis, cautionner, etc., et faire les actes du droit des gens qui ne lui sont pas spécialement défendus.*
11. *Il ne peut jouir d'aucun bénéfice introduit par le pur droit civil.*
12. *Transition aux prohibitions spéciales.*
13. *Perte des biens.*
14. *Dettes antérieures. Le condamné en est-il pleinement déchargé ?*
15. *Fins de non-recevoir tirées de l'état de sa succession.*
16. *Abrogation de la confiscation. Ouverture de la succession.*
17. *Suite. Annulation de son testament.*
18. *Validité des institutions contractuelles antérieures à la mort civile.*
19. *Si les successions échues et non acceptées font partie des biens que laisse le condamné.*
20. *Des aliénations frauduleuses. Renvoi.*
21. *Incapacité active de succéder.*
22. *Incapacité passive.*
23. *Incapacité relative aux testamens et aux donations.*
24. *Donations manuelles.*
25. *Libéralités pour alimens. Réduction.*
26. *Si le mort civilement conserve les pensions alimentaires antérieures. Renvoi pour l'usufruit.*
27. *S'il a droit à réclamer des alimens après la mort civile.*
28. *S'il peut être tenu de fournir des alimens, et s'il en pourrait léguer.*
29. *Il ne peut être tuteur,*
30. *Ni témoin ou expert.*
31. *De la nécessité d'un curateur aux causes.*
32. *Du mariage du mort civilement. Ancien droit.*
33. *Sous le droit actuel, l'époux du mort civilement a le droit de se remarier.*
34. *Les enfans nés des deux époux pendant la mort civile de l'un d'eux sont illégitimes.*
35. *Des effets de la bonne foi. Quand elle existe.*
36. *Malgré la bonne foi de l'un des époux, les enfans n'héritent pas du mort civilement,*
37. *Ni de ses parens.*
38. *Suites civiles de la dissolution du mariage.*
39. *Questions diverses. Renvois.*

1. Après avoir déterminé quelles condamnations font perdre la vie civile, la loi passe aux effets de la mort civile, et réserve d'indiquer dans les articles suivans le moment où elle est encourue et l'état du condamné pendant le temps intermédiaire.

Pour le dire en passant, le Code nous semble procéder ici plus logiquement que les auteurs, qui tous ont traité et de la condamnation par contumace, et du moment auquel la mort civile est encourue, avant de s'occuper de ses effets. L'énumération des effets de la mort civile en fait mieux connaître la nature : c'est une espèce de description qui remplace les définitions qu'ont évitées les auteurs du Code, et qui met à portée de saisir les nuances existant entre l'état provisoire et intermédiaire du contumace et l'état définitif dans lequel la peine place le condamné.

2. L'énumération de l'art 25 n'est pas limitative, comme pourraient le faire croire les mots « ci-après exprimés » de l'art. 22. C'est ce que prouve fort bien M. Locré (*Esp. du C. civ.* n° 1er sur *l'art.* 25), et ce qu'adoptent tous les auteurs (M. Merlin, *Rép. mot Mort civile*, § 1er, art. 3, n° 5 au suppl.; M. Toullier, *t.* 1er, n° 279 ; M. Duranton, *t.* 1er, n° 247 ; M. Dalloz, *Droits civ. et pol.* sect. 3, art. 1er, § 4, n° 4 ; M. Guichard, *n*° 328). L'objet de l'énumération de l'art. 25 était de prévenir les doutes sur les effets les plus ordinaires de la mort civile, et de décider des points sur lesquels les opinions étaient partagées.

3. L'effet général de la mort civile est de dépouiller celui qui en est frappé de toutes les qualités sociales qui affectaient sa personne. Il n'est plus rien dans l'ordre civil : *personam non habet*; il perd les droits civiques, car il faut faire partie de la société pour être membre de l'État; il perd les droits civils proprement dits, car, étant exclu du rang des personnes, il ne peut jouir des droits établis dans l'intérêt des personnes; il perd les droits de famille, car, s'ils sont fondés sur le droit naturel, c'est la loi civile qui en règle les effets de la manière la plus conforme aux intérêts du pays.

Mais il lui reste l'état naturel inhérent à sa qualité d'homme vivant, et cet état suffit pour lui conférer encore quelques droits : ainsi la loi lui accorde des alimens, punit les attentats commis contre lui, et lui permet de poursuivre les injures qu'il reçoit (M. Abrial, *séance du 16 thermidor an IX*). Ainsi il lui est permis d'acquérir par les contrats du droit des gens (M. Tronchet, *séance du 14 therm. an IX*). Il peut acheter et vendre, prendre et donner en location, échanger, prêter à intérêt, et faire tous les actes de cette espèce (*L. 15, ff. de interd. et releg. et deport.*). Cette règle du droit romain avait passé dans le droit français. Un arrêt du 5 juillet 1558 avait jugé qu'un homme banni à perpétuité pouvait trafiquer en France par correspondant. Or, cette permission de trafiquer renferme nécessairement les facultés qui constituent le trafic, c'est-à-dire celles d'acquérir et d'aliéner (Richer, *part. 2, liv. 3, ch. 1er, p. 206*).

4. La mort civile ne doit pas aller jusqu'à priver les individus qu'elle frappe des effets civils attachés aux actes du droit des gens qu'ils ont la liberté de faire; elle ne doit pas non plus les priver de donner aux actes du droit des gens qui leur sont permis les formes déterminées par les lois du pays où l'acte se passe. C'est ce que nous avons déjà dit (*p. 11, n° 2 sur l'art. 8, et p. 29, n° 5 sur l'art. 11*) en parlant des étrangers.

5. M. Troplong est d'une opinion contraire. Selon lui, le mort civilement ne pourra point hypothéquer les biens acquis depuis la mort civile, parce que l'hypothèque, quoique dérivant du droit des gens, emprunte sa forme du droit civil (M. Troplong, *Hypothèques*, t. 2, *n° 463, ter*); et si le mort civilement veut acheter et vendre, il ne le peut que verbalement ou par acte privé. Une vente par acte authentique serait une participation au droit civil à laquelle il ne peut porter ses prétentions (M. Troplong, *Vente*, t. 1er, *n° 175*).

Cette doctrine n'est-elle pas trop absolue? Ses conséquences semblent le démontrer : car si le mort civilement ne peut affecter d'hypothèque les biens qu'il acquiert; s'il lui est défendu d'acquérir une preuve authentique des contrats passés à son profit, il ne pourra jamais donner aux tiers les sûretés qu'ils demanderont, il ne pourra jamais acquérir celles qui lui sont dues. S'il vend, même par acte sous seing-privé, il ne pourra faire transcrire sa vente au bureau des hypothèques, ni conserver son privilége de vendeur; s'il loue le seul domaine qui lui appartienne, il lui sera défendu de prendre, par une convention hypothécaire, les sûretés possibles contre les dégradations du fermier; s'il donne un mandat, il ne pourrait le faire que par un acte dont la signature serait contestable, etc., etc.......... De pareilles conséquences font naître des doutes sérieux sur la vérité de la doctrine.

De ces conséquences, passons à l'examen des principes qui étayent le système : c'est que « l'étranger n'est privé en France que des droits découlant du pur droit civil; mais le mort civilement, placé à un degré inférieur, est exclu de toute participation aux droits *organisés* ou *modifiés* par le droit civil. Il ne peut prendre part qu'aux contrats laissés sous l'empire du pur droit des gens. »

6. Mais reste-t-il donc des contrats placés sous l'empire du pur droit des gens? Est-ce que le droit civil ne les a pas tous organisés ou modifiés? Est-ce que ce n'est pas organiser un contrat, par exemple, que de régler quand il sera rescindable pour cause de lésion, quand il y aura lieu à redhibition, ou de déterminer les effets du pacte commissoire, le délai après lequel il ne pourra plus être exercé, et les formalités qui devront être remplies pour que la propriété soit acquise à l'égard des tiers? Ces exemples sont pris dans *la vente*, que tous classent unanimement parmi les contrats du droit des gens, et qui est néanmoins, comme on le voit, mélangé de droit civil. Cette idée métaphysique de contrats laissés sous l'empire du pur droit des gens a dû nécessairement faire aller trop loin l'esprit conséquent de M. Troplong.

Les actes du droit des gens ne sont pas ceux auxquels la loi civile n'a apporté ni modification ni règle d'organisation : ce sont les contrats usuels qu'on trouve également chez presque toutes les nations policées (*Inst. liv. 1er, tit. 2, § 1er*), et qui sont si nécessaires au commerce entre les hommes, qu'une espèce de convention tacite en accorde la communication aux étrangers (*V. ci-dessus p. 11*). Le droit civil peut s'y mêler, pour leur donner efficacité, pour leur donner forme probante, pour limiter ou régler leurs effets; ils n'en demeurent pas moins actes du droit des gens, à cause de leur origine.

Aussi, s'il résulte de la discussion au conseil d'État

que l'art. 25 est purement énonciatif des droits civils enlevés aux individus morts civilement, il n'en résulte pas également qu'on ait voulu les priver, sans énumération, des droits dérivés du droit des gens : loin de là, on les leur a constamment reconnus, 1º dans le projet de la commission (*liv.* 1ᵉʳ, *tit.* 1ᵉʳ, *art.* 30 *et* 31), qui, en les privant des avantages du droit civil proprement dit, ajoutait qu'ils *demeurent capables* de TOUS LES ACTES qui sont du droit *naturel* et du droit des gens.

On les leur a reconnus, 2º d'une manière trop étendue dans la rédaction présentée à la séance du 16 therm. an IX, art. 19 : « Les effets de la mort civile *seront :* la dissolution du contrat civil du mariage, l'incapacité d'en contracter un nouveau, etc..... », ce qui aurait été limitatif et n'aurait imprimé à la mort civile que les effets spécialement exprimés.

On les leur a reconnus, 3º dans la rédaction présentée par M. Tronchet, le 24 thermidor, art. 19 : « Les peines qui emporteront la mort civile seront celles dont l'effet est de réputer le coupable retranché à jamais du corps social, et de le priver, par une conséquence nécessaire, de la participation aux droits que la *loi civile* ne communique qu'aux membres de la république. » Ce qui eût été l'assimiler complètement aux étrangers; mais l'art. 21 du même projet servait de correctif, par une énumération semblable à celle de l'art. 25 du Code, laquelle privait le mort civilement de certains droits dérivés du droit des gens.

On les leur reconnaissait encore, 4º quand M. Tronchet proposait à la même séance de supprimer cet article 21 (aujourd'hui 25), d'énumérer au commencement du titre les droits civils attachés à la qualité de Français, de renvoyer pour les effets civils du mariage, et pour les effets de sa dissolution au titre *du Mariage*, et de se contenter de dire, dans la section 2 de ce chapitre, que la mort civile emporte la privation des droits civils expliqués au commencement du titre. — C'était laisser aux morts civilement tous les droits naturels et des gens, comme aux étrangers, et se réserver de les priver des droits du mariage, quoique dérivés du droit naturel et du droit des gens.

Il est évident que la rédaction nouvelle ne change rien à ce système. De ce que la mort civile est le retranchement des droits civils, il suit bien que l'article n'est qu'énonciatif dans les droits civils qu'il énumère, mais on n'en peut conclure qu'il soit exclusif des avantages dérivés du droit des gens, autres que ceux qu'il exprime.

7. Et le mort civilement se trouvera encore placé comme il doit l'être, et comme le veut avec raison M. Troplong, à un degré bien plus bas que l'étranger, puisque celui-ci jouit de la plénitude du droit des gens, tandis qu'à celui-là sont inter-

dits les droits de mariage, de famille, d'ester en nom personnel devant les tribunaux, de rendre témoignage en justice, qui tous paraissent appartenir au droit des gens plus qu'au droit civil.

Tel nous paraît être le résultat, et des projets successifs, et de la discussion, et de la rédaction définitive du Code civil sur ce sujet; et quoique sous l'ancien droit les principes n'eussent pas acquis de fixité, que Pothier lui-même ait écrit que les morts civilement ne jouissaient ni du droit civil, ni du droit des gens, qu'ils ne pourraient ni contracter, ni acquérir, ni posséder, et n'étaient capables que de recevoir des alimens (*Tr. des personnes*, *tit.* 3, *sect.* 2. *V.* aussi Prévôt de la Jannès, *Princip. de la jurispr. fr. t.* 1ᵉʳ, *tit. prélim. nº* 9), cependant d'autres auteurs ont reconnu qu'ils étaient capables des actes du droit des gens, c'est-à-dire au moins de tous les actes à titre onéreux (Richer, *liv.* 3, *ch.* 1ᵉʳ; *p.* 204). Or, outre ce qui s'est passé lors de la formation de la loi, deux raisons militent puissamment aujourd'hui pour l'opinion de ceux qui bornaient les effets de la mort civile, relativement au droit des gens, aux prohibitions expresses de la loi : l'indulgence qui, s'introduisant dans nos mœurs publiques, est si conforme au grand principe que les peines ne s'étendent pas; et la disposition de l'art. 32 qui fait durer la mort civile au-delà de la prescription de la peine, tandis qu'autrefois on a long-temps pensé que la prescription faisait cesser la mort civile (*V.* sur ce point Richer, *part.* 2, *liv.* 4, *ch.* 2, *sect.* 2, *distinct.* 3, *p.* 534). Il faut sans doute qu'un homme auquel il est défendu de purger la contumace, puisse trouver les moyens d'exister par son travail et d'en faire valoir les fruits.

8. Si donc les contrats du droit des gens sont permis au mort civilement, ils doivent produire des effets civils, comme ceux faits par l'étranger qui, dans la pureté des principes, n'a pas non plus de droits civils : en conséquence, « le mort « civilement n'est point exclu du droit de pren- « dre inscription hypothécaire, soit en vertu d'un « contrat qu'il aurait passé devant notaire, soit en « vertu d'un jugement qu'il aurait obtenu par le « ministère d'un curateur, soit en vertu d'un tes- « tament qui lui léguerait une pension alimentaire. « En lui conservant la faculté qu'il tient du droit « des gens de contracter, de se faire rendre justice « par les tribunaux, de recevoir des alimens, la « loi civile lui conserve nécessairement aussi le « droit d'assurer l'exécution des contrats qu'il « passe, des jugemens qu'il obtient, des legs ali- « mentaires qui lui sont faits. Le droit de prendre « inscription est alors pour lui un accessoire qui « suit le sort du principal (**M.** Merlin, *Rép. Mort* « *civile*, *art.* 2, *nº* 5). »

9. Si les contrats du droit des gens lui sont permis, il doit lui être également permis de les faire constater dans la forme authentique. Car s'adresser aux officiers commis pour la réception des contrats, ce n'est pas user d'un droit civil, puisque tout étranger jouit en France de cette faculté, puisque tout Français en jouit en pays étranger. L'institution des officiers est de droit public; mais la faculté de s'adresser à eux ne dérivant ni de la qualité de citoyen, ni de celle de Français, est évidemment du droit des gens.

10. Il paraît donc que, malgré l'autorité de M. Troplong et celle des auteurs anciens, on doit décider que le mort civilement peut vendre pardevant notaire, et donner ses biens en hypothèque (*L.* 15 *ff. de interd. et releg. et deport.*). Aussi a-t-il été jugé qu'un cautionnement souscrit par un émigré dans l'état de radiation provisoire qui ne faisait pas cesser la mort civile, était un engagement valable et devait produire effet hypothécaire après sa radiation définitive (*Rejet*, 28 *juin* 1808); qu'il ne pouvait non plus, quand il était rendu à la vie civile, attaquer les ventes par lui faites de ses biens échappés au séquestre national (*Rejet*, 28 *frimaire an XIII*); qu'un émigré, ayant vendu pendant la mort civile un domaine non séquestré, avait pu intenter l'action en rescision pour lésion ultra-dimidiaire (*Rejet*, 17 *août* 1809); qu'aucune loi n'ayant établi, avant le Code civil, la nécessité d'un curateur pour représenter en justice le mort civilement, il avait pu valablement ester en jugement pour réclamer les effets légaux d'un contrat du droit des gens (*même arrêt*); que la faculté de donner entre-vifs étant dérivée du droit des gens, l'émigré avait pu faire une donation entre-vifs par contrat de mariage (*Rejet*, 1er *août* 1811), et constituer une dot à son fils (*Rejet*, 14 *juin* 1827), malgré les opinions restrictives des anciens auteurs sur les facultés des morts civilement pour les contrats à titre gratuit.

Les auteurs modernes semblent aussi avoir suivi la doctrine que tous les actes du droit des gens appartiennent au mort civilement, quand il n'y a pas de prohibition spéciale. Ainsi ils peuvent faire et recevoir la remise d'une dette, selon M. Duranton (*t.* 1er, *no* 263), parce que c'est un mode d'extinction des obligations qui appartient au droit des gens. Il peut obtenir un brevet d'invention, selon M. Renouard (*Tr. des brev. d'invent. p.* 310), parce qu'il ne s'agit plus des libéralités de la loi civile échangées seulement contre les services généraux du citoyen, mais d'un contrat d'échange d'une nature particulière, qui n'est pas moins du droit des gens pour être passé avec la société entière, au lieu de l'être avec un individu. Il peut enfin être arbitre compromissoire, selon M. Merlin (*Quest. de droit, mot Arbitre,* § 14, *art.* 5). Quoique nous ne devions examiner la difficulté et l'étendue de cette décision qu'à l'*Appendice* sur le titre *des Transactions*, parce qu'elle dépend de la nature de l'arbitrage, elle n'en prouve pas moins que, dans l'opinion de M. Merlin, la capacité des actes du droit des gens ne peut être limitée à l'égard des morts civilement que par un texte formel.

11. Mais les morts civilement ne sont nullement capables des actes, même à titre onéreux, qui ne sont introduits que par le droit civil. Richer (*liv.* 3, *ch.* 1er, *p.* 207) en donne pour exemple le retrait lignager qui ne subsiste plus dans notre législation : ce qu'il en dit peut s'appliquer au retrait successoral, établi par l'art. 841 du Code civil. Le condamné ne peut l'exercer, parce qu'il a perdu tous les droits de famille et qu'il ne peut exercer une action réservée aux seuls héritiers. On peut puiser un autre exemple dans l'art. 1699 du Code civil. Suivant cet article, celui contre lequel on a cédé un droit litigieux peut s'en faire tenir quitte par le cessionnaire, en lui remboursant le prix réel de la cession avec intérêts, et les frais et loyaux coûts. Nous pensons que le mort civilement ne pourrait se libérer par de pareilles offres, parce que cette faculté est évidemment une invention du pur droit civil.

12. Après avoir établi que les individus atteints par la mort civile ne jouissent plus d'aucun droit civil proprement dit; qu'ils ont seulement les facultés du droit des gens que la loi ne leur a pas spécialement interdites, et les effets du droit civil nécessaires à l'exercice des actes du droit des gens, parcourons les prohibitions de l'art. 25.

13. Par la mort civile, le condamné perd la propriété de tous les biens qu'il possédait, quelle que soit leur nature, meubles, immeubles, corporels et incorporels (Richer, *part.* 2, *liv.* 3, *art.* 2, *ch.* 1er, *sect.* 1re, *distinct.* 4, *p.* 346; *Répert.* mot *Mort civile,* § 1er, *art.* 2 de l'anc. édit., et 3 *de la nouv. no* 1er).

14. Par une conséquence nécessaire, les biens dont il perd le domaine sont grevés de ses dettes contractées avant la mort civile; mais comme il en peut acquérir d'autres par les moyens dérivés du droit des gens, s'élève la grave question s'il est déchargé indéfiniment des dettes antérieures, ou si les créanciers pourront exécuter les biens qu'il acquerra par la suite.

M. Delvincourt (*note* 1re *sur la p.* 26 *du* 1er *vol.*) pense que le mort civilement est déchargé des dettes antérieures. Il se fonde sur le droit romain qui décidait en effet la question (*L.* 3, *C. de sent. pass. et rest.*) et sur les anciens auteurs (Coquille, *Quest.* 11e *sur diff. Coutumes;* Favre, *jurispr. Papin, tit.* 12, *princ.* 3, *ill.* 4; Bouhier, *sur Bourgogne, ch.* 55, *no* 452). On peut encore étayer cette solution d'un arrêt qui a décidé que l'émigré auquel aucune partie de ses biens n'avait été restituée par l'État, n'était pas tenu des dettes antérieures à la mort civile (*Toulouse,* 20 *août* 1824).

M. Dalloz (*Dr. civ. et polit. sect.* 3, *art.* 1er, § 4,

n° 9) accorde aux créanciers un recours subsi-
DIAIRE sur les nouveaux biens, parce que la condamnation ne doit pas avoir pour objet d'amélio-
rer la situation du coupable : opinion que sa nou-
veauté rend d'abord suspecte, et que nous penchons
pourtant à adopter.

En effet, on ne peut, à notre avis, invoquer ni
la jurisprudence, ni le sentiment des anciens jurisconsultes, ni les lois romaines pour décider la
question sous le Code civil. L'arrêt de Toulouse
est fondé précisément sur ce que la mort civile
de l'émigré étant antérieure au Code, devait être
régie par les lois romaines; les opinions des auteurs sont appuyées sur les textes de ces lois, et
ces textes ont perdu leur force législative.

Or, sous l'empire du Code, le mort civilement
a perdu, il est vrai, tous ses droits civils; mais il
a conservé ce qui est du droit des gens. Pourquoi,
en conservant ces avantages, n'en subirait-il pas
les charges? Pourquoi serait-il dégrevé des dettes
antérieures au-delà des biens qu'il a perdus? Pourquoi serait-il censé commencer une seconde existence naturelle, quand la loi ne l'a privé que de
l'existence civile? Pendant qu'il en jouissait, il a
pu contracter des obligations du droit civil et des
obligations du droit des gens : ses biens étaient le
gage des unes et des autres. S'ils sont insuffisans,
il est juste que les anciennes obligations purement
civiles ne pèsent jamais sur les biens nouvellement
acquis; mais les obligations dérivées du droit des
gens, si elles ne sont pas éteintes par la discussion des biens, pourquoi ne suivraient-elles pas
un débiteur qui s'est engagé personnellement, et
qui demeure capable des effets du droit des gens?
Aussi le président Bouhier (*n*° 453 *et* 454) n'hé-
site-t-il pas à reconnaître que *l'obligation naturelle* subsiste : en le lisant attentivement, on verra
qu'il inclinait à accorder l'action ; et les lois 14, §
ult. ff. de interd. et releg, et 3 *ff. de sent. pass.* indiquent qu'en pareil cas on avait une action utile.
Dans notre législation toute d'équité, comment
donc dénier l'action? Le principe a même été reconnu dans un arrêt de la Cour de Toulouse *du 4
juin* 1833; mais comme il s'agissait d'émigration,
et que la décision est fondée sur les lois spéciales, il ne peut être consulté que comme analogie.

15. Cette question ne pourrait pas s'élever si la
succession était solvable : car, même envers un
condamné, on ne doit pas être injuste. Si le créancier n'avait pas fait les diligences nécessaires pour
être payé sur les biens que l'exécution a enlevés
au condamné, ou s'il ne justifiait de leur insuffisance, il serait non-recevable à exécuter les biens
nouvellement acquis : car le créancier serait en
faute d'avoir laissé périr son gage aux mains de
l'héritier. C'est alors une question de fait.

16. Sous l'ancien droit, les biens du mort civilement étaient confisqués dans la plupart des Coutumes. Le Code ne suppose pas la confiscation ;
le décret du 6 avril 1809 l'avait rétablie, et la
Charte de 1814 l'a abolie à toujours.

Par une conséquence nécessaire de la suppression de la confiscation générale, la succession du
condamné est ouverte au profit de ses héritiers
du moment où la mort civile est encourue (*art.*
719).

17. Ses biens leur sont dévolus *de la même manière* que s'il était mort naturellement et sans testament : car pour tester valablement, il faut en
avoir la capacité, non seulement au moment où
l'on dispose, mais encore au moment du décès
(*L.* 8, § 1er, *et L.* 19, *ff. qui test. fac. possunt*). Le
testament antérieur est annulé même quand la
mort civile aurait eu lieu par l'exécution à la mort
naturelle, parce que le moment de la mort ou de
l'exécution se confondant avec le dernier instant
de la vie, a rendu le condamné incapable d'avoir
une volonté efficace (M. DURANTON, *t.* 1er, *n*° 248;
M. TOULLIER, *t.* 1er, *n*° 281, *et le Comm. du tit.
des Donations et Testamens sur l'art.* 902).

18. De ce que le testament est annulé, il ne
faut pas conclure que les institutions ou donations
contractuelles de biens à venir soient inefficaces.
Nous verrons au titre *des Donations* qu'elles sont
irrévocables, et par conséquent le fait du dona-
teur n'a pu détruire des droits acquis (LAURIÈRE,
instit. contract. ch. 5, *n*° 89; BOUHIER *sur Bourgogne, ch.* 55, *n*° 226; DURANTON, *t.* 1er, *n*° 249).

19. Il y avait sous l'ancien droit diversité de sen-
timens sur la question de savoir si une succession,
échue au condamné mais non acceptée par lui, était
comprise dans la masse des biens confisqués (PE-
REGRINUS, *de jure fisci, lib.* 5, *tit.* 19, *n*os 84 *et* 95;
DUMOULIN, *in Decii consil.* 438; BOUHIER, *ch.* 55,
n° 315). Les difficultés élevées n'avaient pour
cause que la faveur des héritiers; elles ne pourraient donc se reproduire aujourd'hui que la confiscation n'existe plus, et la succession non acceptée pourrait l'être par les héritiers du sang.

20. L'ancienne jurisprudence était aussi héris-
sée de difficultés sur les aliénations que l'accusé
aurait faites frauduleusement pour soustraire ses
biens aux effets de la mort civile. Les principes
généraux étaient qu'on annulait les aliénations à
titre gratuit faites depuis l'accusation, et qu'on
maintenait les aliénations à titre onéreux, à moins
qu'elles ne parussent entachées de fraude (*V.* RI-
CHER, *liv.* 2, *ch.* 2, *sect.* 1re, *distinct.* 4, *p.* 104 *et
suiv. et* BOUHIER, *ch.* 55, *n*° 284 *et suiv.*). La plupart de ces questions naissaient de la confiscation ;
mais comme elle n'existe plus, les héritiers légitimes ne pourraient les élever qu'autant que ces
dispositions auraient entamé la réserve légale;
car la succession ouverte par la mort civile suit les
mêmes lois que la succession ouverte par la mort

naturelle; les créanciers seuls, surtout la partie civile ou le fisc pour les frais du procès, auraient donc, en thèse générale, sous notre législation, le droit d'attaquer les actes faits en fraude de leurs droits, et leur action serait réglée par l'art. 1167 du Code civil (*V. le Comm. sur l'art.* 1167).

21. La mort civile rend le condamné incapable de recueillir aucune succession ouverte postérieurement à l'époque où elle est encourue. C'est à la parenté civile que la loi attribue la faculté de succéder, et le mort civilement n'a plus de famille (M. Duranton, *n*° 261; M. Toullier, *n*° 282). Ainsi le mort civilement qui aurait, pendant sa mort civile, fait acte d'héritier sur une succession, aurait fait un acte radicalement nul, et qu'on ne pourrait lui opposer après sa grâce ou son rétablissement dans son ancien état (*Motifs d'un arrêt de cass.* 16 *mai* 1815).

22. Il est également incapable de transmettre A TITRE de succession les biens qu'il a acquis par la suite. La raison de la loi est la même : elle place le droit de transmettre les successions au nombre des droits civils. Les biens que le mort civilement laissera au moment de sa mort naturelle appartiendront à l'État, comme biens vacans et sans maître (*art.* 33).

23. Notre article passe ensuite à la faculté de disposer et de recevoir par testament et par donation entre-vifs, faculté qu'il prohibe au mort civilement.

On ne pourrait donc pas, sous le Code civil, valider les donations entre-vifs faites par un mort civilement, même en faveur du mariage de ses enfans ou d'un étranger, nonobstant les arrêts de rejet des 1er *août* 1811 *et* 14 *juin* 1827, indiqués n° 10, parce que le texte a fait cesser toute controverse.

24. M. Locré (*Esp. du C. civil, n*° III *sur l'art.* 25, 3e *effet*) dit, avec raison, que les donations d'effets mobiliers *de peu de valeur*, lorsqu'elles se consomment par la tradition, sont demeurées dans les termes où les a mises le droit naturel : le mort civilement en est capable activement et passivement. Depuis, M. Toullier (*t.* 1er, *n*° 282, 3° *à la note*), M. Duranton (*t.* 1er. *n*° 263), M. Dalloz (*Droits civils, sect.* 3, *art.* 1er, § 4, *n*° 11) professent la même opinion en termes plus absolus. Nous croyons qu'il faut la restreindre avec M. Locré aux donations manuelles d'objets de peu de valeur; et que c'est seulement pour des objets d'une valeur considérable que M. Delvincourt a dit (*note* 9 *sur la p.* 25) que la donation manuelle pourrait être annulée, si on parvenait à la prouver. Cette question dépend beaucoup de la théorie des donations, et nous y reviendrons au titre qui les concerne. Remarquons seulement ici que la demande en révocation, intentée par le fisc qui prétendrait ainsi augmenter la masse des biens à lui

dévolue par le droit de déshérence, serait loin d'être favorable.

25. La défense de recevoir par donation entre-vifs ou par testament, cesse quand il s'agit d'alimens (*L.* 11, *ff. de alim. leg, L.* 3, *ff. de his quæ pro non script. hab.*; M. Merlin, *Répert. mot Alimens*, § 8, *n*° 7, *et au mot Légataire*, § 2, *n*° 9 *et* 11). Mais les parties qui y auraient intérêt auraient le droit de faire réduire le legs ou la donation qui excéderait les besoins du condamné (Richer, *liv.* 3, *ch.* 2, *sect.* 5, *p.* 223; M. Proudhon, *Usufruit, t.* 4, *n*° 1977).

26. De ce que la loi permet au condamné de recevoir des pensions alimentaires, les auteurs ont tiré la conséquence que c'était au condamné lui-même que devaient être payées les pensions alimentaires qui lui auraient été léguées ou données avant la mort civile (M. Dalloz, *n*° 6; Richer, *liv.* 3, *art.* 2, *ch.* 4, *sect.* 2, *p.* 474; Rousseaud Lacombe, *mat. criminelles, part.* 1, *ch.* 1er, *n*° 18; M. Merlin, *Rép. mot Rente viagère, n*° 14).

Les auteurs fondent leur décision sur les lois 10 *ff. de cap. minut. et* 8 *ff. de ann. legat.* qui ne semblent pas avoir plus d'étendue que l'art. 1982 du Code civil : comme cet article, elles se bornent à dire que le legs payable d'année en année cesse par la mort du légataire, et non par son changement d'état; comme cet article, elles ne disent pas à qui sera fait le paiement. La raison de décider paraît donc être dans la nature de la donation : le testateur ou le donataire, en donnant à titre d'alimens, a voulu que sa libéralité n'enrichît ni les tiers ni les héritiers, et par conséquent il est convenable de permettre au mort civilement de recevoir.

Quant à la question de savoir si l'usufruit, constitué pour alimens, doit être continué pendant la mort civile de l'usufruitier, elle sera traitée sur l'art. 617 au titre *de l'Usufruit.* C'est le siége de la matière.

27. L'obligation de fournir des alimens entre ascendans et descendans est de droit naturel; et le fils d'un émigré a été condamné à fournir des alimens à son père, quoique non rayé (*Paris,* 18 *août* 1808) : cette jurisprudence doit être suivie sous le Code civil. En sanctionnant le droit de la nature par les art. 205 et suiv., le Code n'a pas entendu y déroger.

Comme on le voit, ce n'est pas parce que le fils détient les biens du père, mais parce qu'il est son fils qu'il lui doit des alimens pendant sa mort civile. Aussi pensons-nous que les collatéraux appelés à la succession du condamné ne sont pas tenus d'une pension alimentaire envers lui : de sorte que nous ne pouvons partager l'opinion de l'illustre auteur du *Répert. de jurispr.* (*mot Rente viagère, n*° 15, joignez-y M. Dalloz, *n*° 6), qui veut que l'héritier soit tenu de payer au condamné la portion nécessaire à sa subsistance sur les rentes viagères, quoique l'humanité, peut-être, et plus sûrement encore son propre intérêt, détermineront l'héritier à ce sacrifice.

28. Nous pensons aussi que le mort civilement qui aurait acquis des biens par ses travaux serait tenu de fournir des alimens à ses enfans ou à ses ascendans : mais il ne pourrait leur en léguer par testament. L'incapacité de donner est absolue ; la défense porte sur *tout ou partie* de ses biens ; et ce n'est qu'à la prohibition de recevoir qu'on peut appliquer l'exception, *si ce n'est pour cause d'alimens.* M. Duranton, qui entend le texte comme nous (*t.* 1er, *no* 262), crée cependant une exception pour le cas où le condamné ferait une disposition alimentaire au profit de ses ascendans, descendans, conjoint, frère ou sœur. C'est refaire la loi au lieu de l'expliquer.

29. Le mort civilement est incapable d'être tuteur, subrogé-tuteur, membre d'un conseil de famille, etc....... Si le paragraphe se sert du mot *nommé,* ce n'est pas pour restreindre sa défense à la tutelle dative ou à la tutelle testamentaire, mais parce que la prohibition d'être tuteur de ses enfans aurait fait penser que le condamné conservait les autres avantages de la puissance paternelle qui s'est évanouie avec tous les droits de famille.

30. Nous ne nous étendrons pas sur le cinquième paragraphe qui frappe le mort civilement de l'incapacité d'être témoin, soit dans les actes, soit en justice. Les lois relatives aux preuves exigent tantôt les droits civils, tantôt les droits politiques dans la personne des témoins (*C. civ.* 980 ; *L. du* 25 *ventôse an* X, *art.* 9), et le mort civilement n'a ni les uns ni les autres. Il ne pourrait même être témoin aux actes de l'état civil, où l'on admet les étrangers. Quant au témoignage en justice, il répugne qu'un homme flétri par une condamnation soit entendu pour en faire condamner un autre (M. Boulay, *séance du* 16 *thermidor an IX*). Cependant, comme la loi ne défend que de l'admettre à porter témoignage, il peut être entendu en matière criminelle à titre de simples renseignemens, mais sans prêter serment (M. Duranton, *t.* 1er, *no* 264. — *V.* en outre *la discussion du* 16 *therm. et l'art.* 269 *du C. d'instr.*).

Il ne peut non plus être *expert,* car le rapport d'expert est en soi une espèce de témoignage d'un ordre plus relevé que la déposition sur un fait qu'on a vu. D'ailleurs nous avons dit dans les observations générales sur cette section, page 69, que le condamné à temps ne peut être expert, et que tous les droits distraits de la capacité des condamnés à temps sont nécessairement compris dans les droits enlevés en général au mort civilement.

31. La loi défend au mort civilement de procéder en justice, soit en demandant, soit en défendant, si ce n'est sous le nom et par le ministère d'un curateur spécial qui lui est nommé par le tribunal où l'action est portée.

Cette disposition, suggérée par l'ancienne jurisprudence du Parlement de Bordeaux et par l'opinion de quelques auteurs (M. Merlin, *Quest. de droit, mot Mort civile,* § 3 ; Richer, *liv.* 3, *art.* 1er, *ch.* 4, *p.* 248), est nouvelle dans notre législation (*Rejet,* 17 *août* 1809). Elle n'a pas été mise en action par le Code de procédure, et par conséquent elle nécessite quelques explications.

Le curateur doit être nommé par le tribunal sur la requête à lui présentée par le demandeur, et non par une assemblée des parens du condamné : il n'a plus de famille (M. Toullier, *t.* 1er, *no* 283 6o, *note* 2). Il paraît rationnel de suivre les mêmes formes que pour la nomination d'un curateur à succession vacante.

L'action est ensuite dirigée contre le curateur ou à sa requête. C'est un des cas rares où l'on plaide par procureur. Il ne faut donc pas assigner *tel* en la personne de......, mais citer directement *tel,* curateur nommé pour la cause de....... Le but de la disposition est que le nom d'un homme retranché de la société ne retentisse pas dans les tribunaux.

Les fonctions du curateur cessent avec l'affaire : autant de procès, autant de nominations de curateur.

Si les procédures avaient eu lieu sans nomination de curateur, elles seraient nulles ; et la nullité étant d'ordre public, puisque cette nomination n'est requise dans l'intérêt d'aucune des parties, elle pourrait être proposée par chacune d'elles, ou suppléée d'office par le juge, même sur l'appel (*V.* comme analogie, *Arrêt de rejet, sect. civ.* 23 *nov.* 1808).

Si le mort civilement portait plainte devant la justice criminelle, il ne pourrait suivre l'action civile que par le ministère d'un curateur ; mais s'il commettait un crime ou un délit, on pourrait suivre contre lui, sans qu'il fût besoin de lui en faire créer un (Richer, *lieu cité*). En effet, l'action civile du plaignant n'est alors qu'accessoire à l'action publique en application de la peine, et il serait contraire à la nature des choses que la peine fût prononcée contre un représentant.

32. Les paragraphes 7e et 8e déclarent le mort civilement incapable de contracter un mariage *qui produise aucun effet civil* ; et le mariage qu'il avait contracté précédemment, dissous *quant à tous ses effets civils.*

Sous l'ancien droit, le mariage n'était pas dissous par la mort civile. Il formait alors aux yeux de la loi civile essentiellement catholique un triple lien religieux, naturel et civil. Le retranchement de la société civile n'annulait donc que les effets civils du mariage, et laissait subsister le lien contracté pendant la mort civile (Richer, *liv.* 3, *art.* 1er, *ch.* 3, *p.* 225) ou formé avant qu'elle ne fût encourue (*liv.* 3, *art.* 2, *ch.* 7, *p.* 480). De là, impossibilité pour l'autre époux de convoler à de secondes noces.

33. A ne consulter que le texte de notre article, on pourrait croire qu'il en est encore de même. La loi est conçue en termes restrictifs : « *ne produira pas d'effets civils* », et, « *quant à ses effets civils.* » Le retranchement de la phrase contenue au projet, *l'autre époux est libre de contracter un nouveau mariage* », semblerait confirmer cette interprétation (*). Mais la loi ne considère en France le mariage que comme contrat civil (*Constit. de* 1791, *tit.* 2, *art.* 7); aucun texte ne prête sa sanction au seul lien naturel, et partout nos lois civiles font abstraction de la loi religieuse. Refuser à ces mariages les effets civils, quand la loi ne prête pas sa force pour maintenir les autres liens, c'est détruire en ces mariages tout ce qui peut les faire subsister devant la loi. Aussi des art. 227 et 228 au titre *du Mariage*, résulte-t-il que la mort civile dissout le mariage, et que la femme peut se remarier, après la mort civile du mari, dans le même délai qu'après sa mort naturelle.

Tous les auteurs n'ont qu'une voix pour reconnaître que le mariage antérieur à la mort civile est entièrement dissous, que l'époux devenu libre peut se remarier, et que le mariage contracté par le mort civilement est nul, d'une nullité absolue et radicale (M. Locré, *Esp. du C. civ. sur l'art* 25, *no III*, 8e *effet*; Delvincourt, *note 3 sur la p.* 26 *du* 1er *vol.*; M. Duranton, *t.* 1er, *no* 251; M. Vazeille, *Tr. du Mariage, t.* 1er, *no* 35, *no* 84, *no* 229, *et t.* 2, *no* 527, *et surtout* M. Merlin, *Rép. mot Mariage*, sect. 3, § 1er, où toutes les autorités, toutes les opinions du conseil d'Etat sont reproduites et examinées, nonobstant M. Toullier, *t.* 1er, *no* 285, *et la consultation qu'il cite signée* Toullier, Malherbe, Corbière, Lesbaupin, Carré et Vatar, *recueillie par M. Sircy*, 1819, 2, 117). La jurisprudence y est conforme : ainsi cassation d'un arrêt de la Cour de Liége qui avait déclaré valide, après son amnistie, le mariage d'un émigré en pays étranger (*Cass.* 16 *mai* 1808). Nous ne devons pas examiner ici la jurisprudence en ce qui concerne la fin de non-recevoir résultant de la cohabitation postérieure à l'émigration. Il y a trop de différence entre la cause de la mort civile de l'émigré et celle du condamné, pour nous per-

(*) La rédaction de l'art. 25 et le retranchement qu'elle a subi n'ont qu'une haute portée morale. Ils veulent dire que le législateur n'a eu ni l'intention d'exercer son empire sur les consciences, ni de porter atteinte au lien religieux, et qu'il permet aux parties de le respecter, sans égard pour la loi civile

mettre de raisonner par analogie ; nous y reviendrons d'ailleurs au titre *du Mariage*.

34. De ce que le mariage est dépouillé de ses effets civils, suit comme conséquence nécessaire l'illégitimité des enfans dont la conception sera postérieure à la mort civile (M. Boulay, *séance du* 16 *therm. an IX;* M. Gary, *Disc. au corps législ.* MM. Delvincourt *et* Duranton, *lieux cités; motifs d'un arrêt de rejet*, 8 *février* 1810); encore faut-il remarquer que ces enfans ne jouiront des droits d'enfans naturels qu'à l'égard de celui des deux époux que n'atteindra pas la mort civile.

35. Cependant le mariage contracté après la mort civile peut produire les effets civils à l'égard de l'autre époux et des enfans nés de cette union, s'il a été contracté de bonne foi par l'autre époux (*C. civ.* 202; Pothier, *Contrat de mariage, no* 440; Delvincourt, *note 2 sur la p.* 26; M. Duranton, *t.* 1er, *no* 257, *et tous les auteurs*). Richer (*part.* 2, *liv.* 3, *art.* 1er, *ch.* 3 *in fin. p.* 248) restreint la possibilité de la bonne foi au cas où le condamné changeait de nom et se mariait dans une province éloignée. Mais les questions de bonne foi sont des questions de fait qui tombent entièrement dans le domaine du juge, pour les cas où la loi n'a pas établi formellement des présomptions contraires ; et aucun texte n'attache à la publicité donnée à l'exécution des jugemens la présomption de connaissance individuelle que l'art. 1er du Code donne pour effet à la promulgation des lois (M. Delvincourt, *lieu cité*).

36. Mais par la nature même des choses, les enfans nés du mariage postérieur à la mort civile, ne pourront, malgré la bonne foi de leur mère, succéder ni à leur père ni à aucun membre de la famille à laquelle il appartenait.

Ils ne pourront succéder à leur père ; parce que celui-ci est *incapable* de transmettre sa succession (art. 25, § 1er; art. 33), et que transmettre ses biens *ab intestat* est un droit civil comme celui de recueillir (Pothier, *Contr. de mariage, no* 440; Richer, *Mort civile, liv.* 3, *art.* 1er, *ch.* 3, *p.* 244; M. Toullier, *no* 284; M. Duranton, *no* 258; *et* M. Vazeille, *Tr. du mariage, no* 281; nonobstant MM. Delvincourt, *note* 4 *sur la p.* 26; *et* Dalloz, *lieu cité, no* 22). L'art. 33 n'est qu'une conséquence du principe écrit dans l'art. 25, § 1er; les biens ne tombent en déshérence que parce que le mort civilement est incapable d'avoir des héritiers; et si la bonne foi de la mère rend les enfans capables de succession, elle ne peut faire du moins qu'une succession s'ouvre là où la loi déclare qu'il n'y en aura point.

37. Ils ne pourront non plus succéder aux membres de la famille dont leur père a été retranché par sa condamnation, nonobstant les inductions qu'on peut tirer d'un arrêt de *cassation* du 15 janvier 1816, rendu pour un cas d'émigration ; l'opi-

nion de M. Toullier (*n° 284*), qui dit que ces enfans succéderont à leur aïeul et non à leur père; de M. Delvincourt (*lieu cité*), qui veut qu'ils succèdent à leur père comme à ses parens; de M. Duranton (*n° 259*), qui s'appuie sur ce que les parens du mort civilement sont habiles à transmettre; et de M. Vazeille (*Tr. du mariage*, t. 1er, n° 280), selon qui l'effet de la fiction attachée à la bonne foi permet à l'individu privé des droits civils de faire passer à ses enfans les droits de succession dans sa famille.

Mais la jurisprudence repoussait avant le Code l'enfant du mort civilement qui, sous l'égide de la bonne foi de sa mère, voulait s'introduire dans la famille paternelle : arrêt du Parlement de Paris du 20 décembre 1632, qui juge que le mariage d'un religieux profès ne permet pas à ses enfans de demander compte et partage à la famille de leur père des biens de leur aïeul paternel (BARDET, t. 2, *liv.* 1er, *ch.* 5, *p.* 12); arrêt du conseil supérieur de Bayeux de 1772, qui, en déclarant légitimes les filles d'un religieux profès dont la femme était de bonne foi, les a déclarées incapables de succéder à leur aïeul et à leur oncle paternel (M. MERLIN, *Répert.* mot *Légitimité*, sect. 1re, § 1er, n° 6).

Mais les auteurs admettaient la même distinction (*V.* notamment BOURJON, *Droit commun de la France*, liv. 1er tit. 3, ch. 2, sect. 7, § 3, n° 91, à la note, t. 1er, p. 18, édit. de 1770; LEBRUN, *Succession*, liv. 1er, ch. 2, sect. 3, n° 26; POTHIER, *Contr. de mariage*, n° 440). « Ils ne peuvent avoir les droits de famille dans la famille de leur père, dit Pothier, puisque leur père les ayant perdus avant qu'ils fussent au monde, n'a pu les leur communiquer. »

Pourquoi donc introduirait-on une autre jurisprudence sous le Code civil?

Reconnaître la légitimité de l'enfant, même à l'égard du père, c'est dire qu'il peut succéder aux parens paternels, SI LE PÈRE A DES PARENS. Mais comme le mort civilement n'a plus de famille, la seule conséquence logique, c'est que l'enfant soit *étranger* à la famille dont son père est retranché. Aussi M. Merlin (*Quest. de droit*, mot *Légitimité*, § 5) met-il en parallèle l'état du mort civilement et du bâtard : « Le bâtard n'a jamais eu de parens aux « yeux de la loi; le mort civilement en a eus, mais « il les a perdus; le premier n'a jamais tenu à au- « cune famille; le second est retranché de la famille « dans laquelle la nature l'avait placé. Si donc les « enfans légitimes d'un bâtard n'ont aucun droit de « succéder dans la famille naturelle de leur père, « il en doit nécessairement être de même des en- « fans d'un mort civilement qui sont légitimés par « la bonne foi de leur mère. »

Les objections sont faciles à réfuter.

Peu importe que les parens naturels soient habiles à transmettre, si l'enfant ne fait pas partie de leur famille civile.

Peu importe que les effets de la bonne foi soient une fiction. Cette fiction, comme le fait observer (*au même lieu*) M. Merlin, avec sa raison supérieure, ne tombe pas sur la mort civile et n'en détruit pas les effets, pas plus qu'elle ne rompt les liens du sang, dans le cas d'un mariage incestueux contracté de bonne foi : elle fait supposer seulement que le mariage était possible, sans rien changer à l'état du mari, et ne porte que sur la possibilité du mariage. Or, dès qu'elle ne touche en rien à l'état du mari, elle ne peut lui recréer une famille qu'il n'a plus.

Peu importe la maxime que la légitimité est indivisible, puisque dans ce système l'enfant est légitime à l'égard des deux époux : seulement sa mère a des parens, et son père n'en a pas : ce qui est indépendant de la légitimité du fils.

Peu importe enfin que l'enfant né d'une union incestueuse contractée de bonne foi, soit plus favorisé dans ses intérêts pécuniaires, et succède dans les deux branches. Ce ne sera pas par une faveur de la loi, mais par une faveur des circonstances; ce sera uniquement parce que ses père et mère auront chacun une famille, tandis que dans le mariage putatif du mort civilement, l'un des époux a une famille, et l'autre en manque (*V.* au surplus *sur* cette question, la dissertation de M. Merlin ci-dessus indiquée, et le réquisitoire de M. Mourre *lors de l'arrêt du 15 janvier 1816, rapporté au Rec. de* Sirey, 1816, 1. 81, *et de* Denevers, 1816, 1. 49).

38. De ce que la mort civile dissout le mariage, toutes les suites légales de cette dissolution sont, à partir du jour où la mort civile est encourue, les mêmes que dans le cas de mort naturelle. Dès cette époque, la femme n'a plus besoin d'autorisation pour contracter (*Rejet*, 24 *floréal an XIII*; *Paris*, 20 *mars* 1817); la communauté est dissoute; les biens que la femme acquiert lui sont propres (*Rejet*, 12 *nov.* 1810); et pour mettre fin aux incertitudes de l'ancienne jurisprudence, la loi veut que l'époux du mort civilement et ses héritiers puissent exercer RESPECTIVEMENT *les droits et actions* auxquels sa mort naturelle donnerait ouverture : ce qui comprend même les gains de survie, car la loi doit faire ce qu'eût fait la convention, si les parties eussent pu prévoir la mort civile du mari (M. RÉAL, *séance du* 24 *therm. an IX*), et si l'on eût différé jusqu'à la mort naturelle du condamné l'ouverture des gains de survie, on en aurait souvent privé la femme par l'impossibilité de prouver l'accomplissement de la condition. Il eût été injuste de favoriser l'héritier au préjudice du conjoint (M. BERLIER, *même séance. — V.* M. TOULLIER, *n°* 286; M. MERLIN, *Rép. Mort civile*, § 1er, art. 3, n° 10 *au suppl., et les art.* 1091 *et suiv.* 1442, 1452 *et* 1517 *du C. civ.*

59. Comme nous l'avons dit, l'énumération de l'art. 25 aurait pu être poussée plus loin. Ici sont posés les principes généraux et quelques corollaires importans : les conséquences particulières appartiennent aux différens titres du Code civil.

L'art. 25 n'a pas tout dit sur le droit des tiers. Mais d'autres articles sont revenus sur ce point : l'art. 617, au titre *de l'Usufruit*; l'art. 1053 relatif à l'ouverture de la restitution dont un don ou un legs peuvent être grevés; l'art. 1982 sur la durée de la rente viagère; les art. 1865, 1939, 2003 sur le mandat, la société et le dépôt : c'est dans le commentaire sur ces divers articles que nous devons faire l'application spéciale des principes dont le titre 1er traite en général.

L'art. 25 ne s'occupe nullement des effets que peut produire la mort civile, quand on a pris pour terme ou imposé pour condition à une obligation contractuelle la mort civile d'un individu, partie ou non dans l'acte. Ces questions seront résolues sur le titre *des Contrats*, dans l'examen des effets du terme et de la condition. Nous ne devons pas anticiper sur la marche du Code civil.

RENVOIS AUX ARRÊTISTES.

Rejet, *28 frimaire an XIII*. — S. an XIII, 1. 53. — D. an XIII, 1. 178. — P. t. 3e de l'an XIII, p. 273. — N. D. t. 6, p. 775.

Rejet, *24 floréal an XIII*. — S. an XIII, 1. 155, où il est daté du 14. — D. an XIII, 1. 397. — P. t. 2e de l'an XIII, p. 481. — N. D. t. 6, p. 776.

Cass. *16 mai 1808*. — S. 1808, 1. 297. — D. 1808, 1. 259. — P. t. 3e de 1808, p. 385. — N. D. t. 6, p. 777.

Rejet, *28 juin 1808*. — S. 1809, 1. 84. — P. t. 1er de 1809, p. 421. — N. D. t. 6, p. 775.

Paris, *18 août 1808*. — S. 1812, 2. 208. — P. t. 1er de 1809, p. 531. — N. D. t. 1er, p. 342.

Rejet, *sect. civ. 25 nov. 1808*. — S. 1809, 1. 43. — P. t. 1er de 1809, p. 134. — N. D. t. 6, p. 780.

Rejet, *17 août 1809*. — S. 1807, 2. 1062, et 1813, 1. 421, où il lui donne la date du 17 avril. — D. 1809, 2. 156. — N. D. t. 8, p. 776, qui le date aussi du 17 avril.

Rejet, *8 février 1810*. — S. 1810, 1. 224. — D. 1810, 1. 165. — P. t. 2e de 1810, p. 52. — N. D. t. 6, p. 841.

Rejet, *12 nov. 1810*. — S. 1811, 1. 70. — D. 1811, 1. 172. — P. t. 1er de 1811, p. 562. — N. D. t. 6, p. 798.

Rejet, *1er août 1811*. — S. 1813. 1. 421. — D. 1811, 1. 409. — P. t. 2e de 1811, p. 545. — N. D. t. 5, p. 274.

Cass. *16 mai 1815*. — S. 1815, 1. 191. — P. t. 2e de 1815, p. 241. — N. D. t. 12, p. 346.

Cass. *15 janv. 1816*. — S. 1816, 1. 81. — D. 1816, 1. 49. — P. t. 2e de 1816, p. 161. — N. D. t. 8, p. 544.

Paris, *20 mars 1817*. — S. 1818, 2. 16. — P. t. 2 de 1817, p. 544. — N. D. t. 6. p. 777.

Toulouse, *20 août 1824*. — S. 1825, 2. 407. — P. t. 3 de 1833, p. 541. — N. D. t. 6, p. 814.

Rejet, *14 juin 1827*. — S. 1827, 1. 474. — D. 1827, 1. 272. — P. t. 1er de 1828, p. 206.

Toulouse, *4 juin 1833*. — S. 1833, 2. 481. — D. 1834, 2. 15. — P. t. 3e de 1833, p. 541.

⚜

ARTICLE 26.

Les condamnations contradictoires n'emportent la mort civile qu'à compter du jour de leur exécution, soit réelle, soit par effigie.

———

SOMMAIRE.

1. Pourquoi il est important de connaître l'époque de l'exécution.

2. Exécution réelle et par effigie.

3. Procès-verbal qui en est dressé.

4. Quand est exécutée réellement la condamnation à mort.

5. La condamnation aux travaux forcés à perpétuité est exécutée par l'exposition publique.

6. Que décider à l'égard des mineurs de 18 ans et des septuagénaires?

7. De l'exécution réelle de la déportation avant la réformation du Code pénal.

8. Si aujourd'hui la déportation est réputée exécutée par la détention. Analyse des discussions législatives.

9. Le jour de l'exécution appartient-il tout entier ou partiellement à la mort civile?

1. Cet article est encore une preuve du principe que *la peine seule*, et non la condamnation, *produit la mort civile.*

De sorte que, dans l'intervalle de la condamnation à l'exécution, le condamné conserve son ancien état : de là, pas de dispositions restrictives de la liberté du condamné, sauf aux parties intéressées à faire annuler les actes frauduleux (*séance du 16 therm. an IX. V.* aussi *le n° 20 sur l'art. 25*); de là, toutes les successions ouvertes dans le même intervalle sont recueillies par le condamné et grossissent son patrimoine (M. Toullier, t. 1er, n° 274) ; de là, si le testament fait antérieurement au crime, au jugement ou à l'exécution est nul, ce n'est pas à cause d'une incapacité subsistante lors de la rédaction du testament, mais parce que l'exécution postérieure a enlevé au condamné la faculté de transmettre.

De là naît la conséquence que le condamné a conservé ses droits civils, s'il meurt avant l'exécution, et alors son testament même serait valable, puisqu'il aurait eu la capacité de tester jusqu'au dernier moment (MM. Regnaud et Tronchet, *séance du 16 therm. an IX*).

Et cette doctrine est vraie, même quand il se serait donné la mort, le suicide n'étant pas puni par nos lois (M. Portalis, *séance du 26 therm. an IX*).

Il est donc important de connaître quand il y a exécution, et de quel instant elle a eu lieu, pour savoir si le condamné avait encore ses droits civils au moment de sa mort, et pour connaître quels sont ses héritiers.

2. L'exécution a lieu réellement quand le condamné est présent. S'il s'est évadé, elle a lieu *par effigie* : locution conservée dans nos lois, quoique l'on n'offre plus aux regards du peuple l'image du supplice, mais simplement l'extrait du jugement de condamnation affiché par l'exécuteur à un poteau planté au milieu d'une place publique (*C. instr.* 472).

3. Procès-verbal de l'exécution doit être, sous peine de cent francs d'amende, dressé par le greffier et transcrit par lui dans les vingt-quatre heures au pied de la minute de l'arrêt. La transcription sera signée par lui, et il fera mention du tout, sous la même peine, en marge du procès-verbal. Cette mention sera également signée, et la transcription fera preuve comme le procès-verbal même (*C. instr.* 378).

La place de cet article indique qu'il s'occupe principalement de l'exécution réelle; cependant il ne distingue pas et doit s'appliquer à l'exécution par effigie (M. Toullier, *t.* 1er, *no* 275).

Le procès-verbal doit être daté d'heure comme tous les procès-verbaux. Cela résulte d'ailleurs de l'obligation d'en opérer la transcription dans les vingt-quatre heures.

4. La condamnation à mort n'est exécutée réellement que quand le coupable n'existe plus (M. Dalloz, *Droits civ. et pol. sect.* 3 , *art.* 1er, § 1er, *no* 4); on ne doit pas confondre les apprêts du supplice avec la peine elle-même. Béraud, Basnage (*sur Normandie, art.* 143) et le président Bouhier (*sur Bourgogne, ch.* 55, *no* 337) en rapportent un exemple célèbre. Une femme mourut subitement dans une hôtellerie, en allant au lieu de son supplice, et le Parlement de Rouen jugea, par arrêt du 18 janvier 1632, que le corps de cette femme devait être enterré et ses biens déchargés de la confiscation.

5. Les auteurs ont pensé que la condamnation aux travaux forcés à perpétuité était *réellement* exécutée du jour où le coupable avait subi l'exposition publique (M. Carnot, *sur l'art.* 18 *du C. pén. no* 4; M. Toullier, *t.* 1er, *no* 275; M. Merlin, *Rép. Mort civile,* § 1er, *art.* 5, *no* 4, *au suppl.*; M. Duranton, *t.* 1er, *no* 222; M. Dalloz, *lieu cité, no* 5). La vraie raison de décider, c'est que l'exposition ayant été nécessairement et pour tous les cas imposée par l'art. 22 du Code pénal de

1810 aux condamnés aux travaux forcés, est un mode d'exécution propre à cette peine.

6. Mais aujourd'hui que dira-t-on pour les condamnés mineurs de 18 ans ou septuagénaires? L'art. 22 du Code pénal réformé en 1832 défend de leur faire subir l'exposition. Le point de départ de la mort civile ne pourra donc être le même. La fera-t-on courir du jour où la condamnation est devenue irrévocable, comme le porte l'art 23 du Code pénal réformé pour la durée des peines temporaires? Cette décision serait contraire à tous les principes d'interprétation en matière criminelle : elle ferait tourner au détriment des condamnés à perpétuité ce que l'humanité a introduit dans l'intérêt des condamnés à temps, puisqu'en abrégeant la peine de ceux-ci, elle anticiperait pour les autres l'état de mort civile. Il semble donc que les mineurs de 18 ans ou les septuagénaires condamnés aux travaux forcés à perpétuité ne sont privés de la vie civile que par leur arrivée au bagne, ou peut-être par le départ de la chaîne.

Quand l'exécution réelle a-t-elle lieu pour les condamnés à la déportation? Cette question offre plus de gravité encore que la précédente.

7. Avant la réformation du Code pénal, M. Toullier avait trouvé difficile de fixer le jour précis où la condamnation est exécutée (*t.* 1er, *no* 275). M. Delvincourt adoptait le jour de l'affiche prescrite par l'art. 36 du Code pénal, qui n'est pas cependant une exécution, mais une simple publication (*note 7 sur la p.* 24). M. Duranton partage la même opinion (*t.* 1er, *no* 223). Ce qui faisait naître le doute, c'est que le gouvernement n'ayant pas de lieu de déportation, détenait les condamnés dans une maison de force, en attendant qu'ils fussent dirigés sur leur destination définitive.

Aussi un sieur Négrié fils, condamné à la déportation par arrêt de la Cour prévôtale de Tarn-et-Garonne le 25 octobre 1816, transféré dans diverses prisons, conduit le 3 janvier 1818 à la maison centrale du mont Saint-Michel, qu'une ordonnance du roi du 2 avril 1817 avait affectée aux condamnés à la déportation, et mis en liberté en vertu de lettres de grâce du 11 août 1819, revendiqua les successions de ses père et mère, échues dans l'intervalle : alors s'éleva la question de savoir si cette détention avait produit la mort civile; et les deux successions lui furent adjugées sans qu'il fût besoin d'examiner l'effet des lettres de grâce, parce qu'il n'avait jamais été en état de mort civile; que la translation au mont Saint-Michel n'était qu'une mesure provisoire administrative, ne modifiait et n'avait pu modifier en rien la législation existante, surtout relativement à l'état des hommes; et qu'en cette matière il n'y avait vraiment exécution que par le transport du condamné hors du territoire continental (*Toulouse*, 21 *août* 1820, *S.* 1820, 2. 300; M. Merlin, *lieu cité*).

8. Devrait-on juger de même aujourd'hui? Nous en doutons.

Ce n'est plus par mesure administrative que le gouvernement fait détenir les condamnés à la déportation, c'est en vertu d'une disposition formelle de la loi, qui veut qu'à défaut de lieu de déportation, le condamné *subisse* à perpétuité la peine de la détention (*C. pén. art.* 17); et comme l'art. 18, après avoir dit, avec l'ancien Code pénal, que les condamnations aux travaux forcés à perpétuité et à la déportation emporteront mort civile, ajoute que le gouvernement pourra accorder au *condamné à la déportation* l'exercice des droits civils ou de quelques uns de ces droits, sans exiger que le condamné soit actuellement déporté, et sans indiquer, comme l'ancien Code, que ce sera dans le lieu de la déportation, on peut conclure que la détention est un mode possible d'exécution qui remplace entièrement le mode de la déportation, impossible de fait, et qui, par conséquent, produit les mêmes effets.

Pour établir cette opinion, examinons la manière dont la loi s'est formée.

Quand le gouvernement voulut réformer la législation criminelle, il proposa (*art. 4 du projet présenté à la ch. des députés, séance du 31 août 1831, Moniteur, 1831, n° 244*) de remplacer la peine de la déportation par celle de la détention à perpétuité; et par l'art. 2 on avait placé au rang des peines afflictives et infamantes la détention prononcée à temps ou *à perpétuité.*—Ainsi, dans ce premier système, voici la détention mise au rang des peines *afflictives;* la voici qui peut être déclarée *perpétuelle.* Ce sont là les deux caractères exigés dans une peine, par l'art. 24 du Code civil, pour qu'une loi spéciale puisse lui attribuer l'effet de produire la mort civile.

Mais ce n'est pas tout : il faut qu'une loi y attache cet effet.

M. Persil manifesta la crainte qu'une loi détachée du Code pénal ne fît perdre à la législation criminelle les avantages de la codification ; il proposa donc de remplacer les articles abrogés ou modifiés du Code pénal par les dispositions du nouveau projet, et l'on va remarquer comme tout alors se classait avec clarté.

Dans la rédaction qu'il présenta à la chambre des députés (*séance du 25 nov. 1831, Moniteur, 1831, n° 330*), l'art. 7 porte : « Les peines afflic-tives et infamantes sont : 1° la mort; 2° les tra-vaux forcés à perpétuité; 3° LA DÉTENTION PER-PÉTUELLE...... » et l'art. 18 : « Les condamnations aux travaux forcés à perpétuité et A LA DÉTEN-TION PERPÉTUELLE emporteront mort civile. Néan-moins le gouvernement pourra accorder au con-damné à la *détention perpétuelle* l'exercice des droits civils ou de quelques uns de ces droits. »

On reconnaît dans ce nouveau projet le juris-consulte laborieux qui avait fait de notre législation civile l'étude de toute sa vie. La *déportation* est effacée du Code, la *détention perpétuelle* la remplace ; il classe donc celle-ci parmi les peines afflictives ; et comme les peines, même perpé-tuelles, ne produisent pas par elles-mêmes la mort civile, si la loi n'y attache cet effet, l'art. 18 l'attribuera formellement à la peine nouvelle-ment créée, à la détention perpétuelle; enfin, pour qu'elle ne soit pas plus sévère que ne l'était la déportation, on laissera le gouvernement libre d'en diminuer la rigueur et d'accorder des droits civils au condamné.

Cependant la chambre des députés a trouvé bon de conserver la déportation; elle a cru que cette peine pourrait être exécutée plus tard, et que cette possibilité suffisait pour ne pas la suppri-mer. Mais la chambre des pairs, en adoptant cette idée, ne crut pas devoir conserver dans la nomen-clature des peines *la détention perpétuelle;* « on ne pouvait plus, a-t-on dit, l'admettre comme peine distincte, en conservant la déportation; elle N'EST QUE L'EXÉCUTION de la peine de la déportation (M. le comte DE BASTARD, *Rapport à la ch. des pairs, séance du 16 mars, Moniteur, 1832, n° 78*). » Ce nouveau système a amené la nouvelle rédaction.

Certes, ces paroles de M. le rapporteur indi-quent bien que l'intention de la chambre des pairs était de regarder la détention à perpétuité comme une exécution réelle de la déportation, et de lui attribuer les mêmes effets; et de là on con-clura sans doute avec nous que du jour où le con-damné à la déportation est transporté dans le lieu fixé par le gouvernement pour la détention à per-pétuité, la mort civile est encourue, comme s'il était déporté réellement.

Il est à regretter que l'expression de la loi ne soit pas plus formelle, et qu'on soit réduit, en matière criminelle, à recourir aux discussions pour com-prendre toute l'étendue du texte; mais avec toute autre interprétation, la dernière partie de l'art. 18 serait un non-sens : dès que ce n'est plus au dé-porté, mais au condamné à la déportation, que le gouvernement peut accorder l'exercice des droits civils, c'est que le condamné subit la mort civile par l'effet de la peine substituée, comme il l'aurait soufferte par l'exécution de la peine nominale.

Mais on peut dire, pour le sentiment contraire, qu'il importe peu que la loi ait substitué une peine à une autre ; car la peine de la détention, bien que subie à perpétuité, n'est pas celle à laquelle la loi a attaché l'effet de produire la mort civile ; que l'impossibilité d'exécuter la dé-portation doit tourner au profit du condamné dont l'emprisonnement à perpétuité est de fait plus pénible que la déportation, qui laisse au moins une liberté physique; que si la dernière partie de l'art. 18, en accordant au gouvernement la faculté de rendre au condamné à la déportation l'exercice des droits civils, *suppose* que ces droits peuvent être perdus avant la déportation effective, en droit *supposer n'est pas disposer ;* que dans cet art. 18, la suppression des mots « *dans le lieu de sa déportation* » peut avoir eu un autre objet, celui de donner des effets civils en France au mariage et aux autres actes dépendant du droit civil que le gouvernement accorderait au condamné, tandis que sous le Code pénal de 1810, les effets du mariage, de la paternité légitime, etc., paraissaient devoir se borner au lieu de la déportation, sans influer sur les droits ouverts en France. On peut ajouter que si M. le rapporteur de la chambre des pairs a vu dans la détention perpétuelle *un moyen d'exécution* de la déportation, il y a vu aussi, de même que le gouvernement et la chambre des députés, *une commutation légale* (*) de la peine. Or, si la peine seule produit la mort civile, la commutation en une peine qui ne la produit pas par elle-même, survenue avant toute exécution, doit l'empêcher d'exister. Qu'elle soit légale, qu'elle soit administrative, la commutation doit toujours produire les mêmes effets.

Telles sont les raisons qui militent contre l'opinion que nous avons préférée. Le lecteur en jugera, et peut-être l'humanité voudrait que ces raisons l'emportassent.

9. Après avoir vu quel est le jour de l'exécution pour chacune des peines qui produisent la mort civile, il faut savoir si c'est du commencement ou de la fin de ce jour, ou du moment même de l'exécution que la mort civile commence.

M. Merlin (*mot Mort civile,* § 1er, art. 5, nº 5, *au suppl.*) démontre fort bien que, dans l'art. 26, les mots *à compter du jour*..... ne peuvent pas avoir un sens *exclusif* du jour de l'exécution : autrement ce serait admettre à succéder, après son exécution

(*) M. Le garde des sceaux disait en présentant le projet de loi à la chambre des pairs (*séance du* 9 *janv.* 1832, *Moniteur, nº* 10) : « La déportation prévue par le Code reste « sans exécution faute d'un lieu où elle puisse être convena- « blement subie. On s'est vu *obligé* de la *commuer* arbitraire- « ment dans la pratique en une détention dans un lieu spé- « cial. Cet état de choses est irrégulier ; il importe de le faire « cesser. »

M. le rapporteur à la chambre des pairs a dit lui-même : « En attendant qu'il existe un lieu de déportation, le gou- « vernement est *autorisé à commuer* la déportation en une « détention à perpétuité. »

Enfin, après que la chambre des pairs eut retranché la dé- tention perpétuelle du nombre des peines, et que le projet fût présenté de nouveau à la chambre des députés, M. Dumon dit au nom de la commission : « Votre commission a adopté « cette suppression avec d'autant plus d'empressement, qu'elle « établit formellement, suivant le vœu de la chambre, que « la déportation reste la peine de la loi, la peine que la Cour « d'assises prononce, et qui se trouve ensuite *légalement* « *commuée* en détention perpétuelle, suivant les circonstances « politiques dont l'administration seule peut être juge. »

publique, un homme retranché de la société civile et peut-être du nombre des vivans.

Mais de là M. Merlin conclut, et avec lui MM. Toullier (*t.* 1er, *nº* 274) et Proudhon (*t.* 1er, *p.* 74), que, dans l'art. 26, les mots *à compter du jour*.... ont un sens *inclusif* de tout le jour de l'exécution ; que la mort civile a donc commencé au premier instant de ce jour, et qu'ainsi l'exécution rétroagit à l'heure de minuit qui l'a précédée. MM. Delvincourt (*note* 6 *sur la p.* 24), Duranton (*t.* 1er, *nº* 221) et Dalloz (*sect.* 3, *art.* 1er, § 2, *nº* 3) admettent que cette locution n'est pas exclusive du jour de l'exécution, mais ne peuvent consentir à lui donner cet effet rétroactif : leur sentiment nous paraît le meilleur.

On peut réduire les objections de M. Merlin aux points suivans : « Dès qu'on est obligé de reconnaître que le jour de l'exécution est compris dans la loi, il faut bien qu'on l'y comprenne tout entier. » — « La rétroactivité ne dépasse pas le pouvoir du législateur. » Il aurait pu, à l'exemple du droit romain, faire commencer la mort civile à l'instant même de la condamnation : il a donc pu, à plus forte raison, la faire commencer avant le moment de l'exécution.

Personne ne songe à contester le pouvoir du législateur ; il faut seulement pénétrer son intention, en supposant que le texte ne s'oppose pas à l'intention recherchée.

Or, pour que le texte s'opposât à la recherche de cette intention, il faudrait que quand les mots *à compter de*..... sont pris dans un sens *inclusif*, on dût nécessairement leur faire comprendre le jour tout entier.

Cependant M. Merlin, au même endroit, nous donne un exemple d'une loi rendue l'*après-midi*, exécutoire *à compter du jour même*, et convient que les actes faits le jour même de la loi *avant midi* étaient nuls, parce que la rétroactivité étant subversive du droit commun et renversant des droits acquis, ne doit être appliquée que dans les cas où la loi l'a établie d'une manière bien positive.

C'est aussi M. Merlin qui, au mot *Délai, sect.* 1re, § 3, recueille dans divers articles du Code civil les locutions *du jour de,*..... *à compter du jour*..... *à courir du jour*..... etc., qui offrent une synonymie complète, pour prouver qu'elles ont souvent un sens inclusif ; mais en même temps il reconnaît que dans l'art. 502, portant que « l'interdiction ou la « nomination d'un conseil aura son effet DU jour « du jugement, *le jour* du jugement, ou de la publicité qui lui est donnée, *n'est compris que* PARTIELLEMENT. Et pourquoi ? Parce qu'autrement on annulerait les actes antérieurs au jugement, quoique passés le même jour, et que le jugement ou sa publicité aurait un effet rétroactif de quelques heures.

Or, les jurisconsultes qui ne partagent pas l'opinion de M. Merlin sur l'art. 26, ne disent pas autre chose. Ils pensent que, dans son système, on fait rétroagir l'exécution, sans que le législateur en ait exprimé l'intention; ils pensent que l'art. 26 est limité par l'art. 22 et par l'art. 24, qui font de la mort civile L'EFFET de la peine; ils pensent que la loi n'a pu dire que L'EFFET précéderait la cause; qu'il faut donc ici comprendre *partiellement* le jour de l'exécution; et leur sentiment paraît d'autant plus fondé, que le moment de l'exécution étant toujours constaté par un procès-verbal dont l'authenticité ne peut laisser aucun doute, on ne peut pas supposer dans le législateur la volonté d'éviter une incertitude que rien ne pouvait faire craindre.

ARTICLE 27.

Les condamnations par contumace n'emporteront la mort civile qu'après les cinq années qui suivront l'exécution du jugement par effigie, et pendant lesquelles le condamné peut se représenter.

————

SOMMAIRE.

1. *Coup d'œil sur le droit romain et l'ancien droit français.*

2. *Ensemble des dispositions du Code civil, en ce qui concerne les contumaces.*

3. *Si l'exécution par effigie peut se prouver autrement que par le procès-verbal d'exécution.*

1. Les effets de la contumace sont bien différens sous l'empire du Code de ce qu'ils étaient sous l'ancien droit et surtout sous le droit romain. A Rome, jamais on ne prononçait une condamnation capitale quand l'accusé était absent : mais le génie fiscal de la législation impériale avait imaginé de saisir les biens des accusés, et de les confisquer irrévocablement, malgré les justifications les plus complètes, si, dans le court espace d'une année, l'absent ne s'était pas représenté (*V. tit. de requir. vel abs. damn. ff.* 48. 17, *et tit. de requir. reis, C.* 9. 40). Dans le droit français, Richer (*Mort civile, part.* 2, *liv.* 2, *ch.* 3, *sect.* 3, *p.* 181) divise la législation en trois époques : la première a précédé l'ordonnance de Moulins; et l'esprit général des lois était la perte définitive des biens après une année, et l'exécution même de la peine capitale après le délai de grâce. Odieuse application de la fiction : *res judicata pro veritate.* Cette règle barbare s'est adoucie, et l'on permit au coutumace de se justifier en obtenant des lettres de chancellerie; mais ce ne fut qu'au milieu du seizième siècle qu'on permit à celui qui était saisi de se défendre : la faveur d'être entendu était réservée à celui-là seul qui se représentait volontairement. La seconde époque est celle de l'ordonnance de Moulins, dont l'art. 28 portait : « Voulons « et ordonnons que les condamnés par défaut et « contumaces pour crimes emportant confisca- « tion,..... ayant été en contumace de soi repré- « senter en justice par le temps et espace de cinq « ans, à partir du jour de la condamnation contre « eux faite, pour ester à droit, perdront non seu- « lent les fruits de leurs héritages,..... mais aussi « la propriété de tous leurs biens adjugés par jus- « tice; et demeureront aux parties civiles leurs « adjudications, sans pouvoir être répétées, et à « nous et aux sieurs hauts-justiciers, ce qui aura « été adjugé pour amende ou confiscation : nous « réservant néanmoins selon les causes, personnes « et temps et autres considérations, de les pou- « voir recevoir à ester à droit et se purger après « ledit temps, et leur remettre la rigueur de cette « ordonnance..... » Sous cette loi, le condamné était dépouillé de tous ses biens par l'effet de la condamnation et non de l'exécution; la confiscation était irrévocable au bout de cinq ans, mais la mort civile pouvait être révoquée en tout temps. La troisième époque est celle de la célèbre ordonnance criminelle de 1670, qui abroge législativement ce que l'usage avait déjà détruit, en défendant d'insérer dans les jugemens de contumace que le condamné sera exécuté, *si pris et appréhendé peut être* (*tit.* 17, *art.* 15). L'art. 18 anéantit les défauts et contumaces, en vertu de la loi, sans qu'il soit besoin de jugement ni d'interjeter appel de la sentence, pour le cas où le contumace est arrêté prisonnier, ou se représente après le jugement, *même après les cinq années*, et l'art. 28 porte : « Si ceux qui auront été condamnés ne se « représentent ou ne sont constitués prisonniers « dans *les cinq années de l'exécution* de la sen- « tence de contumace, les condamnations pécu- « niaires, amendes et confiscations *seront réputées* « *contradictoires*, et vaudront comme ordonnées « par arrêt. Nous réservant néanmoins la faculté « de les recevoir à ester à droit, et leur accorder « nos lettres pour se purger..... » Ainsi, comme le remarque Jousse sur l'art. 18, la comparution en justice après les cinq ans laissait subsister les condamnations pécuniaires, tout en abolissant la mort civile. Il y a beaucoup d'analogie entre ces dispositions et notre Code civil; mais ce qui constituait surtout la différence se trouve dans l'art. 29 : « Celui qui aura été condamné par contumace « à mort, aux galères perpétuelles, ou qui aura « été banni à perpétuité du royaume, qui décé- « dera *après les cinq années*, sans s'être repré- « senté ou avoir été constitué prisonnier, sera ré-

« puté mort civilement DU JOUR *de l'exécution de* « *la sentence de contumace.* » Ainsi, sous l'ordonnance de 1670 comme sous le Code civil, le condamné mourant dans le délai des cinq ans, mourait dans l'intégrité de ses droits (DOMAT, *Lois civiles, part.* 2, *liv.* 1er, *tit.* 1er, *sect.* 2 , *n*o 36 ; LEBRUN, *Succession* , *liv.* 1er, *ch.* 1er, *sect.* 2 ; RICARD , *Donations, n*o 255 *et suiv.*) ; mais ce n'était pas, comme aujourd'hui, parce que la mort civile n'a pas été encourue pendant le délai de grâce : la mort civile s'éteignait par une sorte de résolution : aussi l'individu arrêté après les cinq ans, et dont la condamnation était confirmée, était frappé de mort civile à compter de l'exécution du premier jugement (RICHER, *même ch. sect.* 5, *p.* 202).

Signaler d'abord les différences dans les principes des deux législations, c'est avertir nos lecteurs avec quelle précaution on doit lire les anciens auteurs et consulter les monumens de la jurisprudence antérieure au Code civil.

On doit consulter avec la même circonspection les discussions au conseil d'Etat, parce que le conseil a été long-temps à balancer entre le système de la mort civile résoluble, et celui de la simple interdiction légale qui a été adopté sur les observations du tribunat (*V. l'Esprit du C. civ. de M. Locré sur l'art.* 28).

2. On peut exposer en peu de mots le système du Code sur la mort civile, à l'égard du contumace. Tant qu'il n'y a pas eu d'exécution par effigie, la cause efficiente de la mort civile, la peine, n'existe pas, quoique le principe en soit dans la condamnation : pas d'exécution, pas de possibilité de mort civile (*art.* 26). Après cette exécution, délai de grâce de cinq ans, pendant lequel le condamné peut se représenter. Pendant ce délai, privation de *l'exercice* des droits civils, mais non des droits en eux-mêmes (*art.* 28); faculté au contumace de se représenter; s'il se constitue prisonnier (*C. instr.* 476), s'il est arrêté et constitué prisonnier pendant ce délai (*C. civ.* 29), ce n'est plus qu'un simple accusé, dont l'affaire suivra les règles ordinaires; il ne pourra être frappé de mort civile que par l'effet du jugement postérieur à son arrestation; s'il meurt pendant ce délai, c'est un accusé dont l'accusation s'est éteinte de plein droit par son décès (*C. instr. art.* 2; *C. civ. art.* 31). Mais si le délai est expiré et que la prescription de la peine ne soit pas acquise, c'est-à-dire s'il n'est constitué prisonnier volontairement ou forcément qu'après cinq ans à compter du jour de l'exécution, mais avant qu'il ne se soit écoulé vingt années depuis la date de l'arrêt de condamnation (*C. instr.* 635), le respect dû aux droits acquis par les tiers fera subsister les effets produits par la mort civile, depuis l'expiration du délai de grâce jusqu'au jour de la comparution en justice (*C. civ. art.* 30; *C. instr. art.* 476), quoiqu'au surplus le

jugement soit anéanti de plein droit, même quant à la mort civile, mais pour l'avenir seulement, si l'accusé parvient à se disculper, ou du moins à faire substituer à la peine une peine qui n'entraîne pas la mort civile.

Ainsi, 1o époque qui ne peut influer sur le moment où commencera la mort civile : depuis la condamnation jusqu'à l'exécution par effigie. 2o Epoque pendant laquelle existe l'exemption légale de mort civile, mais qui peut en déterminer l'instant, si le condamné ne comparaît en justice ou ne meurt avant son expiration : délai des cinq années du jour de l'exécution. 3o Epoque où la mort civile produit irrévocablement ses effets, quoiqu'elle puisse cesser pour l'avenir : l'intervalle écoulé de l'expiration des cinq années, jusqu'au jour de la comparution en justice, mais avant la prescription de la peine. 4o Enfin, époque où il est devenu certain que la mort civile courue depuis l'expiration des cinq ans ne peut cesser : le jour de la prescription de la peine (*art.* 32).

3. Après ces observations générales, revenons à notre article.

Jusqu'à l'exécution, le délai qui précède la mort civile ne peut commencer à courir. La date de l'exécution est prouvée par le procès-verbal qui en doit être dressé. Mais si ce procès-verbal n'est pas représenté, pourra-t-on prouver de toute autre manière que l'exécution a eu lieu?

M. Merlin (*Rép. mot Mort civile*, § 1er, *art.* 5, *n*o 7, *note sur l'art.* 27 *au suppl.*) pense que l'exécution ne peut être prouvée que par le procès-verbal; et il avait développé cette opinion dans des conclusions du 29 frimaire an XII (*Quest. de dr. mot Succession* , § 11). Mais la Cour de cassation a admis l'opinion contraire, parce que « ni le « Code des délits et des peines ni aucune autre loi « n'ont dit que le procès-verbal d'exécution ne « pût être suppléé dans les actes anciens par « des preuves équivalentes (*Rejet, sect. civ.* 26 « *therm. an XII*). »

Quoique fondé sur des circonstances extraordinaires, cet arrêt est conforme aux principes : cependant la règle qu'il consacre ne doit pas être admise légèrement. Dans le doute si le jugement a été exécuté ou non, il faut décider pour la négative. Un arrêt du Parlement de Toulouse, rendu le 23 août 1731, a déclaré inadmissible la preuve par témoin d'une telle exécution (*Nouveau Denizart, mot Contumace,* § 4, *n*o 4).

On peut opposer la mort civile au contumace ou à ses héritiers pour les empêcher de recueillir des droits ouverts en apparence à leur profit, mais qui, par l'effet de la mort civile, sont dévolus à d'autres.

Or, les tiers intéressés n'ont eu à surveiller ni l'exécution ni sa constatation. On n'a pas à leur opposer leur propre négligence. C'est une raison puissante pour douter qu'on doive leur dénier absolument le droit de prouver l'exécution autrement que par la représentation du procès-verbal.

Mais leur intérêt et l'absence de faute de leur part ne serait pas une raison suffisante pour abandonner l'état des hommes à la simple preuve testimoniale; il faut donc examiner quelle est la nature de ce procès-verbal d'exécution, pour savoir s'il peut être suppléé.

Si c'est un acte judiciaire, c'est aussi un acte qui règle l'état civil du condamné et qui doit se trouver dans un dépôt public. Rien ne semble donc plus conséquent que de suivre les règles établies pour la preuve de l'état civil en cas d'absence des registres. Les personnes intéressées à établir le changement d'état sont donc tenues de prouver préalablement la perte des actes de l'époque à laquelle ils font remonter la prétendue exécution, ou l'événement qui aurait entraîné la perte de ce procès-verbal particulier : cette preuve faite, elles pourraient, selon les circonstances, être admises à prouver le fait spécial de l'exécution, par argument de l'art 46 du Code civil. C'est ensuite à la prudence des juges à n'admettre pour preuves que des faits dont l'ensemble ne laisse pas le moindre doute sur la vérité de l'exécution.

Richer (*part.* 2, *liv.* 2, *ch.* 3, *sect.* 2, *p.* 172) propose une difficulté à peu près semblable. C'est le cas où le procès-verbal était remplacé au pied de la sentence par une note du greffier : usage abusif qui s'était introduit au Châtelet de Paris ; et la solution qu'il donne à la question semble concorder avec notre opinion. « Si les condamnés, dit-il, ont été en possession de la vie civile depuis leur contumace, on doit la leur laisser; s'ils ont été en état de mort civile, on doit les condamner à y rester. » N'est-ce pas dire en d'autres termes que la note du greffier n'étant pas la preuve exigée par la loi, ne fait pas foi de l'exécution qu'elle énonce, mais que les faits subséquens ont pu convertir en preuve la présomption qu'elle fait naître ?

RENVOI AUX ARRÊTISTES.

REJET, *sect. civ.* 26 *therm. an XII.* — S. an XIII, 1. 140. — D. an XIII, 1. 201. — P. t. 3ᵉ de l'an XIII, p. 178.

ARTICLE 28.

Les condamnés par contumace seront, pendant les cinq ans, ou jusqu'à ce qu'ils se représentent ou qu'ils soient arrêtés pendant ce délai, privés de l'exercice des droits civils.

Leurs biens seront administrés et leurs droits exercés de même que ceux des absens.

———

1. Pendant l'instruction de la contumace, l'accusé est suspendu de l'exercice des droits de citoyen, ses biens sont séquestrés et toute action en justice lui est interdite (*C. inst.* 465). Voilà ses seules incapacités antérieures à l'exécution. Aussi, comme la loi se borne à lui ôter le droit d'agir devant les tribunaux, et ne défend pas de l'attaquer en justice, les poursuites faites contre lui personnellement sont valables (M. MERLIN, *Rép. mot Contumace,* § 1ᵉʳ, nᵒ 4, *C. proc.* 124 ; *Rejet,* 3 ou 10 *nivôse an XIV*). Tous les actes faits par lui jusqu'au jour de l'exécution sont valables en eux-mêmes (M. DURANTON, *t.* 1ᵉʳ, nᵒ 233).

2. A compter du jour de l'exécution jusqu'à l'expiration du délai de grâce, ou, pendant ce délai, jusqu'au jour où s'efface la contumace par la présentation en justice de l'accusé, le condamné, qui n'est pourtant pas dépouillé des droits civils, est privé de leur exercice.

3. Ses biens sont administrés et ses droits exercés de même que ceux des absens, dit l'art. 28 du Code civil; à quoi l'art 471 du Code d'instruction criminelle ajoute : « Ses biens seront considérés et *régis* comme biens d'absens. » A cet effet, « extrait du jugement de condamnation sera, dans les trois jours de la prononciation, à la diligence du procureur-général ou de son substitut, adressé au directeur des domaines et droits d'enregistrement du domicile du contumace (*C. inst.* 472). »

De là résulte, et tous les auteurs en conviennent, que c'est à la régie de l'enregistrement qu'est confiée l'administration des biens du condamné par contumace (M. MERLIN, *Rép. mot Sé-*

questre pour Contumace; M. Toullier, *tome* 1er, nos 276 *et* 277; M. Duranton, *n*o 228; M. Dalloz, *mot Contumace*, *sect.* 1re, *n*o 1; M. Carnot, *sur l'art.* 471 *du C. d'instr.*; Legraverend, *Législat. crim. t.* 2, *ch.* 9, *sect.* 2). Le but du séquestre, c'est d'obliger le contumace à se représenter........ Il ne faut pas, en lui laissant la possession de ses biens et la jouissance de ses revenus, le mettre dans le cas de perpétuer sa désobéissance à la loi (M. Berlier, *Exposé des motifs du liv.* 2, *tit.* 4, *ch.* 1 à 5 *du C. d'instr. crim.*).

4. A qui appartiennent les revenus des biens séquestrés? Est-ce au contumace ou à l'Etat qui fait administrer?

Si, pour résoudre la question, on ne consulte que le texte de l'art. 471 du Code d'instruction criminelle, l'art. 28 du Code civil et le droit commun, la solution sera facile. La régie devra compte des fruits, sous la déduction des frais d'administration; mais un avis du conseil d'Etat, du 19 août 1809, approuvé le 20 septembre même année, vient compliquer la question : on le regarde comme dérogatoire à l'art. 471 du Code d'instruction, et l'on tient que l'Etat peut retenir les fruits pendant le séquestre (Legraverend, *lieu cité, et note de* M. Duvergier; Delvincourt, *note 4 sur la p.* 25). Mais il y a des autorités contraires (MM. Merlin, Carnot, Dalloz, *lieux cités*, et M. Bourguignon, *jurisprud. des Codes crimin. sur l'art.* 471 *du C. d'instr.*).

Sous le Code des délits et des peines, du 3 brumaire an IV, les biens étaient séquestrés pendant l'instruction et pendant la durée de la contumace au *profit* de l'Etat, qui faisait les fruits siens, sauf les secours à accorder aux proches parens du condamné (*Code de l'an IV, art.* 464, 475, 478). L'art. 25 du Code civil dérogea à cette législation fiscale en considérant les biens du contumace, non pas comme biens de *condamné*, mais comme biens d'*absent*. C'était établir contre l'administration de ces biens l'obligation de compter des revenus, et rentrer ainsi dans le droit commun qui oblige le dépositaire à restituer les fruits produits par la chose déposée (*C. civ.* 1936). De là résultait une position plus favorable pour le condamné à une peine emportant mort civile que pour le contumace condamné à une peine moins forte, puisque la dérogation au Code de l'an IV ne concernait pas celui-ci. La contradiction fut signalée au conseil d'Etat (*séance du 26 therm. an IX*). M. Boulay y proposa d'étendre la disposition de l'art. 28 à toute espèce de contumace. Cette proposition fut rejetée, sur l'observation du consul Cambacérès, comme étrangère au Code civil, et appartenant au Code criminel dont on ne s'occupe pas encore.

Le Code d'instruction criminelle est venu, en 1808, et a réalisé l'amendement de M. Boulay. Il ne porte nulle part, comme le Code de l'an IV, que les biens du contumace seront administrés *au profit de l'Etat*, que les revenus *appartiendront à* la république, que les biens sont rendus à l'accusé qui se représente, *à l'exception des fruits et* revenus perçus ou échus antérieurement. — Le Code de 1808 veut donc, comme l'art. 28 du Code civil dont il étend le bienfait à tous les contumaces, que les biens soient, à partir de l'exécution de l'arrêt, considérés et régis comme biens d'*absent;* et que le *compte du séquestre* soit rendu à qui il appartiendra (471). Ainsi, à partir de la mise a exécution du Code d'instruction, le système de la loi de l'an IV est remplacé par un système plus libéral et surtout plus juste.

Il n'est pas permis de douter du sens de cet art. 471, si on y ajoute l'exposé des motifs dont le gouvernement a fait accompagner la présentation de la loi. M. Berlier disait au corps-législatif : « Tout ce qui irait au-delà de ce qui est néces- « saire pour contraindre le contumace à se repré- « senter, *est de trop.....* L'expectative de la réin- « tégration sera une prime d'autant plus efficace, « qu'elle sera moins accompagnée de restrictions, « et que la soumission du contumace lui sera plus « profitable. *La confiscation irrévocable* des fruits « et revenus échus durant la contumace irait donc « contre le but qu'on doit se proposer; et elle se- « rait surtout extrêmement dure envers l'homme « qui, ayant purgé sa contumace, serait reconnu « innocent. » — Rien de plus clair, de plus posi- tif : l'intention de la loi est de priver le contu- mace de tous secours, et non de lui prendre son bien.

L'avis du conseil d'Etat, du 20 septembre 1809 (*) a-t-il donc changé l'état de la législation?

(*) AVIS

Du conseil d'État, du 19 août 1809, approuvé le 20 sept. suivant, B. 245, *n*o 4742.

« Le conseil d'Etat, qui a vu le rapport fait par le grand- « juge ministre de la justice, et les observations du ministre « des finances, sur les difficultés survenues depuis l'émission « du Code Napoléon, relativement au *régime d'administra-* « *tion* des biens des condamnés par contumace; après avoir « entendu les sections de législation et des finances sur les « questions proposées, savoir : 1o si l'art. 28 du Code Na- « poléon dispose seulement pour les contumaces à juger, ou « s'il a disposé pour les contumaces jugés antérieurement à « la publication de la loi du 27 ventôse an XI; 2o à qui du « domaine ou des présomptifs héritiers appartient la régie « et l'administration des biens dont fait mention l'art. 28 « précité, et à compter de quelle époque ces héritiers pour- « raient la demander,

« Est d'avis que, conformément à l'art. 2 du titre préli- « minaire du Code Napoléon, portant, « *la loi ne dispose* « *que pour l'avénir, et n'a pas d'effet rétroactif* », on doit « se régler par la disposition de la loi sous l'empire de la- « quelle la condamnation a été prononcée;

Non; et comme l'a dit avec justesse M. Dalloz, on ne doit pas s'arrêter à cette circonstance qu'il est postérieur à la promulgation du Code d'instruction criminelle, puisque si ce Code a été publié en 1808, sa mise en activité a été retardée jusqu'à l'installation des Cours impériales au commencement de 1811 (*Décrets des 2 février, 17 décembre 1809, 23 juillet et 25 novembre 1810*). L'avis n'est donc relatif qu'à la législation alors en vigueur; et ce qui prouve l'exactitude de cette observation, c'est que l'avis vise les lois criminelles antérieures au Code civil, et non le Code d'instruction criminelle.

A la vérité, il résulte de cet avis que les biens et droits du coutumace, condamné, depuis le Code civil, à une peine emportant mort civile, doivent être gérés et administrés AU PROFIT DE L'ÉTAT, tant que n'était pas arrivée l'époque de la remise des biens aux mains des héritiers : mais qui ne voit que le conseil d'État a fait des efforts pour faire produire un effet quelconque à l'art. 464 du Code de l'an IV qui établissait le séquestre au profit de l'Etat? Pour concilier deux législations contradictoires, il a donné effet à chacune d'elles successivement. Aujourd'hui que le Code d'instruction criminelle concorde parfaitement avec l'art. 28 du Code civil, pourquoi recourrait-on à un décret interprétatif qui n'est qu'une transaction entre deux lois contraires, quand la contrariété a disparu par l'abrogation de l'une d'elles?

En un mot, aucune loi n'attribuant à l'Etat les revenus des biens séquestrés, ils doivent être rendus au coutumace, s'il se représente; à ses héritiers, s'il laisse écouler le délai de grâce.

5. Ici s'élèvent encore des difficultés. L'art. 471 du Code d'instruction criminelle porte : « Le « compte du séquestre sera rendu *à qui il appar-* « *tiendra*, après que la condamnation sera deve- « nue irrévocable par l'expiration du délai donné « pour purger la contumace. » Or, pour les condamnations qui n'emportent pas mort civile, ce délai est de vingt années. Faudra-t-il donc que les héritiers du mort civilement attendent le même temps?

Oui, selon M. Delvincourt (*note 8 sur la p. 27*); non, selon M. Duranton (*t. 1er, no 229*) : et c'est l'opinion de M. Duranton qu'il faut adopter. En combinant les art. 27, 28 et 29 avec l'art. 30, on reconnaîtra que la loi donne au condamné par contumace à une peine emportant mort civile, un double délai : délai de cinq ans pour purger la contumace en ce qui concerne les effets de la mort civile; délai de vingt ans pour purger la contumace en ce qui concerne la peine : donc, quand les cinq ans sont révolus, la condamnation est devenue irrévocable par le délai accordé pour purger la contumace *en ce qui concerne les effets* de la mort civile; donc les biens appartiennent aux héritiers, donc la régie ne peut retenir des biens qui ont cessé d'appartenir au condamné, qui ont cessé d'être biens d'absent, qui sont devenus irrévocablement le patrimoine des héritiers.

M. Legraverend (*Législ. crim. t. 2, ch. 9, sect. 2*) reconnaît que les héritiers ont droit à se faire mettre en possession des biens à l'expiration des cinq ans de grâce; mais, selon lui, les produits du séquestre et de la gestion pendant les cinq ans resteront dans la caisse du domaine jusqu'à l'expiration du terme de vingt années depuis le jugement de condamnation, pour en être tenu compte au condamné s'il se représentait avant la prescription de la peine, sinon aux héritiers à l'expiration des vingt ans. Cette solution est inconséquente : les héritiers ont droit à tous les biens qui composent la succession au jour de son ouverture, et tous les fruits échus à l'expiration des cinq ans ont accru le patrimoine du condamné; les héritiers y ont donc le même droit qu'aux capitaux et du même moment.

6. Le séquestre ne peut avoir lieu au préjudice des droits des tiers : ainsi la Cour peut ordonner, même avant le jugement du contumace, la remise des effets déposés au greffe comme pièce de conviction, lorsqu'ils sont réclamés par les propriétaires ou ayant-droit (*C. instr.* 474).

« Qu'à l'égard des contumaces dont le jugement est anté- « rieur à la publication du Code Napoléon, il y a lieu de suivre « les dispositions, soit de la loi du 16 septembre 1791, soit « du Code pénal du 3 brumaire an IV ;

« Quant aux accusations et condamnations emportant mort « civile, postérieures à la publication du Code Napoléon, « comme l'art. 28 porte que les biens seront administrés de « même que ceux des absens, et que, suivant l'art. 120, les « héritiers présomptifs des absens ont la faculté d'obtenir « l'envoi en possession provisoire, à la charge de donner « caution, il en résulte que l'administration du domaine est « tenue de faire toutes les démarches et actes nécessaires « pour mettre sous le séquestre les biens et droits du contu- « mace, et qu'elle doit les gérer et administrer *au profit* « *de l'État*, jusqu'à l'envoi en possession en faveur des hé- « ritiers ;

« Qu'enfin dans le régime antérieur et postérieur à la pu- « blication du Code Napoléon, les droits des créanciers lé- « gitimes peuvent être exercés, après avoir été reconnus par « les tribunaux, et qu'il peut être accordé, par l'adminis- « tration, des secours aux femmes et enfans, pères et mères « dans le besoin

« Que le présent avis doit être inséré au *Bulletin des lois.* »

Que veulent dire les mots, *jusqu'à l'envoi en possession* en faveur des héritiers, puisqu'au bout de cinq ans les biens appartiennent aux héritiers à titre de succession, et qu'il n'y a pas lieu à faire déclarer l'absence d'un homme mort civilement? — Sans doute, le conseil d'Etat a supposé que l'absence aurait pu devancer le jugement et l'exécution par effigie, et même la mise en accusation, pour que les héritiers aient le droit de demander l'envoi en possession avant la fin du délai de grâce.

Ainsi, même sous le Code de l'an IV, les créanciers d'un failli en état de contumace ne devaient pas être troublés dans l'exercice de leurs droits sur les biens du failli qui ne pouvaient être séquestrés ni affermés, sauf aux préposés de la régie à veiller au remboursement des frais de contumace, dans le cas où le trésor public en aurait fait l'avance, et à se tenir au courant de la discussion des biens meubles et immeubles du failli contumace, pour faire apposer le séquestre sur les biens et verser dans les caisses les sommes qui ne se trouveraient pas absorbées par les créances dont la légitimité aurait été reconnue par les tribunaux (*Décision du grand-juge min. de la just. 17 prairial an XI*, et *circul. du direct. des dom.* 5 *sept.* 1807; *Législat. civ. et comm. de M. Locré*, t. 2, p. 482).

Ainsi les créanciers peuvent exercer leurs droits, même sur les biens séquestrés (*Décret qui annule un arrêté de conflit. S.* 1812, 2, 64).

Ainsi, en cas de contumace d'une femme mariée, le séquestre ne peut être apposé sur les biens de la communauté, dont le mari est administrateur, ni comprendre les fermages et revenus des propres de la femme, qui, tombant dans la communauté, appartiennent au mari (*Lyon*, 20 *avril* 1831); ainsi, le séquestre ne pourrait priver le père du contumace de la jouissance des biens personnels à son fils mineur de 18 ans.

7. Une autre conséquence du principe que le séquestre ne doit pas nuire aux tiers, serait de donner aux personnes qui ont droit à des alimens une action en justice contre la régie détentrice des biens; mais cette action n'existe pas, parce que la loi a voulu expressément que les secours à accorder à la femme, aux enfans, au père ou à la mère de l'accusé, s'ils sont dans le besoin, fussent réglés par l'autorité administrative (*C. instr.* 475).

8. La loi ne dit pas par qui sera représenté, pendant le délai de grâce, le condamné par contumace dans les actions judiciaires dirigées contre lui. Évidemment, il devrait l'être par ses héritiers, si l'absence ayant précédé de long-temps l'ordonnance de se représenter, ceux-ci s'étaient fait envoyer en possession dans le cours des cinq années (*C. civ.* 134); mais c'est le cas le plus rare. On ne peut pas toujours regarder comme un contradicteur légitime la régie des domaines et droits d'enregistrement, parce qu'elle n'est que simple administrateur, et qu'en cette qualité elle ne peut pas aliéner. On ne peut non plus appliquer à cette espèce l'arrêt du 3 nivôse an XIV, annoté n° 1, parce qu'il a été rendu à l'égard d'un contumace non condamné à l'époque de la demande; que dans l'état de contumace avant la condamnation, le droit de poursuivre est seul interdit; et que postérieurement le condamné *est privé de l'exercice* de ses droits civils, interdiction générale qui produit des effets plus étendus que l'interdiction spéciale du temps précédent : il peut donc être souvent convenable de faire nommer par le tribunal un curateur aux causes du contumace à une peine emportant mort civile, comme la jurisprudence l'a admis pour les condamnés par contumace à des peines temporaires (*V. art.* 112 *du C. civ. Rejet*, 20 *février* 1809).

9. Comme pendant cette période le condamné conserve ses droits civils, ses biens s'accroissent des successions (M. Duranton, n° 228) et des legs lui échoient; les enfans qui naissent de son mariage sont légitimes, et son mariage ne cesse pas de produire des effets civils.

RENVOIS AUX ARRÊTISTES.

Rejet, *sect. crim.* 18 *vendem. an XIV.* — S. 1806, 2. 706. — D. 1806. — 2. 20. — N. D. t. 4, p. 271.

Rejet, 3 ou 10 *nivôse an XIV.* — S. 1806, 2. 695. — D. 1806, 1. 104. — P. t. 15 ou collect. de l'an XIV—1806, p. 450.

Rejet, 20 *février* 1809. — S. 1809, 1. 124. — D. 1809, 1. 54. — P. t. 3ᵉ de 1809, p. 214. — N. D. t. 4, p. 266.

ARTICLE 29.

Lorsque le condamné par contumace se présentera volontairement dans les cinq années, à compter du jour de l'exécution, ou lorsqu'il aura été saisi et constitué prisonnier dans ce délai, le jugement sera anéanti de plein droit; l'accusé sera remis en possession de ses biens : il sera jugé de nouveau; et si, par ce nouveau jugement, il est condamné à la même peine ou à une peine différente, emportant également la mort civile, elle n'aura lieu qu'à compter du jour de l'exécution du second jugement.

SOMMAIRE.

1. *Effets de la reparution volontaire ou forcée du condamné.*

2. *Validité des actes faits dans le délai de grâce.*

3. *Il ne suffit pas que le condamné soit saisi pour faire tomber le jugement. De l'évasion avant l'écrou.*

4. *L'évasion après l'écrou fait-elle revivre le jugement?*

5. *Il faut, dans la représentation volontaire, que le contumace soit constitué prisonnier.*

1. Peu importe que, dans le cours du délai de grâce, le condamné soit arrêté et traduit malgré lui devant les tribunaux, ou qu'il se remette lui-

même aux mains de la justice : volontaire ou forcée, sa reparation (*) produit les mêmes effets : elle anéantit le jugement, prévient la mort civile, rend au condamné l'exercice de ses droits, et fait cesser le séquestre. Le contumace redevient un accusé ordinaire.

La révocation du jugement est tellement complète, qu'elle anéantit non seulement la condamnation principale à la peine afflictive, mais encore les condamnations accessoires, telles que les amendes, la confiscation spéciale, les réparations adjugées à la partie civile (M. Locré, *Esp. du C. civ. sur l'art.* 29).

2. Puisque la reparution efface l'interdiction légale, elle a aussi pour effet de valider les actes faits et passés par le contumace dans l'intervalle de l'exécution par effigie à la reparution en justice (M. Locré, *ibid*; Delvincourt, *note 2 sur la p.* 27 ; M. Toullier, *t.* 1er, *no* 278; Delaporte, *Pand. franç. sur l'art.* 29). M. Duranton seul (*t.* 1er, *no* 230) est d'opinion contraire. Pourquoi? C'est, dit-il, parce que l'état de contumace ne résulte pas uniquement du jugement de condamnation, mais de l'ordonnance de se représenter, à laquelle le condamné a désobéi. Jamais le simple état de contumace n'a privé l'accusé de l'exercice entier de ses droits civils : ce n'est donc pas pour avoir désobéi à l'ordonnance de se représenter qu'il en a été privé, c'est à cause de l'exécution par effigie. Or cette exécution est anéantie comme le jugement dont elle a été la suite : donc tous ses effets ont disparu, donc les actes postérieurs sont valables.

3. La simple saisie du condamné ne suffit pas pour anéantir le jugement; il faut encore qu'il ait été constitué prisonnier, c'est-à-dire écroué dans la prison où il devait se trouver pour attendre sa condamnation. Tel était le sens de l'ordonnance de 1670, tit. 17, art. 18 : « Si le contumace est arrêté prisonnier ou se représente....... *dans les prisons du juge* qui l'aura condamné....... » Cette explication concilie les termes de l'art. 29 avec les mots *reparu en justice* de l'art. 30. Si donc l'accusé arrêté s'évadait avant d'être écroué dans la prison dépendant de la juridiction où il doit subir son jugement, le jugement de contumace subsisterait, et le délai de cinq ans continuerait à courir. On peut tirer argument d'un arrêt qui a considéré comme évasion *de condamné*, et non comme évasion *de prévenu*, le délit d'un gendarme qui avait laissé échapper un déserteur, en le conduisant du lieu où il avait été arrêté au conseil de guerre de Toulon, où la condamnation par contu-

mace avait été prononcée (*Rejet, sect. crim.* 18 *vendém. an XIV. S.* 1806, 2. 706. — *D.* 1806, 2. 20. — *N. D. t.* 4, *p.* 271).

4. Que décider si le contumace, après avoir été constitué prisonnier, s'évade pendant l'instruction? Selon M. Legraverend (*t.* 2, *ch.* 9, *sect.* 2) et M. Dalloz (*Dr. civ. sect.* 3, *art.* 1er, § 5, *subdiv.* 1, *no* 8), il n'aura jamais été rétabli dans ses droits, et le premier jugement restera intact; à moins, ajoute M. Dalloz, que la procédure contradictoire n'ait modifié les opinions des magistrats et qu'ils ne rendent un nouvel arrêt de contumace, portant seulement peine temporaire, correctionnelle ou acquittement.

Ce système a le double inconvénient d'être incohérent et contraire à la lettre de la loi.

Incohérent : car il faut que les magistrats aient ou non le droit de statuer. Dire qu'ils seront tenus d'examiner afin de prononcer un nouvel arrêt, s'il est favorable à l'accusé, et de s'abstenir, s'ils persistent dans leur première opinion, c'est dire que la sentence de contumace a été anéantie pour un cas et est demeurée entière pour l'autre, quand rien dans la loi ne suppose une pareille distinction.

Contraire à la lettre de la loi : car ni le Code du 3 brum. an IV, ni le Code civil, ni l'art. 476 du Code d'instruction criminelle n'ont fait de la soumission continue du contumace, jusqu'à jugement définitif, la cause efficiente de l'anéantissement du premier jugement : cette cause, ils l'ont placée dans la *constitution* du contumace comme prisonnier, dans sa *reparution* ou sa *comparution* en justice. On ne peut ajouter à ces textes. Notre opinion est aussi celle de M. Carnot (3e *observ. addit. sur l'art.* 476 *du C. d'instr.*). La loi offre, il est vrai, cet inconvénient, signalé par MM. Legraverend et Dalloz, que plusieurs jugemens de contumace pourront être rendus pour la même cause contre le même individu : mais c'est à la surveillance de l'administration sur les détenus à éviter cet inconvénient qui n'est pas de nature à se présenter fréquemment.

5. De même qu'il ne suffit pas que le contumace ait été saisi, mais qu'il faut qu'il ait été constitué prisonnier pour anéantir le jugement, de même, s'il se présente volontairement, le jugement n'est anéanti qu'autant que le contumace entre en prison : ce qui résulte de la première partie de l'art. 476 du Code d'instruction criminelle : « Si l'accusé se CONSTITUE prisonnier, ou s'il est arrêté avant que la peine soit éteinte par prescription, le jugement rendu par contumace, et les procédures faites contre lui depuis l'ordonnance de prise de corps ou de se représenter, seront anéantis de plein droit, et il sera procédé à son égard dans la forme ordinaire. »

<hr>

(*) *Reparution.* Nous avons cru pouvoir donner un nom verbal au mot *reparaître,* qu'emploie l'art. 30, comme l'usage en a donné un au verbe *comparaître.* Le désir d'éviter des périphrases et de nous rapprocher des termes employés par le législateur l'a emporté sur notre aversion pour le néologisme. Peut-être avons-nous eu tort.

ARTICLE 30.

Lorsque le condamné par contumace, qui ne se sera représenté ou qui n'aura été constitué prisonnier qu'après les cinq ans, sera absous par le nouveau jugement, ou n'aura été condamné qu'à une peine qui n'emportera pas la mort civile, il rentrera dans la plénitude de ses droits civils, pour l'avenir, et à compter du jour où il aura reparu en justice ; mais le premier jugement conservera, pour le passé, les effets que la mort civile avait produits dans l'intervalle écoulé depuis l'époque de l'expiration des cinq ans jusqu'au jour de sa comparution en justice.

———

1. L'art. 30 du Code civil exige une attention toute particulière.

Il statue pour le cas où l'accusé n'a pas profité du délai de grâce ; mais ce n'est plus à sa comparution qu'est attachée la révocation de la mort civile, c'est à sa justification. S'il est absous, s'il n'est condamné par le second jugement qu'à une peine qui n'emporte pas la mort civile, il recouvre la vie civile, mais seulement pour l'avenir, et à compter du jour où il aura reparu en justice ; et si le second jugement est semblable au premier, la mort civile n'aura pas cessé un instant depuis l'expiration des cinq ans jusqu'au jugement définitif, qui prouve qu'à bon droit le condamné avait été privé de la vie civile (DELAPORTE, *Pand. franç.* n° 138 *sur l'art.* 30 ; DELVINCOURT, *t.* 1er, *p.* 27). Ni M. Proudhon ni M. Toullier ne s'expriment sur cette grave conséquence.

La comparaison de l'art. 27 et de l'art 29 avec l'art. 30 confirme cette interprétation : d'après l'art. 27, le délai pendant lequel le condamné PEUT se représenter est borné à *cinq* ans ; l'art. 29 en est un corollaire ; par conséquent, il ne devait faire courir la mort civile que du second jugement. Mais dans l'hypothèse de l'art. 30, le condamné a perdu la faculté légale que lui donnait l'art. 27 pour éviter la mort civile : et s'il est admis à se justifier, c'est plus par respect pour le principe : *nemo inauditus condemnetur*, que par égard pour sa personne.

Ce qui prouve encore l'intention du législateur, c'est l'ancien droit. Après les cinq ans, il ne restait de ressource au condamné que le recours à la clémence du prince, pour obtenir des lettres de relief du laps de temps, afin de pouvoir *ester à droit* (*Ord. de* 1670, *tit.* 17, *art.* 28). Ces lettres ne donnaient au condamné que la faculté de présenter à la justice ses faits justificatifs, et ne le relevaient par elles-mêmes d'aucune incapacité (RICHER, *liv.* 4, *ch.* 2, *sect.* 2, *Dist.* 1re, *p.* 526). Dans l'art. 30, la faveur de la loi remplace la faveur du prince, purge seulement le mort civilement de l'incapacité dans laquelle l'a jeté l'art. 25 de ne pouvoir comparaître en justice, et ne le relève d'aucune autre incapacité.

Enfin, il n'est pas permis de douter que l'article ne soit conditionnel, quand on remarque qu'il a été présenté au conseil d'État lorsqu'on s'y occupait de la mort civile résoluble (*séance du 16 thermidor an IX*).

2. M. Duranton pense aussi que l'art. 30 ne rend la vie civile au condamné qu'en cas d'absolution ou de condamnation temporaire (*t.* 1er, *n°* 238) ; mais il trouve une dérogation au Code civil dans l'art. 476 du Code d'instruction criminelle, et il émet l'opinion que, depuis la mise en vigueur de cette dernière loi, le condamné qui meurt après le délai de cinq ans, meurt dans l'intégrité de ses droits, quoiqu'il ne se soit représenté qu'après les cinq années ; M. Delvincourt est du même avis (*note 8 sur la p.* 27 *du* 1er *vol.*).

Nous accorderons que la première partie de l'art. 476 est une disposition générale qui anéantit les procédures et le jugement dans le cas de représentation de contumace condamné à une peine emportant mort civile ou à une peine qui ne la produit pas. Mais de là résulte-t-il que le Code d'instruction criminelle ait dérogé au Code civil ?

Les lois criminelles sont d'un autre ordre que les lois civiles : il faut donc qu'une dérogation soit bien expresse pour la faire résulter d'une loi dont l'objet général n'est pas de régler les droits civils.

Or, pour faire cesser, dans tous les cas, la mort civile par la comparution en justice du contumace après les cinq ans, ou pour la faire cesser dans un seul cas, celui du décès pendant l'instruction, il ne suffit pas que le jugement soit anéanti ; car *ce n'est pas le jugement* qui a produit la mort civile, c'est *l'exécution* jointe à la *prolongation de la contumace* pendant plus de cinq ans. *L'exécution* par effigie continue donc de produire ses effets nonobstant la mise au néant du jugement. Ni la représentation tardive du contumace, ni sa mort après cette représentation, ne peuvent donc *anéantir* cette exécution, puisque la loi criminelle de 1808 n'anéantit que le *jugement* et les *procédures*.

Ainsi, pas de dérogation expresse : il y a plus ; pour voir une dérogation au Code civil dans le Code d'instruction criminelle, il faudrait au moins qu'il fût conçu sur ce point dans d'autres termes que la loi criminelle qui régnait lors de la promulgation du Code civil.

Et cependant l'art. 476 du Code de l'an IV portait, comme l'a répété l'art. 476 du Code de 1808 dans sa première partie : « Si l'accusé se constitue « prisonnier, ou s'il est pris et arrêté, le jugement « rendu et les procédures faites contre lui depuis « l'ordonnance de prise de corps, sont anéantis « de plein droit, et il est procédé à son égard dans « la forme ordinaire. »

Cet article a été fait pour les contumaces en général.

Le Code civil est venu et a réglé le sort des contumaces en matière de mort civile ; il a voulu qu'après les cinq ans ils ne fussent rendus à la vie civile qu'autant qu'un jugement déclarerait que la mort civile n'était pas méritée.

Il a donc laissé subsister l'art. 476 du Code de l'an IV qui anéantissait le premier jugement, et a maintenu conditionnellement les effets de l'exécution dont la loi criminelle ne s'était point occupée.

Le Code de 1808 est publié plus tard.

Il reproduit textuellement dans sa première partie les termes du Code qu'il remplace : ses rédacteurs n'ont donc pas eu d'autre intention que de laisser sur ce point la législation dans le même état que sous l'empire combiné du Code de l'an IV et du Code civil ; et par conséquent, sous le Code de 1808, comme auparavant, la reparution tardive *anéantit* de plein droit le *jugement* et les *procédures*, et l'exécution conserve son effet.

En vain invoquerait-on, en faveur de celui qui décède après s'être tardivement représenté, l'ancienne jurisprudence qui le réputait mort *integri status* (Richer, *part.* 2, *liv.* 4, *ch.* 2, *sect.* 2, *distinct.* 1re, *p.* 533), jurisprudence que paraît avoir adoptée l'ordonnance de 1670 (*tit.* 17, *art.* 29), en réputant mort civilement du jour de l'exécution de la sentence de contumace, celui qui décède après les cinq années, *sans s'être représenté* ou *avoir été constitué* prisonnier. On répondrait que ce texte permettait en effet de rendre les droits civils, même après les cinq ans, à celui qui mourait pendant l'instruction ; mais que le Code civil

a procédé autrement ; qu'il n'a statué (*art.* 31) que sur le sort de celui qui meurt pendant les cinq ans ; qu'on ne peut argumenter d'un article écrit pour une espèce digne de faveur à une espèce défavorable, et que la mort civile une fois encourue ne peut cesser que dans les cas expressément déterminés par la loi.

3. Si la mort civile cesse par l'absolution ou par la condamnation à une peine temporaire, les effets qu'elle a produits depuis l'expiration des cinq ans jusqu'à la reparution en justice sont irrévocables.

D'où il suit qu'alors 1° les biens qui appartenaient à l'accusé au jour de la mort civile encourue ne lui seront pas rendus (M. Tronchet, *séance du 16 therm. an IX*), non plus que les revenus du séquestre (*V. no 4 sur l'art.* 28, *p.* 90). Les biens mêmes qu'il avait acquis par son industrie particulière dans l'espace des cinq années font partie de sa succession qui s'est ouverte à leur expiration ; il n'a droit à la propriété que de ceux qu'il a acquis depuis la mort civile.

4. 2° Les successions qui lui sont échues pendant les cinq ans de grâce passent avec la sienne à ses héritiers ; celles ouvertes depuis l'expiration des cinq ans demeurent irrévocablement acquises aux héritiers que la loi appelait à son défaut, ou à l'Etat à défaut d'héritiers (M. Dalloz, *no* 17), même quand ces successions seraient restées jacentes pendant ce temps.

5. 3° Le testament qu'il aurait fait pendant cet intervalle serait nul à cause de l'incapacité du moment de la confection, quoique le testateur fût capable au moment du décès (*ibid, no* 19) : mais le testament fait pendant les cinq ans serait valable si l'accusé mourait après un arrêt d'acquittement d'après la règle *tempora intermedia non nocent, L.* 1, § 9 *ff. de bonor. poss.* Si M. Duranton ne le décide ainsi que pour le testament fait *avant l'état de contumace* (*t.* 1er, *no* 231 *et* 241), c'est par une conséquence de l'erreur dans laquelle il est tombé sur les effets de la contumace ; et si M. Delvincourt exige que le testament ait été fait avant la condamnation (*note* 8 *sur la p.* 27), c'est par une réminiscence du droit romain et de l'ancienne jurisprudence, où la crainte des fraudes contre la confiscation, aujourd'hui abolie, avait introduit cette doctrine.

Mais que le testament ait été fait avant la condamnation ou depuis, jusqu'à l'expiration des cinq ans, il restera toujours une question de fait : si, d'après les termes du testament, le testateur avait l'intention de disposer spécialement des biens qui lui appartenaient alors, et dans ce cas, quoique le testament fût valable en lui-même, les dispositions testamentaires pourraient se trouver frappées de caducité. Cette question sera examinée au titre *des Donations et Testamens.*

13.

6. 4º Le mariage dissous à l'expiration des cinq ans ne peut être légitimé par la cohabitation postérieure à l'acquittement du contumace. La dissolution est définitive : si les époux consentent à vivre conjugalement, ils doivent de nouveau contracter mariage devant l'officier de l'état civil (Delvincourt, *ibid.*), et les conventions civiles du nouveau mariage seront réglées par un second contrat de mariage (M. Proudhon, *Usufruit*, t. 4, nº 2020); à défaut de convention, il serait régi par la communauté légale. Il n'est que trop vrai aussi que, même après l'acquittement, chacun des deux époux vivans a le droit civil de contracter un autre mariage (*V. le nº 33 sur l'art.* 25, p. 81, *et le commentaire sur l'art.* 227 *du Code civil, au titre du Mariage*).

7. 5º Les enfans dont la conception serait postérieure à l'expiration des cinq ans, sont réduits à l'état d'enfans naturels, quoique nés de la cohabitation des deux époux (Delvincourt, *ibid.* M. Merlin, *Répert. Mort civile*, § 1er, art. 4, nº 3). C'est même une question grave que de savoir s'ils peuvent être légitimés par le nouveau mariage de leur père et mère, quoique la faveur dont ils sont dignes fasse pencher pour ce parti (*V. le comm. du titre de la Paternité et de la Filiation sur l'art.* 331). M. Toullier veut, à la vérité (*t.* 1er, nº 293), que les enfans nés postérieurement aux cinq ans soient légitimes; mais c'est par une conséquence de son système sur le maintien du mariage. Son opinion doit donc être rejetée (*V.* M. Merlin, *lieu cité*).

Les enfans conçus dans le cours des cinq années sont évidemment légitimes : peu importe que la section, en présentant la disposition qui ne fait cesser les effets de la mort civile que pour l'avenir, lorsque le contumace ne reparaît qu'après les cinq ans, ait ajouté : « *Néanmoins les enfans « nés de son époux pendant les cinq ans seront lé- « gitimes* », et que cette addition n'ait pas passé dans la loi : elle a été supprimée comme inutile. « Puisque ces enfans ont la légitimité de plein « droit et par une conséquence nécessaire du sys- « tème adopté à l'égard des condamnés par con- « tumace, il était oiseux de la leur accorder par « une disposition particulière (M. Tronchet, « *séance du 20 brum. an XI*). »

Nous renverrons ici, comme nous l'avons fait *sur l'art.* 25, nº 39, aux différens titres du Code civil pour les autres conséquences du principe. Il suffit d'en avoir signalé les plus importantes.

8. Nous avons déjà dit (*sur l'art.* 29, nº 8, p. 93) que l'époque de la *reparution* en justice était celle où le contumace se constituait prisonnier. *Reparaître en justice*, se *représenter*, se *constituer* prisonnier nous paraissent synonymes parfaits dans le langage du droit criminel. Toutes ces locutions offrent l'idée commune d'un accusé qui se confie à la justice : *qui sui copiam facit*. Il faut en dire autant des mots *comparution en justice* employés par l'art. 476 du Code d'instruction criminelle : cette loi renvoie à l'art. 30 du Code civil, et doit être entendue de la même manière.

9. Doit-on faire une différence entre *l'acquittement* de l'accusé, quand il est déclaré non coupable (*C. instruct. art.* 358), et son *absolution*, quand il est déclaré coupable d'un fait qui n'est puni par aucune loi pénale (*C. instr. art.* 364)? M. Carnot (*sur l'art.* 476 *du C. d'instr.* nº 6) enseigne que l'art. 30 n'est applicable qu'au cas d'absolution ; mais pour le cas d'acquittement, il réintègre l'accusé dans tous ses droits, et efface tous les effets produits par la mort civile depuis l'expiration des cinq ans. Ainsi on retomberait dans le système de la mort civile résoluble, que le législateur avait abandonné! D'ailleurs cette opinion doit être rejetée, parce qu'à l'époque du Code civil, il n'y avait entre absoudre et acquitter que la différence d'un mot ancien à un mot nouveau. Avant 1789, *l'absolution* était, soit dans la langue du monde, soit dans celle du droit, le seul mot qui exprimât la déclaration juridique de l'innocence d'un accusé ; et peut-être, à cause de sa physionomie un peu canonique, il a été remplacé dans le Code pénal de 1791 par *l'acquittement*, mot jusqu'alors inconnu, et que ne contenaient ni le dictionnaire de l'Académie, ni Denizart, ni Guyot, ni les autres lexiques de jurisprudence. Le Code de brumaire, en vigueur lors de la rédaction du Code civil, n'employait aussi que le mot *acquitter* pour exprimer ce que nous appelons aujourd'hui ordonnance d'acquittement et arrêt d'absolution (*V. les art.* 424 *et* 432 *du C. des délits et des peines*). Mais pour avoir été banni du vocabulaire légal, le verbe *absoudre* n'avait pas perdu son droit de cité, et les rédacteurs du Code civil l'ont réintégré dans l'art. 30, comme un mot dont l'acception était connue et sans se douter que, quelques années plus tard, la loi viendrait en restreindre le sens. Or, dès qu'à l'époque de la rédaction du Code civil *absoudre* était synonyme d'*acquitter*, on doit donner à ce mot, dans l'interprétation, toute l'étendue que l'usage lui donnait alors, et rejeter une explication tirée d'une signification arbitraire et spéciale, que la loi a depuis affectée à ce mot pour distinguer un genre d'absolution d'un autre. (*V.* au surplus sur cette question MM. Duranton, *t.* 1er, nº 237; Legraverend, *t.* 2, ch. 9, sect. 2; Bourguignon, *Jurispr. des C. crim. sur l'art.* 476 *du C. d'instruct.; et* Dalloz, *lieu cité*, nº 15 : aucun d'eux n'admet la distinction de M. Carnot).

ARTICLE 31.

Si le condamné par contumace meurt dans le délai de grâce des cinq années sans s'être représenté, ou sans avoir été saisi ou arrêté, il sera réputé mort dans l'intégrité de ses droits. Le jugement de contumace sera anéanti de plein droit, sans préjudice néanmoins de l'action de la partie civile, laquelle ne pourra être intentée contre les héritiers du condamné que par la voie civile.

SOMMAIRE.

1. *L'art. 31 est le complément de l'art 29.*
2. *Effets de la mort naturelle dans le délai de grâce.*
. *Elle n'éteint pas l'action civile. Quid, des frais faits au criminel par la partie lésée?*
4. *Comment s'appliquent les règles de la contumace aux personnes comprises dans le décret du 6 avril* 1809.

1. Peut-être l'art. 31 eût-il été plus convenablement placé après l'art. 29 dont il est le complément, puisqu'il statue sur un événement qui arriverait pendant le délai de grâce.

2. Pendant ce délai, la mort naturelle du condamné anéantit le jugement de contumace, comme l'aurait fait sa représentation en justice : il meurt donc dans l'intégrité de son état, et tous les actes émanés de lui sont valables en eux-mêmes. On décidait de même sous l'ancien droit (*Ord. de* 1670, *tit.* 17, *art.* 29 ; Ricard, *Donations, n°* 255 *et suiv.* ; Lebrun, *Successions, liv.* 1er, *ch.* 1er, *sect.* 2 *et* 3 ; Pothier, *Tr. des personnes, tit.* 3, *sect.* 2 ; Richer, *part.* 2, *liv.* 2, *ch.* 3, *sect.* 3, *p.* 198, *et les autres*).

3. Sa mort, en prévenant la mort civile, ne le libère pas des réparations pécuniaires, la partie lésée peut se pourvoir contre les héritiers, mais seulement par la voie civile : l'accusation est éteinte par le décès.

M. Locré (*Esp. du C. civ. sur l'art.* 31) exprime l'opinion que les dépens faits par la partie civile devant la juridiction criminelle se trouvent perdus. Elle n'a pas, dit-il, le droit de s'en plaindre, puisque les condamnations étaient conditionnelles. Cette solution est inexacte : en supposant que la partie civile ne puisse exiger les dépens en vertu de l'arrêt de contumace, comme elle était dans son droit en poursuivant, la contumace ne doit pas être pour elle une occasion de perte, et ces dépens augmenteraient la somme des dommages-intérêts qu'elle aurait à réclamer devant la justice civile.

4. Nous avons rappelé, *sous l'art.* 21 *du Code civil, p.* 67, les dispositions pénales du décret du 6 avril 1809. On se souvient que les peines qu'il prononce frappent d'abord les Français accusés d'avoir porté les armes contre la patrie (*tit. I*), ceux qui étant au service militaire chez l'étranger ou qui, y occupant des emplois et y exerçant des fonctions politiques, administratives et judiciaires, n'auront pas quitté, même sans être rappelés, le service et leurs emplois aux premières hostilités (*tit. II,* § 1 *et* 2), et les militaires qui n'auront pas obéi à un décret de rappel, même quand la guerre n'aurait pas été déclarée (*tit. III,* § 1er). A leur égard, le décret ne parle pas du délai de la contumace. Il s'occupe ensuite de ceux qui, exerçant des fonctions ou emplois publics autres que le service militaire, n'obéissent pas à un décret général de rappel (*tit. III,* § 2), et de ceux qui, même en cas d'hostilités, n'obéissent pas à un rappel spécial et nominatif, s'ils n'ont ni service militaire ni fonctions politiques, administratives ou judiciaires (*tit. III,* § 3), et pour ces deux classes de prévenus, l'art. 30 contient une disposition remarquable : « Les Français mentionnés aux articles 28 et 29 *seront admis* à se représenter et à purger leur contumace dans les cinq ans, *lesquels ne commenceront à courir* que du jour de la publication de la paix. »

Il est clair que pour les deux dernières classes de prévenus la législation est notablement adoucie ; que malgré le jugement qui prononce contre eux la mort civile en France, on ne peut leur opposer de déchéance tant que dure la guerre, et dans les cinq années suivantes. En conséquence, quoique leurs biens soient soumis au séquestre, et leurs personnes frappées de l'interdiction légale portée par l'art. 28 du Code civil, il paraît qu'ils n'auraient encouru la mort civile déclarée par arrêt qu'à la fin de la cinquième année qui aurait suivi la publication de la paix, que leurs enfans nés dans ce délai seraient nés Français, et que si les condamnés mouraient pendant le même temps, ils décéderaient *integri statûs*.

Mais de l'art. 30 du décret il faut se garder de conclure que les autres classes de Français, mentionnées dans les tit. I, II et III, § 1er, soient privées de la faculté du droit commun. L'objet de l'art. 30 n'a pas été de conférer aux accusés de la seconde classe une faculté que le droit commun leur assurait, mais de leur accorder une prorogation du bénéfice qu'il établit. Donc les personnes comprises dans les deux premiers titres et dans le § 1er du tit. III du décret de 1809 peuvent faire annuler les condamnations prononcées contre elles et éviter la mort civile, en se présentant en justice dans les cinq années qui courent, à leur égard, du jour de l'exécution de l'arrêt et abstraction faite de l'état de guerre.

De même, toutes les personnes comprises dans le décret ont la faculté de se représenter en justice dans les vingt années qui suivent la date de l'arrêt ; mais s'il s'est écoulé alors plus de cinq ans depuis l'exécution pour les catégories traitées plus sévèrement, ou depuis la publication de la paix pour celles envers qui l'auteur du décret a montré plus d'indulgence, l'arrêt d'acquittement ou d'absolution n'aura d'effet que pour l'avenir, quant à la mort civile, conformément à l'art. 30 du Code civil.

Enfin, pour les individus des catégories comprises dans les titres I, II et III, § 1er, la peine sera prescrite, et par conséquent le droit de reparaître en justice dans les vingt ans de la date de l'arrêt ; mais pour ceux mentionnés dans les § 2 et 3 du titre III, on ne pourrait, sous prétexte de la prescription de la peine, les priver du bénéfice spécial des cinq ans de grâce, à compter du jour de la publication de la paix, dans le cas où l'état de guerre se prolongerait jusqu'à vingt ans. Car le décret suppose, d'un côté, qu'ils ont rencontré pendant la guerre un invincible obstacle à purger la contumace, et l'on doit leur appliquer la règle, *contrà non valentem agere, etc.* ; et l'on ne peut, d'autre part, leur opposer que personne n'a le droit de disposer de sa vie contre une prescription en matière criminelle, puisqu'à leur égard la mort civile est peine principale, et que leur représentation en justice ne leur fait courir aucun danger corporel.

ARTICLE 32.

En aucun cas la prescription de la peine ne réintégrera le condamné dans ses droits civils pour l'avenir.

SOMMAIRE.

1. *Différence de la prescription de l'action et de la prescription de la peine, en ce qui concerne la mort civile.*

2. *L'erreur commune ni le temps ne peuvent influer sur l'état du condamné.*

3. *Etendue des mots, En aucun cas.*

4. *Silence du Code civil sur la grâce.*

5. *Effets généraux de la grâce sur l'état des condamnés chez les Romains.*

6. *Système des grâces sous l'ancien droit français.*

7. *Abolition du droit de grâce en 1791.*

8. *Rétablissement de cette faculté en faveur du premier consul. Son étendue.*

9. *S'il renfermait la faculté de réhabiliter les condamnés.*

10. *De l'étendue du droit de grâce sous les chartes constitutionnelles ; de l'abolition et de la réhabilitation.*

11. *La grâce ne nuit pas aux tiers.*

12. *Elle n'a pas d'effet rétroactif.*

13. *Conséquence.*

14. *Avant l'exécution, elle prévient la mort civile.*

15. *Si elle la fait cesser après l'exécution.*

16. *Effets de la commutation de peine relativement à la mort civile.*

1. « Les peines portées par les arrêts ou juge-« mens rendus en matière criminelle se prescri-« ront par *vingt* années révolues, *à compter de* « *la date* des arrêts ou jugemens (*C. instr. art.* « 635). »

« L'action publique et l'action civile résultant « d'un crime..... se prescriront après *dix* années « révolues, *à compter du jour* où le crime aura été « commis, *si* dans cet intervalle *il n'a été fait* au-« cun acte d'instruction ni de poursuite. — S'il a « été fait dans cet intervalle des actes d'instruc-« tion ou de poursuite *non suivis* de jugement, « l'action publique et l'action civile ne se prescri-« ront qu'après *dix* années révolues, à compter « du dernier acte, à l'égard même des personnes « qui ne seraient pas impliquées dans cet acte « d'instruction ou de poursuites (*C. instr. art.* « 637). »

Voilà deux prescriptions bien distinctes : la prescription de l'action et la prescription de la peine. Après la prescription de l'action, point de mort civile possible, puisque éteindre l'action, c'est prohiber la vérification du fait, et que dès lors il ne peut y avoir ni accusation, ni accusé, ni jugement, ni peine, ni, par conséquent, exécution et mort civile.

La prescription de la peine, au contraire, n'a pas autant d'étendue. Toute prescription est de droit étroit, et n'éteint que ce que la loi a eu précisément pour objet d'éteindre : si le défaut d'exécution de la peine corporelle pendant le temps prescrit par la loi en a libéré le condamné, néanmoins, après les vingt ans, le jugement conserve ses effets quant aux réparations pécuniaires prononcées au profit de la partie civile, parce que ni l'art. 635 du Code d'instruction, ni aucun autre, n'a dérogé sur ce point à la règle générale de la prescription trentenaire (*C. civ.* 2262 ; M. CARNOT, *sur ledit art.* 635, n° 2) ; néanmoins aussi la mort civile ne s'éteint pas parce que l'exécution par effigie avait fait produire au jugement ses effets quant à la mort civile, et que la prescription n'a pu s'acquérir contre la partie du jugement qui a été constamment exécutée (Richer, *liv.* 4, *ch.* 2, *sect.* 2, *distinct.* 3, § 3, *p.* 540; M. Duranton, *t.* 1er, *n*o 242).

2. De là suit encore que le mort civilement ne pourrait se prévaloir de l'erreur commune sur son état, et qu'il prétendrait en vain prouver par des actes authentiques qu'il a sans cesse joui de l'exercice des droits civils (Richer, *ibid. p.* 541). C'est aussi une conséquence du principe que l'état des hommes n'est pas dans le commerce (M. Trop-long, *Prescription*, *n*o 132 *in fin.*). Il importerait même peu que cet état apparent eût duré plus de trente ans depuis la prescription de la peine : la longueur de la possession d'état n'aurait d'autre effet que de concourir à prouver la bonne foi des tiers, et à faire maintenir en leur faveur ce qui peut être maintenu par la bonne foi.

3. Si l'article emploie les mots *en aucun cas*, c'est pour comprendre dans sa disposition et les condamnés contradictoirement et les condamnés par contumace, qui ont été exécutés par effigie avant la prescription de la peine. Il serait contraire à l'art. 27 de regarder comme morts civilement ceux à l'égard desquels il n'y aurait pas eu d'exécution par effigie : ils n'ont jamais perdu leurs droits civils, et la prescription de la peine ne peut aggraver leur condition.

4. Le Code civil n'a pas indiqué quelle influence aurait la grâce du condamné sur la mort civile encourue. Si le droit de grâce n'existait pas au commencement de la discussion, il avait du moins été rétabli par le sénatus-consulte du 16 thermidor an X, art. 86, avant que le titre ne fût présenté pour la seconde fois au Corps-Législatif. On aurait pu s'en occuper alors. Le silence de la législation nous met dans la nécessité de recourir à l'histoire du droit sur cette matière importante.

5. Sous l'empire romain, l'étendue des grâces qu'accordaient les empereurs aux condamnés était déterminée par les lettres mêmes : on distinguait la *restitution simple*, qui remettait la peine et rendait les droits de cité, mais laissait subsister la note d'infamie (*L.* 3, *C. de gen. abol.*; *L.* 7, *C. de sent. pass. et rest.*), de la *restitution en entier*, qui rendait si pleinement au condamné sa bonne renommée et ses anciennes dignités, que la condamnation était censée non avenue (*L.* 3, § 2, *ff. de muner. et honor.*; *L.* 6, *C. de sent. pass. et rest.*). Pour leurs effets, la restitution simple peut être assimilée à la grâce; la restitution en entier à la réhabilitation.

6. En France, et dans les idées des légistes qui faisaient tout découler de la puissance royale, le droit de grâce était considéré comme la marque la plus essentielle et la plus considérable de la souveraineté : plusieurs seigneurs, plusieurs grands officiers exerçaient ce droit. Une ordonnance de Charles V du 13 mai 1359 leur fit défenses de délivrer pareilles lettres à l'avenir, et depuis ce temps les seigneurs et même les princes du sang n'en octroyèrent qu'en vertu de priviléges spéciaux. Quelques villes, quelques évêques avaient aussi ce privilége en certaines circonstances.

Sous le droit antérieur à 1791, la grâce avait des degrés suivant la qualité de l'action et l'objet que se proposait le souverain en l'accordant. Tantôt les circonstances particulières du fait, si elles étaient vérifiées, en faisaient disparaître ou en atténuaient la criminalité; alors, même les *petites chancelleries* établies près les cours souveraines pouvaient délivrer des lettres de pure forme, appelées *lettres de rémission*, qui s'accordaient pour les homicides involontaires et pour ceux commis dans la nécessité de la défense (*Ord.* 1670, *tit.* 16, *art.* 2), ou *lettres de pardon* pour les cas où il n'échéait peine de mort, et qui néanmoins ne pouvaient être excusés (*même titre, art.* 3), par exemple pour la présence sans complicité, lors d'un meurtre que l'on n'aurait point empêché, le pouvant faire. Tantôt la force de la chose jugée s'opposait à la justification de l'accusé : de là les *lettres pour ester à droit* après les cinq années de la contumace, et les *lettres de révision* des procès (*Ordonn.* 1670, *tit.* 16, *art.* 5). Tantôt il s'agissait ou d'adoucir une peine prononcée *par des lettres de commutation*, ou de la faire cesser par des *lettres de rappel de ban ou de galères*, quelquefois d'arrêter le cours de la justice, ce que le souverain faisait par des *lettres d'abolition*; et enfin quand le condamné avait satisfait au jugement, que la peine était subie, l'amende et les frais soldés, et la partie civile désintéressée; qu'il était ainsi quitte envers la loi, quitte envers le fisc, quitte envers les particuliers, le souverain pouvait, par une grâce spéciale, effacer la tache d'infamie imprimée par le crime, et c'est ce qu'on appelait *lettres de réhabilitation* (*Ord. de* 1670, *tit.* 16, *art.* 5; M. Réal, *Exp. des mot. du C. d'instr. liv.* 2, *tit.* 7, *ch.* 1 à 5). Toutes ces lettres dont l'objet était plus grave étaient expédiées *en grande chancellerie.*

Selon l'objet de ces diverses grâces, la justice était appelée soit à connaître de la vérité des faits exposés par l'impétrant, comme dans les lettres de rémission ou de pardon, dont les impétrans étaient déboutés, si elles étaient obtenues pour des cas non rémissibles ou si les faits exposés étaient tellement différens des charges qu'ils changeassent la qualité de l'action (*Ord. de* 1670, *tit.* 16, *art.* 17; *Décl. du* 22 *nov.* 1683); soit à examiner de nouveau ce qui avait été jugé en l'absence de l'accusé ou sur des charges trompeuses, comme dans les lettres pour ester à droit et de révision (*Ord.* 1670, *tit.* 16, *art.* 9 *et* 10, *tit.* 17, *art.* 28); soit à entériner les lettres sans connaissance de cause, pour les cas de rappel de ban ou de galères, commutation de peine et réhabilitation (*tit.* 16, *art.* 7); soit enfin sans autre examen que de la conformité des lettres aux charges et informations, malgré l'énormité du fait et sauf le droit de remontrances pour les lettres d'abolition (*tit.* 16, *art.* 1er).

Les lettres de rémission et de pardon prévenaient la mort civile; il en était de même des lettres d'abolition, puisque les unes et les autres empêchaient la condamnation; les lettres de rappel, en faisant cesser la peine du bannissement ou des galères, faisaient cesser la mort civile, mais n'effaçaient pas la tache d'infamie (*V.* Richer, *lieu cité*, *p.* 522 *et* 523); les lettres de réhabilitation faisaient plus que rendre la vie civile, elles rendaient à la bonne renommée, et replaçaient le condamné dans l'état où il était avant sa condamnation.

7. Le système des lois pénales a changé en 1791: « L'usage de tous actes tendant à empêcher ou « suspendre l'exercice de la justice criminelle; « l'usage des lettres de grâce, de rémission, d'a- « bolition, de pardon et de commutation de peine « sont abolis pour tout crime poursuivi par voie « de jurés », porte l'art. 13 du tit. 7, 1re part. du Code pénal du 6 octobre 1791. Ainsi disparurent et la prérogative royale et les priviléges accordés à quelques princes et ceux qu'avaient conservés certaines villes ou certains évêques. Les seuls adoucissemens que la loi apportait aux condamnations étaient l'influence de l'âge des coupables sur la nature et la durée des peines (*tit.* 5), la prescription de la peine par le laps de vingt années (*tit.* 6) et la réhabilitation (*tit.* 7) pour les condamnés qui, après avoir subi leur peine, auraient mérité, par une bonne conduite soutenue pendant un temps fixé, que le conseil général de la commune demandât au nom du pays que la tache du crime fût effacée.

8. Sous un gouvernement démocratique, aucun pouvoir n'avait la faculté légale d'arrêter l'action de la justice ni l'exécution des jugemens. Mais la forme du gouvernement changea, il devint de fait monarchique sous une constitution modificative qui ne conserva de la république que le nom, et le sénatus-consulte du 16 thermidor an X conféra au Premier Consul *le droit de faire grâce.* Pour l'exercer, il devait consulter un conseil privé dont la composition était déterminée.

Or, puisqu'on rétablissait en faveur du chef du gouvernement le droit de faire grâce supprimé en 1791, on le rétablissait tel qu'il était avant 1791, sauf les branches de ce pouvoir que l'état de la législation rendait inutiles.

Ainsi l'institution du jury, appréciateur du fait et de sa culpabilité, avait rendu inutiles les lettres de rémission et de pardon : elles ne furent pas rétablies.

Les lettres d'abolition entravaient le cours de la justice et nuisaient à l'action des tribunaux. C'était, sous l'ancienne monarchie, un remède extrême; on n'en fit point usage sous la monarchie impériale, du moins à l'égard des particuliers. Mais personne n'éleva la voix contre les abolitions générales accordées par décrets impériaux sous le nom d'amnisties (*Arrêtés du 15 floréal an XII; Bull.* 361, *n*o 3803 ; *Déc. des 25 mars* 1810, *tit.* 5, *Bull.* 277, *n*o 5311; 24 *avril* 1810, *Bull.* 280, *n*o 5342, *et* 14 *juin* 1813, *Bull.* 505, *n*o 9275). Le droit de faire grâce, attribué, réservé ou concédé en général, comprend évidemment le droit de faire grâce avant comme après le jugement; car il n'est pas placé dans les mains du chef de l'Etat sous le rapport étroit des intérêts particuliers, mais dans ses rapports avec la chose publique et comme un moyen de plus d'administration générale.

Le droit de grâce renfermait aussi celui de commuer les peines : le moins est contenu dans le plus (M. Merlin, *Rép. mot Commutation*).

9. La réhabilitation ou restitution contre les incapacités légales résultant ou de la condamnation ou de la peine elle-même, fait plus de difficulté. Nous venons de voir qu'une loi en avait fixé les formalités : elle fut remplacée par les art. 619 et suiv. du Code d'instruction criminelle, mais *seulement* en faveur des condamnés à une peine afflictive ou infamante qui auraient subi leur peine. Sur les attestations de bonne conduite délivrées par les municipalités des résidences successives du condamné, après cinq années depuis la fin de sa peine, et sur l'avis de la Cour de son domicile, l'empereur pouvait accorder des lettres de réhabilitation, sur le rapport qui lui en était fait dans un conseil privé composé comme pour les lettres de grâce.

La réhabilitation ainsi obtenue participe à la fois de la grâce et de la justice; mais elle tient plus encore de la justice, parce que la loi confère au condamné le droit précis de la demander.

Cette législation déniait-elle à l'empereur le droit d'accorder, selon les circonstances, des lettres de réhabilitation avant l'expiration des délais ou l'accomplissement des formalités? On ne le pense pas : dès que l'acte du 16 thermidor an X avait confié sans réserve au chef de l'État le droit de faire grâce, il comprenait toutes les circonstances dans lesquelles ce droit pouvait être exercé: il fallait donc concilier les dispositions du Code d'instruction avec la prérogative constitutionnelle, et reconnaître que, si le condamné ne tenait de ce Code la faculté de demander la réhabilitation qu'après l'accomplissement des conditions, ces termes, ces délais, ces formalités n'étaient point imposés au prince qui conservait le droit d'exercer une clémence plus étendue et plus rapide (*V.* M. Legraverend, *t.* 2, *ch.* 18).

Ainsi il y avait deux espèces de réhabilitation, la réhabilitation *de justice*, et la réhabilitation *gracieuse*.

Or la réhabilitation gracieuse était nécessaire, au moins pour ceux qui avaient été frappés par l'exécution d'un jugement entraînant mort civile : car, aux termes du Code de 1808, jamais un condamné à une peine perpétuelle ne pouvait obtenir la réhabilitation de justice (M. Carnot, *sur l'art.* 619, *n*o 1 ; M. Toullier, *t.* 1er, *n*o 294).

10. La Charte de 1814 vint dire en termes explicites, art. 67 : « Le roi a le droit de faire grâce « et celui de commuer les peines. » La Charte de 1830 répète la même disposition, art. 58.

On est porté à donner à cette disposition la même étendue qu'à l'art. 86 du sénatus-consulte de l'an X ; cependant, il faut avouer que l'adjonction du droit de commutation à celui de faire grâce imprime une espèce de restriction à la généralité du droit ; en plaçant l'espèce à côté du genre, il semble que le genre soit rétréci, et se borne à la grâce après jugement.

C'est aussi dans ce sens restreint qu'après quelques hésitations, l'administration a entendu cet article de la Charte. Comme sous l'Empire, il n'y eut plus de lettres de rémission ni de pardon, et pour les mêmes causes. Il y eut aussi des abolitions générales par ordonnances sous le nom d'*amnisties*, comme il y en avait eu par décrets impériaux ; mais elles procédaient moins du droit de faire grâce que du droit d'administration du royaume : car empêcher les poursuites contre des coupables trop nombreux, c'est faire un acte utile au bien général plus qu'épargner les particuliers. D'ailleurs le roi n'a pas cru devoir user de l'abolition dans des intérêts privés. En effet, on avait toujours réclamé contre cet exercice de la puissance suprême. « Ces lettres ne sont « pas autorisées dans la justice (avait dit M. le « P. président de Lamoignon), parce que le mot « d'*abolition* est un terme de puissance absolue « qui fait trembler les lois et suspend les ef- « fets de la vengeance publique (*Pr. verb. de l'ord.* « *de* 1670 *sur l'art.* 4 *du tit.* 16). » Aussi le roi Louis XVIII, dans des lettres d'abolition après condamnation, en date du 10 août 1814 (*V.* Legraverend, *t.* 2, *ch.* 18, § 1er, *à la note*), a-t-il dit que les lettres d'abolition avant le jugement entravent le cours de la justice et nuisent à l'action des tribunaux ; mais qu'il n'en est pas ainsi de l'abolition après la condamnation, surtout lorsqu'il s'agit de faits qui n'ont été considérés comme criminels qu'à raison des circonstances...... Les con-

damnations dans l'espèce avaient été motivées par des faits politiques.

Or, l'*abolition* après jugement ayant, ainsi que l'indique son nom même, le pouvoir d'effacer le crime, il en résulte qu'alors l'administration professait la maxime que le droit de faire grâce entraînait comme conséquence le droit de remettre aussi les autres effets de la peine, tels que la note d'infamie et les incapacités produites par la peine.

Mais on changea d'opinion, du moins à l'égard des crimes qui n'emportaient pas mort civile, à l'occasion de cette question financière : « Si les « militaires retraités qui, condamnés à des peines « afflictives ou infamantes, ont subi leur jugement « ou ont été graciés, doivent justifier de leur ré- « habilitation légale pour être remis en jouissance « de leurs pensions. » Les comités de législation, des finances et de la guerre réunis, ont été d'avis : 1o que la réhabilitation était nécessaire à ceux qui avaient subi leur peine pour rentrer dans leur pension ; 2o ..... ; 3o que les lettres de grâce pleine et entière, accordées *avant* l'exécution, préviennent les incapacités légales et rendent inutile la réhabilitation ; 4o que la grâce accordée *après* l'exécution du jugement ne dispense pas le gracié de se pourvoir en réhabilitation, conformément aux dispositions du Code d'instruction criminelle ; 5o et que les lettres de grâce accordées après l'exécution du jugement ne peuvent contenir aucune clause qui dispense des formalités prescrites par le Code d'instruction criminelle pour la réhabilitation (*Avis du 21 déc.* 1822, *appr. le 8 janv.* 1832, *B.* 579, *n*o 14047).

Ainsi cet avis, devenu ordonnance royale par l'effet de l'approbation du 8 janvier, est diamétralement opposé en doctrine aux lettres d'abolition après condamnation accordées en 1814.

Mais M. Legraverend (*t.* 2, *ch.* 20) dit, avec raison, que la réhabilitation, précédée même de toutes les formalités judiciaires imposées par le Code d'instruction criminelle, n'est autre chose qu'un acte de juridiction gracieuse dont l'exercice est exclusivement réservé au roi ; et la combinaison des art. 630 et 631 de ce Code ne permet pas d'en douter : il faut donc, avec M. Legraverend (*au même lieu*), reconnaître que l'ordonnance du 8 janvier doit être bornée aux cas ordinaires ; et ce savant directeur des affaires criminelles et des grâces atteste que le roi a quelquefois accordé des lettres de réhabilitation avant l'expiration entière des délais prescrits par la loi.

Après ces notions sur le droit de grâce et sur les modes successifs de son application, revenons à ses effets relativement à la mort civile.

11. Un premier principe, c'est que la grâce ne peut nuire aux droits acquis aux tiers : c'est une

maxime de tous les temps ; elle avait fait donner à la partie civile (*Ord. de* 1670, *tit.* 16, *art.* 19) le droit de s'opposer à l'entérinement des lettres de grâce : mais aujourd'hui que la grâce ne s'accorde qu'après condamnation, la partie civile ne peut y former aucune opposition ; elle serait sans intérêt, puisque les lettres n'ont aucune influence sur les condamnations pécuniaires prononcées ou à prononcer à son profit, et contiennent toujours à cet égard une disposition expresse (LEGRAVEREND; *t.* 2, *ch.* 18, § 5) qui d'ailleurs y serait nécessairement sous-entendue.

12. Un second principe, qui n'est que la conséquence du premier, veut que la grâce n'ait point d'effet rétroactif (*Avis du 3 janvier* 1807, *approuvé le* 25, B. 136, *no* 2191). Le même avis du conseil d'Etat déduit de cette règle que le gracié ne peut répéter les amendes qu'il a payées : la grâce ne doit point être onéreuse au trésor public en le soumettant à des restitutions.

13. De ces deux principes combinés, il suit que les lettres de grâce ne détruisent pas les effets que la mort civile a produits avant leur obtention (M. TOULLIER, *t.* 1er, *no* 291 ; M. DURANTON, *t.* 1er. *no* 240). Comment auraient-elles plus de force que l'art. 30 du Code civil n'en attribue au jugement d'absolution (M. MERLIN, *Répert. mot Mort civile*, § 1er, *art.* 4, *no* 5 *in fin. au suppl.*; M. PROUDHON, *Usufruit*, *t.* 4, *no* 2024)? Ainsi le gracié ne pourra réclamer une succcession ouverte pendant sa mort civile, et dont l'héritier appelé à son défaut s'est trouvé saisi de plein droit, ni revendiquer aux mains des tiers les immeubles vendus par cet héritier (*Nouveau Denisart, mot Contumace*, § 5, *no* 10, et là, *arrêt du 15 février* 1782. M. MERLIN, *l. cité;* LEGRAVEREND, *l. cité*).

14. Un troisième principe, c'est qu'en faisant cesser la peine, la grâce prend le condamné dans l'état où il est (*Même avis*). Si donc elle est obtenue avant l'exécution ou avant les cinq ans depuis l'exécution par effigie, la mort civile n'aura jamais été encourue, et ne pourra avoir lieu : elle est un effet de la peine, et la peine n'aura jamais frappé le coupable (*Arg. des art.* 22, 26 *et* 27 *du C. civ.* MM. MERLIN, TOULLIER *et* DURANTON, *lieux cités;* M. PROUDHON, *Usufruit*, *no* 2030).

15. Mais après l'exécution, la grâce qui fait cesser la peine fait-elle cesser la mort civile qui en est l'effet? L'affirmative est professée par MM. Merlin, Toullier, Duranton et Legraverend, *aux lieux ci-dessus cités*. M. Proudhon dit au contraire (*Usufruit, no* 2023) qu'il faut peser les termes des lettres de grâce pour apprécier l'étendue des conséquences qu'on en peut tirer.

Avant la reformation des Codes criminels en 1832, nous aurions penché pour l'avis de M. Merlin et des jurisconsultes qui ont embrassé son opinion.

Il était convenable de donner à la grâce pure et simple la force de rendre le condamné à la capacité civile, puisque la voie de réhabilitation lui était interdite.

Mais aujourd'hui l'art. 619 du Code d'instruction criminelle ne se borne pas à faire entrevoir la possibilité de la réhabilitation à tout condamné à une peine afflictive ou infamante *qui aura subi sa peine*, mais encore à celui *qui aura obtenu*, soit des lettres *de commutation*, soit des lettres *de grâce*.

C'est dire en termes formels que ni les lettres de grâce ni les lettres de commutation n'ont pas par elles-mêmes, du moins dans les cas ordinaires, l'effet de relever les condamnés des incapacités résultant de la condamnation ; c'est aussi donner au mort civilement dont la peine a été remise ou adoucie, l'espérance de recouvrer, par sa bonne conduite, l'état dont sa peine l'avait privé. Or, puisque aujourd'hui le mort civilement a un moyen légal de recouvrer la vie civile, *quoiqu'il n'ait pas subi sa peine*, il n'est plus besoin d'interpréter en sa faveur les lettres de grâce : autrement, le condamné à des peines perpétuelles serait plus favorablement traité par la grâce du prince que le condamné à des peines temporaires; et le plus coupable recouvrerait de plein droit ce qu'un homme moins criminel ne pourrait obtenir que par une conduite long-temps irréprochable.

Notre doctrine, comme on l'a vu ci-dessus, ne s'oppose pas à ce que le roi, de son propre mouvement, ne rende au mort civilement la vie civile : il arrivera sans doute que, sans lui restituer tous ses anciens droits, les lettres de grâce lui en accorderont quelques uns nécessaires pour rendre sa position supportable, tels que le droit de mariage, de puissance paternelle ou autres, suivant les circonstances. Pourquoi l'autorité royale ne pourrait-elle pas accorder quelques droits civils avec la grâce, pour mettre le gracié en état d'exister, quand elle peut rendre au condamné à la déportation, pendant sa peine même, la totalité de ses droits civils (*C. pén.*, *art.* 18)?

16. On a aussi demandé si la mort civile suit le condamné quand la peine emportant mort civile est commuée par le roi en une peine temporaire? Il faut faire les mêmes distinctions. Si la commutation est antérieure à l'exécution, la mort civile n'aura jamais existé (M. PROUDHON, *Usufruit*, *no* 2030), et le condamné ne subira que les incapacités spéciales à la peine substituée; mais si la peine est commuée, et que les lettres de grâce ne s'expliquent pas sur l'intention de remettre en même temps les effets de la mort civile, elle suivra le condamné nonobstant la commutation (RICHER, *part.* 2, *liv.* 1er, *ch.* 2, *sect.* 7, *p.* 37; *arrêt du* 14 *août* 1585; LOUET, *lettre E. somm.* 8; M. PROU-

Dijon, n° 2029 *et suiv.*; M. Dalloz, *Dr. civ. et pol. sect.* 3, *art.* 1er, § 5, 2e *subdiv.* n° 22; nonobstant MM. Merlin, *Rép. Mort civile*, § 1er, *art.* 4; et Guichard, *Droits civils*, n° 333).

◦◦◦◦◦◦◦◦◦◦◦

ARTICLE 33.

Les biens acquis par le condamné, depuis la mort civile encourue, et dont il se trouvera en possession au jour de sa mort naturelle, appartiendront à l'Etat par droit de déshérence.

Néanmoins il est loisible au roi de faire, au profit de la veuve, des enfans ou parens du condamné, telles dispositions que l'humanité lui suggérera.

———

SOMMAIRE.

1. *Raison de l'article.*

1. Le mort civilement meurt *intestat* : il n'a plus de famille civile. Ses biens appartiennent à l'Etat ainsi que les biens de tous ceux qui meurent sans laisser d'héritiers et sans avoir disposé. Comme son patrimoine se réunit au domaine de l'Etat, la seconde partie de l'article était nécessaire pour donner au gouvernement la faculté de tempérer par la distribution de ces biens le malheur de la famille.

FIN DU COMMENTAIRE SUR LA JOUISSANCE ET LA PRIVATION DES DROITS CIVILS.